M I L E N A
Verlag

ab S.60 in Spanien

S.178 „Don dort …"

Moderne Klassiker 21

Laurie Lees Reiseroute

Laurie Lee

An einem hellen Morgen ging ich fort

Roman

Mit einem Nachwort von Robert Macfarlane
Übersetzung von Vanessa Wieser
Übersetzung des Nachworts von Georg Bauer

MILENA

LAURENCE EDWARD ALAN »LAURIE« LEE

geb. 1914 in Slad, Gloucestershire, gest. 1997 ebenda, war ein englischer Dichter, Romancier und Drehbuchautor. Mit 15 verließ er die Central Boys' School in Stroud und wurde Botenjunge. 1931 traf er zum ersten Mal auf die Whiteway Colony, eine von Tolstoi-Anarchisten gegründete Kolonie, wo seine politische Erziehung begann und er den Komponisten Benjamin Frankel sowie »Cleo« aus »An einem hellen Morgen ging ich fort« traf. Im Alter von 20 war er als Bürokaufmann und Bauhilfsarbeiter tätig und lebte ein Jahr in London.

Sein Hauptwerk bilden drei autobiografische Erzählungen. »As I Walked Out One Midsummer Morning« (1969, deutscher Titel: »An einem hellen Morgen ging ich fort«) erzählt davon, wie Lee seinen Heimatort verlässt, nach London kommt und 1935 zum ersten Mal Spanien besucht. Nach Ausbruch des Spanischen Bürgerkriegs im Juli 1936 kam er an Bord eines britischen Zerstörers aus Gibraltar nach England zurück, begann ein Kunststudium, kehrte 1937 aber als Freiwilliger der Internationalen Brigaden nach Spanien zurück. Wegen seiner Epilepsieerkrankung wurde sein Dienst jedoch eingeschränkt. Laut zahlreichen biografischen Quellen kämpfte Lee in der Republikanischen Armee gegen Francos Nationalisten.

Lee war auch als Journalist, Drehbuchautor und Dokumentarfilmer tätig. In den 1960er Jahren kehrten er und seine Ehefrau in seine Heimatstadt Slad zurück, wo sie bis zu Lees Tod blieben. Laurie Lee wurde am örtlichen Friedhof begraben.

Laurie Lee

Für T.S. Matthews

Kurz vor dem Spanischen Bürgerkrieg wohnte ich in einem kleinen andalusischen Fischerdorf, dessen Bürgermeister mittlerweile ein kleines Denkmal an der Uferpromenade errichten ließ, auf dem steht: »Der große Schriftsteller Laurie Lee kam einst dieses Weges und verewigte unser Dorf in seinen Werken *An einem hellen Morgen ging ich fort* und *A Rose for Winter*.« Ursprünglich hatte ich aus politischen Gründen den Namen des Dorfes ausgelassen und es »Castillo« genannt. Zum Glück ist diese Verschwiegenheit nicht mehr nötig und ich kann das Dorf jetzt bei seinem richtigen Namen nennen: »Almuñécar«.

Laurie Lee
März 1995

INHALT

LANDSTRASSE NACH LONDON

Die gebeugte Gestalt meiner Mutter, bis über die Hüften im Gras und dort wie eine Stückchen Schafwolle hängen geblieben, war das Letzte, was ich von meinem Heimatdorf sah, als ich es verließ, um die Welt zu entdecken. Sie stand, alt und gebückt, oben auf der Böschung und sah mir schweigend nach; eine knochige rote Hand zum Lebewohl und Abschiedssegen erhoben, ohne zu fragen, warum ich ging. An der Wegkrümmung blickte ich noch einmal zurück und sah das goldene Licht hinter ihr vergehen, dann bog ich um die Ecke, ging an der Dorfschule vorbei und schloss mit diesem Kapitel meines Lebens für immer ab.

Es war ein strahlender Sonntagmorgen Anfang Juni, die richtige Zeit, seine Heimat zu verlassen. Meine drei Schwestern und ein Bruder waren schon vor mir gegangen; zwei andere Brüder mussten sich erst noch dazu entschließen. Sie schliefen noch an diesem Morgen, aber meine Mutter war früh aufgestanden und hatte mir ein kräftiges Frühstück zubereitet; während ich aß, hatte sie, die Hand auf meiner Stuhllehne, schweigend dabeigestanden und mir dann geholfen, meine paar Habseligkeiten zusammenzupacken. Es hatte keine Aufregung gegeben, keine Bitten, keine Ratschläge oder Überredungsversuche, nur einen langen und prüfenden

Blick. Dann war ich mit meinem Gepäck auf dem Rücken in den morgendlichen Sonnenschein hinausgetreten und durch das hohe nasse Gras zur Straße hinaufgestapft.

Es war 1934. Ich war neunzehn Jahre alt, noch nicht trocken hinter den Ohren, aber gesegnet mit einem sicheren Glauben an mein Glück. Bei mir trug ich ein kleines zusammengerolltes Zelt, eine Geige in einer Wolldecke, Wäsche zum Wechseln, eine Dose Kekse und etwas Käse. Ich war aufgeregt, sehr von mir überzeugt und wusste, dass ich weit gehen würde; wie weit, das wusste ich allerdings noch nicht. Als ich an diesem Morgen von zu Hause fortwanderte und das schlafende Dorf hinter mir ließ, kam mir nicht ein einziges Mal der Gedanke, dass ich nicht der Erste war, der so auszog.

Natürlich trieben mich die alten Kräfte an, die schon viele Generationen auf die Landstraße geschickt hatten — das enge kleine Tal, das einen erdrückte und mit dem Hauch seines moosigen Mauls erstickte, die Mauern des kleinen Hauses, die einen wie die Arme einer Eisernen Jungfrau umklammerten, und die Mädchen im Dorf, die einem ihr »Heirate und bleib hier« zuflüsterten.

Monate rastloser Unruhe waren vergangen, mit langen Wanderungen, melancholischem Pfeifen und starren Blicken auf die hohen weiten Flächen, die sich unter riesigen Wolkenbänken nach Osten hinzogen, bis der Augenblick kam, der kommen musste.

Und jetzt war ich auf meiner Reise, in festen Schuhen und mit einem Haselstock in der Hand. Selbstverständlich wollte ich nach London, das 160 Kilometer weiter ostwärts lag, und genauso klar war auch, dass ich zu Fuß gehen würde. Aber erst mal wollte ich zur Küste wandern, denn ich hatte noch nie das Meer gesehen. Damit wurde mein Weg, wenn ich ihn über Southampton nahm, noch um 160 Kilometer länger. Aber ich hatte ja den ganzen Sommer vor mir und alle Zeit dieser Welt.

Jener erste Tag allein — denn jetzt war ich endlich wirklich allein — senkte meine Erregung und meinen Schwung zusehends. Während ich durch den Staub auf die Wiltshire Downs zumarschierte, lastete ein immer stärkerer Widerwille auf mir. Weiße Holunderblüten und wilde Rosen hingen in den Hecken, nichtssagend wie unbeschriebenes Papier, und die heiße, verlassene Straße — es gab damals nur wenige Autos — reflektierte die Leere und Teilnahmslosigkeit des Sonntags. Der träge Sommer sog mich ein und ich bot ihm keinen Widerstand. In der Einsamkeit des Vormittags und Nachmittags spürte ich plötzlich, wie ich mich nach einem Hindernis, nach Rettung sehnte, nach dem Geräusch eiliger Schritte hinter mir und den Stimmen meiner Familie, die mich heimriefen.

Niemand kam. Ich war frei. Bis zum Überdruss frei. Das Schweigen des Tages sagte: Geh, wohin du willst. Dir steht alles offen. Du hast es so gewollt. Jetzt liegt es bei dir. Du bist auf dich gestellt, und niemand wird dich aufhalten. Im Gehen verhöhnten mich heimische Bilder und Klänge, das Klirren aus der Küche; Sonnenstrahlen, die von den Fenstern her über die vertrauten Möbel fielen, quer durchs Schlafzimmer und über das Bett, das ich verlassen hatte.

Als ich entschied, nun müsse Teezeit sein, setzte ich mich auf eine alte Steinmauer und öffnete meine Keksdose. Beim Essen hörte ich, wie meine Mutter den Kessel auf den Kamineinsatz stellte und meine Brüder mit den Teetassen klapperten. Die Kekse schmeckten süß nach der geliebten Unordnung meines Zuhauses — das nur etwa 20 Kilometer von mir entfernt lag.

Hätte es meine Brüder nicht gegeben, wäre ich in jenem Augenblick vielleicht umgekehrt, aber ich hätte den Anblick ihrer Gesichter nicht ertragen können. Also stieg ich von der Mauer und machte mich wieder auf den Weg. Die langen abendlichen Schatten fielen auf Dörfer wie Ansammlungen von Kartenhäusern, auf heimkehrende Kühe und Menschen, die aus der Kirche kamen. Ich hielt mich an den Straßenrand, die Augen auf meine staubigen Füße geheftet, und ging ein paar Stunden ohne anzuhalten.

Als die Dämmerung kam, voller Motten und Käfer, war ich zu müde, um mein Zelt aufzuschlagen. Also legte ich mich mitten auf einem Feld nieder und blickte hinauf zu den strahlenden Sternen. Die samtene Leere der Welt und die breiten Streifen weichen Grases, auf denen ich lag, überwältigten mich. Schließlich schläferten mich die nächtlichen Nebel ein — in meiner ersten Nacht ohne Dach und Bett.

Kurz nach Mitternacht wurde ich vom Regen, der mir ins Gesicht sprühte, geweckt; der Himmel war schwarz und alle Sterne verschwunden. Zwei Kühe standen vor mir und bliesen mir ihren Atem ins Gesicht, der Jammer jenes Augenblicks verfolgt mich noch heute. Ich kroch in einen Graben und lag wach bis zum Morgengrauen, völlig durchnässt auf fremdem Boden. Doch als am Morgen die Sonne aufging, verschwand das Gefühl der Trostlosigkeit. Vögel sangen, und warmer Dunst stieg aus dem Gras. Ich stand auf und schüttelte mich, aß ein Stück Käse und wandte mich wieder südwärts.

Ich kam nun hinunter nach Wiltshire, verbannte alle Gedanken an das, was hinter mir lag, und bekam allmählich neuen Auftrieb; ich ließ mir Zeit, bummelte durch Städte und Dörfer und genoss es, dass ich nicht zur Arbeit gehen musste. Vier

Jahre lang war ich als junger Angestellter an dieses nervtötende Büro in Stroud gekettet gewesen. Jetzt leistete ich mir den Luxus, werktags frei zu sein; um elf Uhr vormittags eine Seitenstraße entlangzutrödeln und einem Mann beim Schafehüten zuzusehen; eine Katze im Gras beim Anpirschen zu beobachten oder von einer Hausfrau ein bisschen Tee zu erbetteln, damit in den Wald zu gehen und eine Stunde damit zu verbringen, eine Kanne frisches Quellwasser aufzukochen.

Das bisschen England, das ich durchwanderte, kam mir riesig vor. Ein Auto freilich hätte es in ein paar Stunden durchquert, doch ich brauchte dazu fast eine Woche; ich ging behutsam vor, durchmaß es Schritt für Schritt, erschnupperte die unterschiedlichen Gerüche des Erdreichs, nahm mir einen ganzen Vormittag Zeit, um einen Berg zu umgehen. Ich weiß, ich hatte großes Glück, *damals* auf Wanderschaft zu gehen, als das Land noch nicht der Geschwindigkeit wegen platt gewalzt war. Viele der Landstraßen verliefen noch so, wie sie in den alten Zeiten von Packpferd und rumpelnden Wagenrädern gezogen worden waren, sie folgten zärtlich der Windung eines Tales oder wichen einem Gebirgsvorsprung aus wie das schweifende Band eines Flusses. Das alles ist noch gar nicht so lange her, und doch könnte heute niemand mehr meinen Weg nachgehen. Von den alten Landstraßen sind die meisten verschwunden, in der Zwischenzeit hat das Auto die Landschaft zerstückelt, und der Reisende durchbraust sie auf Rinnsteinhöhe und sieht dabei noch weniger als ein Hund im Straßengraben.

Aber für mich war damals alles neu, was ich sah, und ich konnte es vom Morgen bis zum Abend langsam an mir vorüberziehen lassen. Noch war ich, als ich durch Malmesbury und Chippenham kam, erst einen Tagesmarsch von zu Hause entfernt, und stellte doch schon verschiedene Schattierungen in der Sprache fest. Etwa einen Tag später kam ich hinunter ins Wylye Valley und hinaus auf eine weite, sanft geschwungene Ebene — einen Streifen alten, dürren Landes, bedeckt von struppigem Gras, das aussah, als hätten da eben noch Mammuts geweidet.

Von Ortschaften wusste ich noch nicht viel und war deshalb auf die zarte Turmspitze nicht vorbereitet, die sich plötzlich aus der leeren Fläche erhob. Als ich weiterging, glitt sie mal vor mir her, verschwand dann hinter der Wölbung des Hügels und verriet nichts von der Stadt, die unter ihr lag.

Nur eine Turmspitze im Gras; mein erster Anblick von Salisbury, der umso schöner war, als er mich unerwartet traf. Als ich in die Stadt kam, merkte ich, dass Markttag war; dünnbeinige Schafe drängten sich auf dem Hauptplatz. Die Bauern standen in Grüppchen herum, redeten miteinander und sahen dabei alle in verschiedene Richtungen. Die Pubs barsten von Händlern, die zerknitterte Geldscheine zählten. Schäfer und Hunde saßen auf den Gehwegen. Über alledem türmte sich erhaben und nebelhaft die Kathedrale; noch Herrscherin über die geduckte Stadt, warf sie ihren langsam wandernden Schatten quer über den Marktplatz und ließ ihre Glocken wie Münzen klingen.

Nach einer Woche auf der Landstraße kam ich schließlich in Southampton an; man hatte mir gesagt, dass ich dort das Meer sehen würde. Ich sah stattdessen ein paar rostige Kräne und einen zwischen Häusern eng eingekeilten Dampfer, der aussah wie gepresst, dazu ein paar traurige Gartenparzellen als Einfassung eines schmutzigen Flusses, von dem es hieß, das sei Southampton Water.

Southampton Town dagegen erfüllte alle Erwartungen, zeigte sich mal gerissen, mal geschäftstüchtig — wie ein entlaufener Seemann, der dem Meer den Rücken gekehrt hat und verzweifelt versucht, sein Glück auf dem Festland zu machen. Die Straßen am Wasser waren voller Läden, die mehr der Unterhaltung als dem Profit dienten, mitsamt seinen Tätowierern, Ohr-Piercern, Wahrsagern, Schneckenlokalen und Blutpuddingköchen. Es gab auch Läden, in denen Drachen verkauft wurden — sogar chinesische Papierdrachen —, farbiger Sand und tropische Vögel; und unzählige kleine Kellerlokale mit rumgetränkter Holztäfelung, in denen es nach eingelegten Eiern und Zwiebeln stank.

Da ich eine Woche lang unter freiem Himmel geschlafen hatte, dachte ich mir, es sei an der Zeit, es wieder einmal mit einem Bett zu versuchen, und ging zu einem Obdachlosenquartier unten bei den Docks. Die Wirtin, eine alte Hexe mit einem Gebiss wie ein Dosenöffner, sagte, es koste einen Shilling die Nacht, verlangte das Geld im Voraus, spendierte mir einen Becher Whisky und zeigte mir den Weg hinauf zur Dachkammer.

Frühmorgens am nächsten Tag brachte sie mir eine Tasse Tee und Wasser in einem hölzernen Eimer. Sie warf mir einen flüchtigen Blick zu, fragte, von welchem Schiff ich sei und grunzte bloß, als ich sagte, ich komme aus Stroud. Dann entdeckte sie meine Geige, die am Bettpfosten hing, und kratzte mit ihren blauen Nägeln über die Saiten. »Aha, ein Fiedler«, murmelte sie und huschte flink aus der Kammer. Gleich danach stand ich auf, zog mich an, steckte meine Geige unter die Jacke und ging auf die Straße hinaus, um mein Glück zu versuchen. Es hieß jetzt oder nie. Ich musste es jetzt wagen, sonst konnte ich zusammenpacken und wieder nach Hause gehen.

Fast eine Stunde lief ich auf der Suche nach einem passenden Platz umher, und kam mir dabei vor, als stünde ich im Begriff, ein Verbrechen zu begehen. Schließlich blieb ich unter einer Brücke in der Nähe des Bahnhofs stehen und entschloss mich, es hier zu versuchen. Ich war aufgeregt und ängstlich. Es war immerhin das erste Mal. Ich zog die Geige wie eine Flinte unter meiner Jacke hervor. Hier in Southampton, wo die Züge über meinem Kopf dahinratterten, kam der Moment, in dem ich mich beweisen sollte. Eben noch war ich Teil der hastenden Menge gewesen, jetzt war ich ganz nackt, stand allein, mit dem Rücken gegen die Wand, den Hut vor meinen Füßen, die Geige unter das Kinn geklemmt.

Die ersten Töne, die ich spielte, kamen laut und rau, wie eine heisere Stimme des Protests, doch dann richteten sie sich ein und klangen geschmeidiger und einigermaßen harmonisch. Zu meiner großen Überraschung wurde ich weder verhaftet, noch angeschrien, still zu sein. Vielmehr beachtete mich überhaupt niemand. Dann warf ein alter Mann, ohne anzuhalten, verstohlen einen Penny in meinen Hut, als wolle er damit ein lästiges Beweisstück loswerden.

Langsam, aber stetig folgten weitere Pennies, von Schatten geworfen, die mich weder zu sehen noch zu hören schienen. Es war, als bringe der Klang der Fiedel im Unbewussten eine Saite zum Klingen, die zum Handeln zwang — wie das Weinen eines Babys. Als ich mit dem ersten Lied fertig war, hatte ich über einen Shilling in meinem Hut — das kam mir fast zu einfach vor, wie ein Schwindel. Aber ich hatte Mut gefasst; wohin auch immer ich ab jetzt gehen würde, mit diesem Trick konnte ich mein Dasein fristen.

So arbeitete ich mich mehrere Tage lang durch die Straßen von Southampton und eignete mir allmählich die Kniffe an, die zum Geschäft gehörten. Lagen sie für alte Hasen klar zutage und waren einfach, wenn man sie einmal gelernt hatte, musste ich sie mir durch Versuch und Irrtum erst aneignen. So war es zum Beispiel nicht klug, *zu* viele Münzen im Hut zu lassen — dieser Anblick konnte den Kunden abschrecken; ebenso unschlau war es, den Hut vollständig zu leeren, auch das stiftete Verwirrung, weil er dann keinen Hinweis hatte, wohin er sein Geld legen sollte. Bald wurde es zur festen Gewohnheit, dass ich einige Münzen in den Hut legte, um die Sache anzukurbeln; zwischen den Stücken vergaß ich das Abschöpfen nicht, ließ jedoch stets zwei Münzen im Hut.

Am besten bewährten sich langsame Melodien, weil sie die Leute zum Bummeln verleiteten (bei irischen Tänzen flitzten sie nur so vorbei); und es schien klüger zu sein, so gut zu spielen, wie man konnte und nicht das Klagelied des berufsmäßigen Landstreichers nachzuäffen. Mitleid oder Schuldgefühle zu erregen, trug immer einen Penny ein, aber auch nicht mehr; während ein mit nüchternem Fleiß gespielter melodischer Ohrenschmaus nicht selten mit Silber belohnt wurde.

Alte Damen waren höchst freizügig, und das galt auch für Frauen mit Kindern, für Verkäuferinnen, Sekretärinnen und Kellnerinnen. Was die Männer betraf, so waren Alkoholiker immer empfänglich, ebenso Kerle mit dicken Muskeln, Buchmacher und Spekulanten. Niemals jedoch ein Mann mit Melone, Aktentasche oder Hund; und die ehrenwerten Männer waren die geizigsten von allen. Ausgenommen pensionierte Offiziere — die bellten einen an: »Warum arbeiten Sie nicht, junger Mann?«, und gaben dann zu viel, um ihre Verlegenheit zu verbergen.

Ich fand heraus, dass bestimmte Melodien immer Aufmerksamkeit erregten, während andere gar niemanden berührten. Am ergiebigsten waren unweigerlich die Teesalonklassiker und gefühlvolle Volksballaden. »Loch Lomond«, »Wales! Wales!« und »Die Rose von Tralee« fanden überall ihre Freunde, und das galt auch für Händels »Largo«, für »Ave Maria«, Tosellis »Serenade« und »Der Pfeifer und sein Hund«. Am wenigsten lohnten sich, wie ich schon sagte, schnelle oder schrille Melodien, etwa Tartinis »Teufelstriller« oder »Picking up Sticks« — die den Fußgänger anscheinend völlig aus dem Takt brachten und seine Mildtätigkeit erschütterten.

Alles in allem erwies sich meine Lehrzeit als einträglich und leicht, und mein Lampenfieber verschwand bald. Es wurde mir zum erfolgshungrigen Vergnügen, hinaus auf die Straßen zu gehen, am Bahnhof oder auf dem Markt Stellung zu beziehen und loszugeigen, während unter meinen Augen und beim Klang einer gefühlvollen Melodie das Münzenhäufchen wuchs. Jene ersten Tage in Southampton war ich wie besessen; ich blieb von frühmorgens bis spätabends auf der Straße, wanderte wie im Goldrausch von einem Platz zum anderen und spielte, bis mir die Fingerspitzen brannten.

Als ich entschieden hatte, Southampton sei nun abgegrast, beschloss ich, mich nach Osten zu wenden. Ich kam mir schon wie ein Veteran vor, und auf dem Weg aus der Stadt ging ich in eine Marktbude und ließ mich fotografieren. Das Bild wurde in weniger als einer Minute in einem Eimer entwickelt und hat sich über dreißig Jahre gehalten. Ich habe immer noch einen Abzug dieses Sommergespenstes vor mir — ein blasser, öliger Schatten, elegant vor eine Landschaft aus brüchiger Leinwand postiert, die abgetragene Kleidung von Staub überpudert. Es trägt einen schäbigen Schlapphut, schwere Stiefel, ausgebeulte Hosen; Zelt und Geige über die Schulter gehängt, und aus dem langen leeren Gesicht starrt, so gelb-lich-weiß wie Eier, ein Paar Augen, unausgebrütet und heute nicht mehr zu erkennen.

Ein paar Meilen nach Southampton sah ich endlich das wirk-liche Meer; da lag es vor mir, ein jäher Abschluss des Landes, der riesige Schwall eines gewölbten Nichts, das einem unsichtbaren Horizont zurollte und mehr Entfernung frei-gab, als ich je zuvor gesehen hatte. Es war grün, blähte sich sacht wie die Haut eines Frosches und trug schläfrige kleine Schiffe wie Fliegen. Im Vergleich mit dem Land erschien es wie eine ungeheure hypnotisch wirkende Leere, die alles ein-schläferte, was mit ihr in Berührung kam.

Als ich die Küste entlangwanderte, stand ich bald ganz im Bann ihrer Stimmungen, neu, mysteriös, fremdartig: der kör-nigen Schärfe des Windes, des Geschmacks von Salz und Teer, des Geruchs nach Muscheln, nassen Straßen und Re-genmänteln und des Anblicks der kurzen Sommerstürme, die in das Meer hineinglitten wie Schichten von schmutzigem Glas.

Allerdings war die Südküste ganz anders, als ich sie mir — nach der Lektüre von Hardy und Jeffery Farnol — vorgestellt hatte, denn hier am Strand begann sich schon jene schäbige Vorstadtlandschaft herauszubilden, die zu der wunderlichen Fäulnis der dreißiger Jahre gehörte. Hier lagen die Strandbu-denstädte, lang ausgestreckt wie eine Flutmarke aus Abfall, der wirre Unrat aus Land und Meer — kilometerlang Teebu-den und Hütten, die offenbar aus Strandgut erbaut waren und Namen trugen wie »Wellengischt« oder »Kobold des Meeres«. Hier und da saßen bärtige Männer auf brüchigen Veranden und malten Aquarelle von Schiffen und Sonnenuntergängen, während dicke Frauen, von Hunden mit funkelnden Zähnen begleitet, ihre Privatstrände bewachten. Mir gefiel die schäbige Unordnung dieser melancholischen Küste, die noch nicht vom Wohlstand heimgesucht war und so aussah, als wäre alles, was es hier gab, vom Wind zusammengetragen und könnte jeden Augenblick wieder weggeweht werden.

Ich verbrachte eine Woche am Meer, bewegte mich langsam in Richtung Osten, schlief am Strand und graste die Städte ab. Mir ist eine verschwommene Erinnerung an einen trägen, unbestimmten Sommer geblieben, gelegentlich unterbrochen von seltsamen Begegnungen. In Gosport veranstaltete ich als Gegenleistung für eine Ration Rindfleisch aus Heeresbeständen ein Konzert in einer Kasernenstube. Vor der Kathedrale von Chichester spielte ich »Gesegnet sei dies Haus« und wurde sofort von der Polizei weggeschickt. In Bognor Regis kampierte ich auf dem Sandstrand und traf dort ein geschmeidiges junges Mädchen von sechzehn Jahren, das mich einen langen heißen Tag hindurch nicht aus den Armen ließ und nur ein Kleidchen mit Trägern auf seinem meeresfeuchten Körper trug. In Littlehampton hatte ich gerade eben achtzehn Pennies eingenommen, als mich die Polizei vertrieb. »Nicht hier. Versuch Worthing«, sagte der Beamte. Das tat ich und wurde reich belohnt.

Worthing war damals eine Art Cheltenham-on-Sea, voll von reichen, perlenbehängten alten Damen. Jeden Nachmittag kamen sie in ihren Rollstühlen heraus und wurden von schmächtigen Pflegern im Park umhergeschoben. Als ich am Parktor im Hauptdurchzugsgebiet der Ladys stand und eine Reihe geistlicher Lieder spielte, bekam ich in kaum mehr als einer Stunde achtunddreißig Shilling, was mehr war, als ein Landarbeiter in einer Woche verdiente.

Worthing bildete den Schluss dieses Kapitels, es war ein Wendepunkt in meiner Reise, denn länger wollte ich meinen Weg der Küste entlang nicht fortsetzen. Ich kehrte dem Meer also den Rücken und wandte mich nordwärts, nach London, das noch über achtzig Kilometer entfernt lag. Es war die dritte Juniwoche, und die Landschaft war von Blütenstaub überzuckert und noch immer von Holunderblüten bedeckt. Das weit überschaubare Tiefland, das von den Schafen kurzgerupfte Gras, die Buchenhänge an den Talrändern, der Geruch nach Kalk, lila Orchideen, blauen Schmetterlingen und Disteln erinnerte mich an die Cotswolds, die ich so unbekümmert verlassen hatte. Zwar hätte Chanctonbury Ring, wo ich die Nacht verbrachte, genauso gut einer von den Hügeln um Painswick oder Haresfield sein können; doch fühlte ich mich trotz dieser mir wohlbekannten Umgebung weiter von zu Hause entfernt als jemals später in einem fremden Land.

Als ich am nächsten Tag wieder auf die Straße nach London kam, dachte ich aber nur noch an den Weg, der vor mir lag. Ich schritt stetig dahin, mühelos ging ich Stunde um Stunde wie in einem schwingenden, schwerelosen Traum. Ich war in jenem Alter, das weder Strapaze noch Müdigkeit kennt; der Körper verbrennt magische Kraftstoffe und gleitet durch die warme Luft, etwa kniehoch über dem Boden, seinem Gespür mühelos folgend. Selbst Erschöpfung hatte, wenn sie sich bemerkbar machte, noch etwas Sinnliches, Wollüstiges, und der Schlaf war sanft und tief wie Öl. Es war der Höhepunkt auf der Kurve des sich körperlich Verschwendens, bevor einem die erste Rechnung präsentiert wird.

Ich lebte damals von getrockneten Datteln und Keksen, die ich mir täglich zuteilte, als zöge ich quer durch die Wüste. Sussex bot natürlich auch andere Kost, aber ich zog es vor, bei meinen Gewohnheiten zu bleiben. Ich tat so, als wäre ich T. E. Lawrence auf einer selbstquälerischen Odyssee, verschwendete meine Jugend in einem unbarmherzigen Hadhramaut und kniff die Augen zusammen vor den Sandstürmen, die in einer Illusion, in der ich mich als einsamer Dulder sah, aus den Wadis von Godalming bliesen.

Aber ich war nicht der Einzige auf der Landstraße; ich merkte bald, dass es noch viele andere gab, die alle in einer düsteren Prozession nach Norden stapften. Manche von ihnen waren professionelle Landstreicher, aber die Mehrzahl gehörte zu jener Heerschar Arbeitsloser, die damals ziellos in ganz England umherstreifte.

Die Profis konnte man leicht erkennen; sie kochten Tee am Straßenrand, hetzten sich nicht ab und inspizierten stets ihre Füße. Die anderen aber, die Mehrzahl, marschierten dahin wie Schlafwandler, blieben für sich und sprachen nur selten miteinander. Hier im Landesinneren waren sie zahlreicher als an der Küste — vielleicht hatte die Polizei dafür gesorgt. Sie waren wie ein geschlagenes Heer, das aus einem Krieg heimzieht; die Wangen eingesunken und die Augen vor Müdigkeit erloschen. Manche hatten Beutel mit Werkzeugen oder brüchige Pappkoffer bei sich, andere trugen Anzüge, die nur noch Schatten ihrer selbst waren; manche zogen, wenn sie Rast machten, sorgsam ihre Schuhe aus und polierten sie planlos mit einer Handvoll Gras. Unter ihnen waren Tischler, Büroangestellte und Ingenieure aus den Midlands, viele waren schon seit Monaten unterwegs, waren landauf und landab gezogen durch ein Labyrinth achselzuckender Abweisungen, die Tretmühle der Mittdreißiger Jahre …

Dann bekam ich für ein paar Tage einen Gefährten. Veteran Alf nahm sich meiner an. Ich hatte die Straße verlassen, um mein Zelt für die Nacht aufzuschlagen, als er aus den Büschen stieg.

Ich hatte ihn schon vorher gesehen; er war circa anderthalb Meter groß und gehörte offensichtlich zur Zunft. Er trug einen Jägerhut, der so durchweicht und zerfetzt war, dass er aussah wie etwas, das vom Frühstück übrig blieb, und um die Taille seines Regenmantels, der mit einem Strick zusammen-gebunden war, hingen Töpfe und Löffel.

Scheppernd wie eine Mülltonne setzte er sich neben mich und begann seine Stiefel auszuziehen.

»Na«, sagte er, während er angeekelt meine Datteln beäug-te, »du bist ein armer Tropf, wie?« Er schüttelte seine Schuhe aus, zog sie wieder an und warf noch einen Blick auf mein Nachtmahl. »Von diesem grässlichen Fraß kannst du doch nicht leben — da wird einem ja ganz flau. Was du brauchst, is ein Topf. Was, wo drin du kochen kannst. Hier, pass auf — Moment mal …« Er durchwühlte das Geschirr an seinem Gürtel und brachte eine ramponierte Dose zum Vorschein, so ein Ding, wie es meine Onkel aus dem Krieg heimgebracht hatten — viereckig, mit einem dreieckigen Henkel. Es war ein Miniaturkessel, außen rauchgeschwärzt und innen braun ver-brannt. »Da, nimm's«, sagte er. »Du machst mich ganz krank.« Er fing an Feuer zu machen. »Ich koch dir jetzt 'n bisschen Tee und Erdäpfel.« Und das tat er.

Wir blieben bis Guildford beieinander, und ich bekam noch öfter von seinen beißenden Gebräuen zu kosten. Er war ein Landstreicher durch und durch, wickelte sich ständig ein und wieder aus und sortierte dauernd sein bisschen Hab und Gut. Er war nicht auf der Suche nach Arbeit; dies war einfach sein Leben, und er hielt sorgfältig Haus mit seinen Kräften — ging an keinem Rasenstück vorüber, das für eine Rast geeignet war, und auch an keinem Haus, das eine mildtätige Gabe verhieß. Er sagte, sein Name sei Alf, aber niemand wusste, ob das stimmte, denn er nannte auch mich Alf und jeden anderen. »In der Stadt hier sind voriges Jahr 'n paar Alfs eingelocht worden«, sagte er etwa. »Haben sich was aus 'n Läden geangelt — mit Angelhaken, weißte.« Oder: »Hab mal 'n Alf gekannt, der machte zwanzig Kilometer am Tag. So 'nen verrückten Alf gibt's kein zweites Mal auf der Landstraße. Sagte, so käm er schneller rum. Stimmte auch. Aber die Leute konnten ihn nich' mehr sehen.«

Alf redete den ganzen Tag, war aber trotz aller Geschwätzigkeit verschlossen und verriet nie, wo er selber herkam. Wahrscheinlich brauchte er bei aller Exponiertheit auf der Straße diesen lockeren Zaun von Wörtern um sich herum. Genauso fragte er auch mich nie aus, obwohl es für ihn klar war, dass ich ein Greenhorn war; und er gab mir gute Ratschläge, wie man sich vor schlechtem Wetter schützt, wie man Hausfrauen um den Finger wickelt und um Polizisten einen Bogen macht.

Was seine eigene Technik auf der Landstraße betraf, so war er nicht etwa aus Faulheit langsam, sondern weil er nach einem festen Zeitplan vorging und seine berufliche Tour in einem Zwölfmonatsrhythmus absolvierte, der für ihn schnell genug war. Den Winter über verkroch er sich in einem Londoner Obdachlosenasyl, um dann wieder zu seiner gemächlichen Rundreise durch England aufzubrechen und dabei jedes Jahr in den einzelnen Ortschaften mit der Regelmäßigkeit der Jahreszeiten aufzutauchen. So war er in den Midlands der vagabundierende Vorbote des Frühlings, im Süden ein

Sommervogel, für das Hügelland von Kent ein Vorbote des Herbstes — ich glaube wirklich, er war davon überzeugt, dass die Regelmäßigkeit seines Erscheinens den Hausfrauen ein Gefühl der Sicherheit gab, sodass sie ihn als ein stets wiederkehrendes Naturphänomen betrachteten, ja sogar *erwarteten* und deshalb auch entsprechend belohnten.

Seine Bettelei brachte ihm jedenfalls viel ein, und er tauchte nie hinter einem Gatter auf, ohne die Hände voll Essen zu haben — Beutel mit Tee und Zucker, Fleischknochen und Kuchen; und aus alledem kochte er dann eine furchtbare Brühe. Er war sauber, abgerissen, gutmütig und schlau, und mir gegenüber zeigte er echte, wenn auch überhebliche Freundlichkeit. »Du bist 'n elender Schandfleck«, pflegte er zu sagen, »ein echter Klotz am Bein.«

Alf hatte eine seltsame Angewohnheit — eine Leidenschaft für Kinderreime, die er beim Gehen vor sich hin brummte:

Alle meine Entchen
schwimmen auf dem See,
Köpfchen in das Wasser
Schwänzchen in die Hand.

Wenn ich ein Vöglein wär
und auch zwei Flügel hätt,
flög ich in den Himmel.

Hatte man ein Dutzend davon gehört, alle ohne den richtigen Schlussreim, konnte einen das in den Wahnsinn treiben.

In Guildford trennten wir uns, Alf wollte nach Osten gehen, ins Hügelland, das für ihn noch drei Monate entfernt lag.

»Mach's gut, Alf«, sagte ich.

»Mach's gut, Alf«, antwortete er. »Treib mal nich' zu viel Unfug.«

Er verschwand unter der Eisenbahnbrücke und aus meinem Leben, ein schlurfendes Geklapper alter Blechbüchsen, und er sah winzig und dreieckig aus mit seinem spitzigen Hut auf dem Kopf und dem schwarzen Regenmantel, der bis zum Boden herabhing.

London war jetzt ganz nahe, nicht mehr als zwei Tagesmärsche entfernt, aber ich hatte es noch immer nicht besonders eilig. So wandte ich mich nach Nordwesten und begann es zu umrunden wie eine Wespe, die sich an ein Marmeladeglas heranmacht. Nachdem ich Guildford verlassen hatte, schlief ich in der Heide bei Bagshot — alles voller Birken, Sand und Bremsen —, die mir so wüst und trostlos vorkam wie ein riesiges totes Stück Land in Russland. Am nächsten Morgen dann, als ich kaum ein paar Meilen auf der Landstraße hinter mir hatte, war plötzlich alles wieder ganz anders, und ich wanderte durch eine Parklandschaft, die grün war wie aus dem Bilderbuch und von Buchen und weichem Gras überquoll.

Jetzt war jeder Wagen auf der Landstraße entweder ein Rolls-Royce oder ein Daimler — eine dahingleitender Zug von silbernen Seufzern —, der gläserne Innenraum vollgepackt mit Mädchen und Fresskörben und Männern, die kerzengerade Zylinder trugen. In meinem ganzen Leben vorher hatte ich erst zwei solche Autos gesehen; jetzt schien es auf der Welt keine anderen mehr zu geben, und ich fragte mich, ob das schon ein Vorgeschmack auf künftige Herrlichkeiten sei, ob ganz London so reich sei wie dies hier.

Als ich so im Staube dieses Glanzes dahinwanderte, wunderte es mich also gar nicht, dass einer von den Daimlers anhielt und ein Arm mir vom Fenster aus zuwinkte. Ich lief schnell hin, vielleicht war es ja ein lang verschollener Verwandter, aber es saß niemand drin, den ich kannte. »Wollen Sie einen Fasan, guter Mann?«, fragte eine Stimme von drinnen. »Wir haben grad ein Prachtstück überfahren, hundert Meter weiter hinten.«

Eine Viertelstunde später kam ich nach Ascot. Es war Rennwoche, und ich war mitten hineingeraten. Weiße Festzelte und Fahnen; junge Stallburschen und Jockeys, die zwischen den langen glänzenden Beinen von Rassepferden herumschwirrten; und die Besitzer dieser Stammbäume, die ihre langen stolzen Hälse in Körbe voll Pasteten und Möweneier tauchten.

Ich drang bis zum Eingang vor, wollte gerne hineingehen, aber plötzlich starrten mich ein paar Polizisten an. Ich meinerseits starrte eine wunderschöne Frau am Tor an, die mir für einen Moment verwirrend nahe kam, mit einem Gesicht von seidener Vollkommenheit wie eine persische Statue, einem Körper, wie in Tulpenblätter gehüllt, und sandalenbekleideten Füßen, wie von durchsichtigem Reispapier bedeckt, sodass ich jede einzelne ihrer blitzeblanken, kleinen Zehen zählen konnte.

Reichtum und Schönheit waren hier die Devise, und ich merkte, dass ich nun eine andere Welt betreten hatte. Hier zu musizieren oder sich anderswie hervorzutun, wäre völlig fehl am Platz gewesen. Alf und die zerlumpten Scharen von Arbeitslosen gehörten in eine ferne Welt …. Also verließ ich Ascot wieder, kam bald darauf in einen Park voller Eichen und grasenden Rotwilds, und erblickte Windsor Castle auf seinem Hügel aus grünem Billardtuch wie ein verbeultes silbernes Essigkännchen. Ich schlief in jener stickig heißen

Nacht auf einem Feld bei Stoke Poges, nachdem ich den Abend auf dem Dorffriedhof verbracht hatte, wo ich, auf einem moosigen Grabstein sitzend, den Krähen lauschte und mich fragte, warum mir dieser Ort so bekannt vorkam.

Ein paar Tage später, als ich morgens aus einem Gehölz bei Beaconsfield trat, hatte ich endlich London vor mir — eine lang gezogene rauchige Silhouette im Morgendunst, die den gesamten östlichen Horizont ausfüllte. Rostrot und dürr lag es da wie riesiger flacher Schorf, wie die Asche eines erloschenen Vulkans, sacht in der Morgensonne brodelnd und umtönt von einem schwachen metallischen Brausen.

Keine architektonischen Herrlichkeiten, keine Türme oder Paläste, nur eine kriechende heimtückische Präsenz, seine enorme Ausdehnung hier und da unterbrochen von einem Gaskessel oder Fabrikschornstein. Und doch spürte ich schon jetzt seine starke Ausstrahlung — eine elektrische Ladung im Himmel —, die von den Millionen Dächern in einer zitternden Fata Morgana aufstieg, magnetisch, nahezu sichtbar, wirksam nach allen Seiten hin.

Irgendwo da drüben war meine Freundin Cleo, die (wie ich hoffte) meine Briefe hortete und auf mich wartete. Da waren auch Geheimnis, Verheißung, Glück und Reichtum — alles, was zu finden ich in diese Stadt gekommen war. Ich eilte darauf zu, jetzt voller Ungeduld, den beißenden Schwefelatem in der Nase. Einen Monat hatte ich auf der Landstraße zugebracht, und die Vorstadtbezirke waren lang und leer. Schließlich nahm ich die U-Bahn.

LONDON

Mein Dorf und meine Heimatstadt hatten beide eine Art Ententeich-Zentrum, aber London hatte überhaupt kein Zentrum — nur kauernde kleine Straßen, die endlos wucherten wie die Kräuselungen im Schlick einer Flussmündung. Ich kam am frühen Abend in Paddington an und lief eine Weile umher. Der Himmel war hier anders, hoch, weit und still, rosa vom Rauch und der untergehenden Sonne. Es roch nach ranzigem Öl, fauligem Fisch und welkem Gemüse, nach heißem Pflaster und zertrampeltem Teer; ich spürte eine sich aufbauende Spannung — die schwere, verbrauchte Luft des engen Beisammenlebens rund um mich —, all diese Familien, die hinter schlaffen ausgeblichenen Vorhängen, über Läden und in widerhallenden Mietshäusern vor sich hin gärten; mit ihren Söhnen, die ihre Hemden wechselten, den Töchtern, die ihr Haar trockneten, ihren Väter in Westen, die ihren Tee anstarrten; und auf den Straßen dicht an dicht die vollgestopften Omnibusse, und die großartige Nacht, die nun hereinbrach.

Ich war freudig erregt, weil ich hier angekommen war, aber auch unvorbereitet und wusste nicht recht, was ich tun sollte. Doch ich hatte Cleos Adresse — sonst kannte ich niemanden —, also entschied ich, jetzt sei der richtige Augenblick, darauf

zurückzukommen. Ich hatte Cleo im Frühling kennengelernt, in einer Art tolstojanischen Siedlung in der Nähe von
Stroud, wo sie mit ihrem gut aussehenden Vater — einem
Linksradikalen mit Adlernase — und ihrer unglücklichen
Mutter aus vornehmem Hause in einem geliehenen Wohnwagen lebte. Wo sie herstammten, blieb unklar, aber sie
waren vor Kurzem aus Amerika geflohen, wo der Vater wohl
in politische Schwierigkeiten geraten war. Das sechzehnjähri-
ge Mädchen war ganz anders als meine früheren Bekannt-
schaften, und ihre Schönheit hatte mich ganz verrückt gemacht. Sie sprach mit deftigem amerikanischen Akzent, hatte
große braune Augen, gesprenkelt wie körniger Honig, war
anmutig und langbeinig, geschmeidig wie ein Wildpferd, und
wir hatten so getan, als liebten wir uns.

Sie waren arm wie die Kirchenmäuse, hatten aber Verbin-
dungen, und es gab immer Freunde, die ihnen Häuser über-
ließen; die Adresse des letzten — irgendwo in Putney Heath
— klang wirklich großartig.

Als ich, nachdem ich mehrere Kilometer durch die Abenddämmerung gewandert war, endlich dort ankam, wirkte das
Haus wie von einer Bombe getroffen — nur einer der Flügel
und die Haupttreppe standen noch in einem riesengroßen
Garten voll aufgewühlter Wurzeln.

Sie saßen auf der Treppe unter freiem Himmel und waren
ziemlich überrascht, mich zu sehen — mit Ausnahme der rei-
zenden Cleo, die »Ich hab's doch gewusst!« rief und mir auf
den Stufen entgegenlief. Sie war noch genauso, wie ich sie in
Erinnerung hatte, ja sie sah sogar noch besser aus mit ihrer
palisanderfarbenen Haut und einer Figur, die Bluse und kurze Hose prachtvoll betonten.

»Du bist zu Fuß gekommen, stimmt's? — Ich hab's dir doch

gesagt, Papa.« Sie führte mich stolz die ausgewaschenen Stufen hinauf und nahm mich dann mit in ihr Zimmer, wo sie mir mein Bündel Briefe zeigte, das sie in ihr duftendes Nachthemd gewickelt hatte.

Ich wurde also aufgefordert zu bleiben. Cleo verbrannte meine Kleider und stattete mich mit ein paar Sachen ihres Vaters aus. Man war dabei, die Villa abzureißen, weil für einen Block mit Mietwohnungen Raum geschaffen werden sollte, und der Vater arbeitete für die Baufirma; inzwischen konnten sie in der halben Ruine wohnen bleiben, waren also vorübergehend in Sicherheit, und die Mutter kam allmählich wieder zu Sinnen.

Ich schlief auf dem Fußboden in dem noch vorhandenen Rest eines Ballsaales und aß mit der Familie in der viktorianischen Küche, deren hohe gotische Fenster einen Blick vom Rand der Heide über London hinweg bis auf die Hügel von Hampstead boten. Ich hatte Glück gehabt, ich wusste es und genoss es zunächst auch. Ich konnte mit diesem netten, sanften Ort ganz zufrieden sein.

Manchmal hielt mir der Vater mit seiner lauten Rednerstimme einen Vortrag über die Theorie der Anarchie, über die Notwendigkeit politischer und persönlicher Freiheit und über seine Verachtung der Sittengesetze. War er nicht im Hause, dann erzählte die Mutter mit feuchten, bleichen Augen von ihrer Kindheit daheim in der Grafschaft und klagte über die vergammelte Welt verschwörerischer Dachkammern, durch die dieser unwiderstehliche Schurke sie geschleppt hatte. Dann wieder führte mich die Tochter, atemberaubend sinnlich in ihrer kurzen knapp sitzenden Hose, an der Hand durch den verfallenen Garten, bis zur letzten Gruppe noch verwurzelter Myrtensträucher, hockte sich mit bloßen Knien hin, zog mich neben sich auf den Boden und verlangte Rechenschaft über meine politischen Überzeugungen.

Bildschöne Cleo — sie hatte keine Ahnung, was sie bei mir anrichtete mit ihren schrägen Augen unter dem Myrtenlaub, ihren wendigen rotbraunen Schenkeln, wie aus einem Dschungel von Rousseau, ihrem Geschnatter, das keine Sekunde verstummte. Aber nie sagte sie das, was ich erwartete; nie ein Wort von Liebe, oder von meiner Sehnsucht, oder der Sommernacht. Sie war außerstande, mir etwas anderes zu servieren als die toten, dürren Früchte des väterlichen Geistes. Er bedeutete alles für sie, und ich war noch nicht alt genug, um an seine Stelle zu treten. Sie erschien mir wie das entzückendste, zugleich vergeblichste Wesen auf der ganzen Welt.

Dann, eines Abends, führte ich sie hinaus auf die dämmerige Heide, wo die Liebespaare dicht wie Heuballen lagen. Wir stiegen meilenweit hin und her, und Cleo holte nicht ein einziges Mal Luft; ihr reizender Mund war ein politisches Megaphon. Schließlich drängte ich sie an einen Baum und küsste sie voller Verzweiflung. Sie lieh mir ihre Lippen wie ein Lehrbuch. »Aber ich *brauche* die politische Bewegung. Du verstehst das, oder? Du *musst* in die Partei eintreten«, sagte sie.

Ich gab nicht auf. Ich machte einen letzten Versuch; schließlich litt ich nicht unbeträchtliche Qualen. Also schnappte ich mir am nächsten Morgen, als es dämmerte, eine Leiter von den Bauarbeitern und kletterte durch ihr Schlafzimmerfenster. Da lag sie, in ihrem rosenfarbenen Nachthemdchen, und schlief behaglich, ein sanft atmendes Häufchen Liebe. Die ruhige Morgendämmerung, die ersten Vogelstimmen, und ich in meinem schwarzen Pyjama – sie musste in diesem zaubervollen Augenblick doch einfach dahinschmelzen! Als ich in ihr Bett schlüpfte, rollte sie mir schläfrig in die Arme, erwachte dann und erstarrte. »Wenn Papa das wüsste, würde er dich umbringen«, sagte sie. Und es war nicht nur eine Redensart.

Als ich im frühen Licht der Dämmerung die Leiter wieder hinunterkletterte, wurde mir klar, dass Blut dicker war als jede Theorie. Später am selben Tag verschaffte mir Cleos Vater Arbeit beim Bau und gab mir die Adresse einer Unterkunft in Putney. Ich weiß nicht, was Cleo ihm erzählt hatte, jedenfalls reagierte er flink. Es erschien mir als vernünftiger Kompromiss zwischen seinem Reformdenken und der Pferdepeitsche.

Wieder auf mich gestellt, fand ich ein gemütliches kleines Zimmer über einem Speiselokal in der Lower Richmond Road — es lag im baufälligen zweiten Stockwerk, das über die Bahnstrecke herausragte und den ganzen Tag von den vorüberfahrenden Zügen erschüttert wurde, während der heiße Fleischdunst kochender Pasteten durch die Risse im Fußboden heraufquoll.

Das Lokal im Erdgeschoß war ein düsterer Tunnel, an dessen Wänden sich Holzbänke mit hohen Rückenlehnen hinzogen, blank gescheuert und ausschließlich für Männer, mit allen Annehmlichkeiten eines mittelalterlichen Refektoriums. Meine Miete von fünfundzwanzig Shilling pro Woche galt für das möblierte Zimmer und drei Mahlzeiten täglich — eine Blankoscheck-Abmachung, die ich voll ausnutzte und die mir neue Essgewohnheiten erschloss. Die Speisekarte auf der schwarzen Tafel draußen auf dem Gehweg bot eine Auswahl, die so konstant war wie die Bestandteile der

Gerichte: »Bubble and Squeak. Leber. Kröte im Loch. Fleischpudding oder Pastete.«

Mein Lieblingsgericht war die Pastete — eine Kelle voll Fleisch, eingeschlagen in eine Hülle aus talgigem Teig, und das alles den ganzen Tag lang in einem Kupferkessel in einem Verschlag unter der Treppe auf Hitze gehalten. Auf den Teller gebracht, dampfte es wie eine nasse Windel und verströmte deprimierenden Waschküchengeruch; stach man aber mit der Gabel hinein, zerplatzte es auf wunderbare Weise und köstlicher Fleischsaft rann wie Lava heraus. In jeder Pastete muss mindestens ein halbes Kilo Fleisch gewesen sein — ein komplettes Arbeiteressen für Sixpence. Der kargen Tage daheim gedenkend, wo Fleisch nur sonntags auf den Tisch kam, aß ich mindestens eine pro Tag. Ansonsten lockte es mich auch, die weiteren Auswahlmöglichkeiten reihum zu probieren: Squeak, Bratwurst, Leber, und als besondere Ehre gelegentlich einen Hering. Ein Becher Tee wurde ohne zu fragen zu jeder Mahlzeit serviert, und er war so stark, dass man eine Maus damit auf Trab bringen konnte. Was den Nachtisch betraf, so stand unten auf der Speisetafel ein Nachtrag, der mit Dauerlack geschrieben sein musste: »Warum versuchen Sie bei dieser Hitzewelle nicht einfach den kalten Nachtisch?« Sommers wie winters bestand er aus Pudding mit Pflaumenkompott.

Arnold, der Besitzer und gleichzeitig auch mein Vermieter, war ein Mann von Anfang dreißig, ein fülliger Dandy mit schwerem, cremeweißem Doppelkinn und zarten, schon halb garen Händen. Er machte die ganze Arbeit allein, sowohl das Kochen als auch das Servieren, und rollte mit der Würde eines Eunuchen herbei, in seinen knappen, bis zum Hals hinauf zugeknöpften Baumwollkitteln, in denen er aussah wie einer seiner Serviettenknödel. Er war kahl, hatte einen großen Kopf und rote Lippen, und neigte zu Geistesabwesenheit und träumerischem Schweigen; es bestand kein Zweifel daran, dass er seinen Gästen geistig überlegen war, aber falls er das auch selbst wusste, so ließ er es sich doch niemals anmerken.

Jeden Tag tappte er vor dem Frühstück von Tisch zu Tisch und legte die Morgenzeitungen aus wie kirchliche Notenblätter, um sie am Abend gewissenhaft durch neue zu ersetzen. Außerdem kamen die Gäste in den Genuss seiner mit gedämpfter Stimme vorgetragenen Berichte. Mir ist nie wieder jemand begegnet, der sich seiner Aufgabe mit so viel bescheidener und fast priesterlicher Hingabe widmete wie er, während er den Arbeitern seine Speisen anbot und ihre Kupfermünzen wie eine Kirchenkollekte entgegennahm. Diesem vergeistigten Lieferanten fetter Fleischpasteten und Bratwürste haftete tatsächlich etwas Geheimnisvolles an. Man konnte sich vorstellen, dass er sich seinen Beruf nicht etwa ausgesucht hatte, um damit Geld zu verdienen, sondern um sich spirituell zu säubern und selbst zu erniedrigen. Ich wohnte sechs Monate in seinem Haus und lernte ihn doch nicht kennen — ich ahnte nur, dass er ein Doppelleben führte. So wusste ich zum Beispiel von den beiden hübschen Kindern, die ihn jeden Samstagabend kurz besuchten. Und dass hinten im ersten Stock in völliger Abgeschiedenheit seine junge schöne Ehefrau lebte. Wenn ich zu meinem Zimmer hinaufstieg, sah ich sie manchmal in der halb offenen Tür stehen — ein aufregendes Aufblitzen wollüstiger Langeweile —, das Haar hoch aufgetürmt und kunstvoll frisiert, die Augen leuchtend wie Landescheinwerfer. Sie trug einen bis zum Hals zugeknöpften weißen Morgenrock aus Seide, und ihre Zehennägel waren grün lackiert. Sie war circa so alt wie ich, sprach aber nie ein Wort. Und Arnold erwähnte sie mit keiner Silbe. Meine Arbeit auf dem Bau nahm mich am Anfang sehr mit, und ich befand mich in einem Zustand heilsamer Erschöpfung. Den ganzen Tag schob ich Karren mit nassem Zement, bis meine Muskeln spannten und brannten. Abends kehrte ich in das dampfende Lokal zurück, aß meine Pastete und stieg dann über die Hintertreppen hinauf in meine Kammer, wo ich mich schon halb im Schlaf an den Tisch am Fenster setzte und auf die langen grünen Züge hinunterstarrte. Es war das erste Mal in meinem Leben, dass ich ein Zimmer für mich allein hatte, in dem es nicht von Brüdern und Schwestern wimmelte, und ich breitete mich gründlich darin aus, ließ meine Kleider herumliegen und hielt die Tür gut verschlossen und verriegelt. Dankbar für so viel Privatheit, war ich es zufrieden, einfach dazusitzen und als Herr über das Zimmer und seine Stahlmöbel die langen Sommerabende damit zu verbringen, dass ich am Tisch vor mich hindöste, Mädchen zeichnete oder kurze träumerische Gedichte schrieb. Draußen wartete London — ein stoppeliges Plateau aus Kaminen, ein dumpfes Summen nie abreißender Geräusche; doch zunächst konnte ich mich nicht damit befassen. Mein Körper war zu erschöpft.

Es dauerte eine Weile, bis ich für diesen Job stark genug war, für die harten Stunden mörderischer Schwerstarbeit, die mir Löcher in die Hände riss und meine Muskeln zu ungewohnten Verzerrungen nötigte. Ich war todmüde zu Beginn, und taumelte wie in einem Nebel umher; doch ich war jung, und schnell war ich abgehärtet. Bald hatten meine Handballen Schwielen so rau wie gegerbtes Leder, die ich stolz aneinanderreiben konnte. Schließlich verfiel ich auch nicht mehr in einen Dämmerzustand, wenn ich abends heimkam. Ich konnte mich sogar schon ein wenig umzusehen.

Natürlich hatte ich noch kein rechtes Verhältnis zur Stadt; sie bestand für mich aus Dächern und einem wechselnden Wolkenhimmel, einem Getöse von Lautsprechern, das aus offenen Fenstern drang, und dem sommerlichen Geschrei der Gassenkinder. Das zarte Band zu meiner Familie war noch nicht durchschnitten. Schuhkartons voller Blumen kamen mit der Post von meiner Mutter, niedliche lose Gebinde aus Wiesen und Hecken, in feuchtes Moos oder Efeublätter gehüllt.

Dann gelang mir ein kleiner Durchbruch. Ich gewann einen Preis in einem von einer Zeitung — »The Sunday Referee« — veranstalteten wöchentlichen Preisausschreiben für ein Gedicht, das ich mit einer Sixpence-Postanweisung eilig abgesandt hatte, ohne jede Erwartung, jemals wieder davon zu hören. Arnold zeigte es mir eines Morgens mit einem Zucken um seinen roten Mund; es war das erste Mal, dass ich etwas von mir gedruckt sah. »Bist das wirklich *du*?«, fragte er kritisch. »War mir gar nicht bewusst, dass du so schöne Ideen hast.«

Bald darauf begegnete ich Philip O'Connor, als er Flugblätter auf dem Putney Common verteilte — ein hellwacher junger Mann mit einem hübschen, hungrigen Gesicht und einem dichten Schopf tiefschwarzer Locken. Wir lebten damals beide allein und schrieben, nur einen Häuserblock voneinander entfernt, unsere Gedichte; so kam es, dass wir uns eine Zeit lang sehr oft besuchten und als schützende Zuflucht zusammenfanden. In meinen Augen umgab ihn ein jungenhaftes Mysterium, eine wilde Melancholie wie ein junger Hamlet; und seine Gedichte waren ausgefallener als alles, was ich bis dahin gelesen hatte: schwärmerische Ausbrüche einer surrealistischen Phantasie. Ich war von seinen Gedichten schwer beeindruckt, er von meinen eher weniger. Ich war der Ältere; er gab sich väterlich. Er lag immer auf meinem Bett, kratzte sich nervös die Locken, blitzte mich mit seinen dunklen Augen an und rezitierte mit kalter klarer Stimme, bissig und ziemlich bitter seine neuesten Verse. »Du und ich, wir sind die einzigen wahren Stimmen, die es noch gibt auf dieser Welt«, sagte er danach. Wenn er in meinem Zimmer war, benahm er sich mustergültig. Anders war es bei ihm zu Hause, wo seine Ansprüche viel stärker um die eigene Person kreisten. Er hatte einen guten Revierinstinkt.

Ein anderer Freund aus dieser Zeit war der lange Billy, der regelmäßig unten im Lokal aß — ein gestrandeter farbiger Matrose aus Troy in Missouri, der entweder vom Schiff weggelaufen oder auf die schiefe Bahn geraten war. Ich erfuhr nie, wo er schlief oder wie er lebte, aber jeden Abend saß er unten auf der Bank, ließ große Klumpen Butter in seinen heißen starken Tee fallen und löste sorgfältig die Gräten aus dem Hering. Seine riesigen dicken Backen zeigten einige Narben von Messerschnitten, und quer über die Augenbrauen liefen Schlagringspuren. Er war jedoch von einer trägen Sanftmut, erhob nie seine Stimme, und sein liebster Zeitvertrieb bestand aus Tee und Klatsch. Billy konnte wunderbar zuhören, und es schien unmöglich, ihn zu langweilen. Auch die ödesten Geschichten quittierte er mit schmeichelhafter Aufmerksamkeit. »Waah, ich lass mir die Handgelenke aufschlitzen, wenn das nich' ne tolle Sache is«, murmelte er dann. »Kannst mich an mein' Gedärm aufhängen.« Manchmal verschwand er für ein paar Tage, um dann strahlend wieder aufzutauchen. »Bohr mir 'n Auge aus, tut gut, dich wiederzusehn.« Dann gingen wir nebenan und spielten ein bisschen Billard, wobei er eine samtweiche Technik hatte. Aber es ging nicht lange gut, zum Schluss erwischten sie ihn. Ein Dutzend Polizisten mit Regenmänteln. Vorsichtig traten sie ins Lokal, sie rechneten mit Widerstand. Aber er ging mit wie ein Kind.

Danach waren auch meine Tage bei Arnold gezählt. Ein Mädchen zog in das Stockwerk über mir ein. Sie bekam die Kammer unmittelbar unter dem Dach, wo bisher nur Kartoffeln gelagert worden waren. Das Mädchen ging anscheinend keiner Arbeit nach, ich hörte nur gelegentlich ihr Grammophon spielen und das Geräusch ihrer nackten Füße, wenn sie tanzte. Manchmal begegneten wir uns auf der Treppe und mussten uns an der Kurve des Treppengeländers aneinander vorbeikämpfen. Ihre Augen, nur ein paar Zentimeter von meinen entfernt, blinzelten kein einziges Mal. Ihr Haar roch nach Pasteten und Donuts. »Hast du den Film ›Die Ratte‹ gesehen?«, fragte sie mich eines Tages. »Dem siehst du ja wie runtergerissen ähnlich.«

Ihre Freunde kamen am Abend und gingen am Morgen. Arnold brachte ihr dann das Frühstück auf einem Tablett hinauf. Schließlich teilte er mir unter Entschuldigungen mit, dass er mein Zimmer brauche. Er wollte seine Geschäfte wohl ein wenig erweitern.

Die nächste Unterkunft, die ich fand, war etwas solider, bei einer Familie, die zur Hälfte aus Cockney, zur Hälfte aus Irland stammte und eines der niedrigen viktorianischen Reihenhäuser unweit der High Street bewohnte. Für fünfundzwanzig Shilling die Woche bekam ich hier ein Zimmer im Erdgeschoß mit Verpflegung, Wäsche und flackerndem Kohlenfeuer; sonntags konnte ich ihr Wohnzimmer mitbenutzen und, wann immer mir nach Gesellschaft war, auch die warme Küche im Untergeschoß.

Mrs. Flynn, meine Vermieterin, war eine resolute Blondine, die etwas von der zwielichtigen Schönheit Gloria Swansons hatte — ein weiches, offenes Gesicht, hart, aber auch sehnsüchtig, das sowohl geschwätzige als auch romantische Launen ahnen ließ. Es war, als gäbe es zwei Mrs. Flynns: die eine mädchenhaft und umgänglich, die andere heftig aufbrausend. Morgens sah man sie meist zornig und kettenrauchend die Zimmer fegen, ein zerzauster Wuschelkopf im Morgenmantel; abends dann, nach dem Essen, erschien sie in Goldlamé, das Haar seidig frisch frisiert, und damit beschäftigt, einen Monolog an die Welt zu richten, indem sie lauter dummes Zeug heraussprudelte und abwechselnd kicherte, jammerte und schmachtete. Wenn sie sich, prächtig gekleidet und geschnürt, elegant über ihren Kakao neigte, war kein Gesprächsthema auf der Welt vor ihr sicher. Sie sprach von den Hirschen in Richmond mit ihren prächtigen »Weihen«. Sie teilte ihre Meinung zur Russischen »Revoltion« mit. Sie ermahnte mich, niemals zu heiraten — sie hatte zu jung geheiratet, was ein Fehler war, sie war zu leicht zu beeindrucken gewesen. Sie stand auf Männer mit dicken Lippen, Typ aufspringende Rosenknospe, sie fand, sie sähen unwiderstehlich aus.

Mrs. Flynn war Cockney, ihr abwesender Mann war Ire. Aber irgendwann hatte in ihrem Leben noch ein anderer eine Rolle gespielt. Auch ein Ire, ein keltischer Fürst, der jetzt verschwunden war. Sie erwähnte ihn mit tragischer Miene, dann wieder brach sie in Lachen aus. Dieser robuste, gutmütige Lebenshunger glich ihre verrückten Anwandlungen aus. Dasselbe galt für ihre häufigen Tränen und das plötzliche

Gekicher, wenn sie sich über sich selbst lustig machte. Sie muss jünger gewesen sein, als ich damals dachte.

Der Rest der Familie bestand aus Mrs. Flynns zwei Kindern, die so verschieden waren wie Tag und Nacht: die schwarzäugige Patsy, ein aufreizendes Mädchen von acht Jahren, und der blonde Mike, ein Junge von elf, der den Mund nicht aufbekam. Dann war da noch Beth, die unverheiratete Schwester meiner Wirtin, ein scheues zurückhaltendes Wesen, das wie ein besorgter Schutzengel im Hintergrund wirkte und das ganze Haus zusammenhielt. Sie wachte über uns allen, arbeitete tagsüber in einem Büro, kochte abends das Essen und schrubbte die Kleider; die Launen ihrer Schwester zeigte sie wie ein Seismograph an und machte schüchterne Versuche, diese zu erklären und zu entschuldigen. Die beiden Frauen glichen einander sehr, obwohl Beth älter war und sich große Mühe gab, die Ähnlichkeit zu verbergen, indem sie wie eine Schauspielerin, die ihren Mut verloren hat, ihre eigene Schönheit versteckte, um Schatten und Kammerzofe ihrer Schwester zu werden.

Ich hatte mich gut eingelebt, und das Haus nahm mich in sich auf. Mein Zimmer war klein, gerade so, wie ich es gern hatte. Da waren ein Bett, ein Stuhl, ein farbiger Druck von Killarney und ein vergittertes Fenster, das auf eine Mauer hinausging. Der Winter stand vor der Tür, und ich hätte es viel schlechter treffen können. Hier war es so behaglich wie in einem Dachsbau. Und die Frauen behandelten mich gut, wie einen fragilen Exoten, als müssten sie mich für einen Wettbewerb mästen.

Frühmorgens brachte mir Mike mein Frühstück ans Bett, zusammen mit einem dicken Paket belegter Brote für die Arbeit. Wenn ich abends heimkam, loderte schon das Kaminfeuer, und das Zimmer war von beißendem Rauch erfüllt. Um Punkt sechs brachte mir Patsy, die Haare zu einem Zopf geflochten, eine enorme Mahlzeit auf einem Kupfertablett, setzte sich dann auf den Fußboden, die bloßen Knie bis zum Kinn hochgezogen, und sah mir gnadenlos beim Essen zu. Bevor sie zu Bett ging, stattete sie mir noch einen weiteren kurzen Besuch ab. »Ma fragt, ob Sie noch was brauchen?« Sich schüchtern vor mir windend, ein dünner Strich im gestreiften Pyjama, wusste sie — zehn Jahre später »Miss Sweater Girl« — jetzt schon, wie sie sich hinstellen, sich an den Türpfosten schmiegen und die flanellbekleideten Schenkel im Lampenlicht zur Geltung bringen musste.

Sobald die Kinder im Bett waren, erhoben sich neue Geräusche, geheimnisvoll, doch bald vertraut. Beth unten am Spülstein, beim Mangeln der abendlichen Wäsche, oder beim Schneiden der Stapel von Butterbroten für den nächsten Morgen. Mrs. Flynn im verblassten Pelz brach auf zum Hunderennen in Wembley, oder schlug, wenn sie den Abend einsam im Erdgeschoß verbringen musste, mit dem Kopf auf den Tisch, um ihre Not danach mit einer Flasche Starkbier wieder wegzulachen. Manchmal, sehr spät, konnte man auch fern vom Dachboden her eine Folge von Schreien und Seufzern hören, widerhallende Warnrufe im tiefsten Grabesbass wie die Klagen des Geistes im Hamlet. Aber das war nur Mr. Willow, der andere Untermieter von Mrs. Flynn, ein alter Schauspieler, seit Langem im Ruhestand, der seine Einsamkeit gern dadurch auflockerte, dass er die Rolle wiederholte, in der er einst Triumphe gefeiert hatte: »Der Fluch des Dr. Fu Manchu«.

Ansonsten verbrachte ich die Abende, wenn ich zu Hause war, nach meinem eigenen Geschmack, ich schrieb am

Kamin oder spielte Geige, bis Beth mir kurz vor dem Schla-fengehen das große Tablett mit Abendessen brachte, und dazu vielleicht irgendetwas Lesenswertes, das sie für mich abgeschrieben hatte. Es war, als gehörte ich wieder zu einer Familie, nur dass diese hier an meine Tür klopfte und nie-mand von mir verlangte, ich solle bei der Hausarbeit mithel-fen. Und wenn ich krank war, kümmerten sie sich um mich, setzten die Miete herab, und Mrs. Flynn brachte mir fla-schenweise Guinness. »Dieser Laurie«, sagte sie dann, »kein Wunder, wenn der krank wird. Er mutet seinem Hirn viel zu viel zu.« Sie wusste nicht viel von mir und versuchte auch gar nicht, mehr zu erfahren. Ihr schien zu genügen, dass ich Abwechslung brachte.

Was die Riesenstadt London betraf, die zu entdecken ich gekommen war, bekam ich damals nicht einmal die Idee einer Ahnung. Ihre Dimensionen warfen für mich Dorfpflänzchen alles über den Haufen, meine Erfahrung bot mir keinen Maß-stab, sie zu bewältigen. Immerhin war ich erst zwanzig, ein Alter, in dem mir die Umgebung Streiche spielte, und meine Bullaugen vor Illusionen vernebelt waren. Ich trieb einfach in einer Kapsel der Selbstversunkenheit umher, in der ich zusammen mit meinem privaten Wetter eingeschlossen war.

Aber ich erinnere mich durchaus an die Gegenwart Lon-dons, die physische Härte, die es damals hatte; sein derbes, lärmendes Gehabe. Es war viel mehr Leben auf den Straßen (drinnen kostete es Geld), und abends drängten sich die Leu-te im Freien. Man sah sie an Ecken stehen, an den Eingängen der Kneipen, in Gruppen, die sich unterhielten, während sie aus Papiertüten aßen. Auf den Straßen selbst herrschte ein fast ländliches Durcheinander — Verkehr noch wie zu

Edwards Zeiten in seiner letzten drangvollen Blüte: ratternde alte Omnibusse, Händlerkarren mit Ponys und zweirädrige Kutschen; schmucke kleine Taxis, die aussahen wie Pianos; und mächtige Lastwagen mit Bierfässern und Mehlsäcken, die von prächtigen Pferdegespannen gezogen wurden. An schönen Sonntagvormittagen, wenn die Pferde ausruhten, füllte sich die Putney High Street mit Fahrrädern — dralle junge Frauen in weißen Shorts, verfolgt von aufgeplusterten jungen Männern, alte Dandys in Blazer und Strohhut; ganze Familien auf Tandems, die ihre Babys in Körben mitführten —, und alle strebten sie hinaus aufs Land. Privatautos gab es nur wenige, und meistens zeigten sie Unheil an, besonders wenn sie in Nebenstraßen parkten, wo der Anblick eines Autos vor einem Haus meist einen Arztbesuch oder Todesfall bedeutete.

Mir jedoch bot London, wenn ich frei hatte, selbst bei zweieinhalb Pfund Wochenverdienst reichhaltigen Zeitvertreib. Hatte ich meine Unterkunft bezahlt, blieb mir noch ein Pfund übrig, das ich auf vielerlei Arten ausgeben konnte. Ein Gläschen Whisky kostete sechs Pennies, ein Pint Bier viereinhalb, zwanzig Zigaretten bekam man für elf. Die besten Sitze im Kino kosteten knapp unter einen Shilling, aber ich konnte auch für drei Pennies auf der Galerie sitzen. Dann gab es noch Jahrmärkte und Varietés, russisches Ballett in der Alhambra, Konzerte in der Queen's Hall — selten teurer als ein Shilling. Maßanzüge für fünfzig Shilling, Tanzgelegenheiten für sechs Pennies, Abendessen für neun — im Verhältnis zu dem, was ich verdiente, war das Leben nicht billig, aber es kam einem doch so vor, und ich zahlte keine Steuern.

Es war eine Zeit wurzellosen Vergnügens und schwelgerischer Melancholie, die ich sorgsam hegte und pflegte. Auf meinen Streifzügen in alle Richtungen, die ich fast immer allein unternahm, studierte ich meinen Schatten, mein Gesicht in den Fensterscheiben, wohl bemerkend, welchen Druck London auf mich ausübte und was es mir abverlangte. Ruhm und Reichtum waren das mindeste — dazu war ich hergekommen, und das erwartete man auch zu Hause von mir. Doch mein Kopf war träge und leer.

Ich tat, was ich konnte, richtig zur Sache kam ich aber nicht — ich starrte auf den Fluss, ich spielte Billard, und ich wartete. Ich schrieb, verwarf es, vertraute auf die Zeit, streifte durch die Heide, ohne mir besondere Sorgen zu machen; oder ich gabelte Dienstmädchen aus den letzten großen Herrenhäusern auf, nagte die Hühnerflügel ab, die sie mir brachten, lag steif unter den Büschen im Licht zerbrochener Straßenlaternen und stellte mir vor, ich hätte feinere Liebchen.

Doch meistens lief ich umher und versuchte meine ungenutzt brütenden Kräfte auf langen Spaziergängen zu erschöpfen. Wenn ich einen Tag freihatte, machte ich mich manchmal in die Innenstadt auf, wanderte den Bahndamm entlang zur Strand, machte vor den viktorianischen Grilllokalen ein Päuschen und ließ mir den Duft der roten Rinderrippen in die Nase steigen, die an Haken in den dampfenden Fenstern hingen. Mahlzeiten dieser Art waren für mich wie ein ganzes Gebirge von Sonntagen, oder wie der heiße, soßenfette Kuss eines Mammons, sie waren ausschließlich dicken Maklern und Bankiers vorbehalten — nie kam mir der Gedanke, dass auch ich so essen könnte.

Die City selbst, mit ihren Höfen und Durchgängen, war mir so nah wie manch kauzige Ecke in Stroud: verblasste Messingschilder an abblätternden Haustüren, altmodische Boten in schimmelgrünen Mänteln, stolpernde Träger, die

Kohlen zu stickigen Dachböden voller Büroangestellter hinaufschleppten, ein Geruch nach feuchten Plätzchen und zerfallendem Pergament — freilich versteckt, zusammengedrängt und raffiniert unkenntlich gemacht als Schatzhaus, das die Reichtümer der Welt verwaltete. Ganz und gar nicht das, was ich erwartet hatte. Es machte mich unruhig. Ich rechnete jeden Augenblick damit, meinem Vater in die Arme zu laufen.

Nach diesen Ausflügen in die City war mir wieder nach einer anderen Umgebung zumute, ich wandte mich zurück Richtung Charing Cross Road und beendete den Abend in einem Restaurant in Soho, wo ich kohlschwarze mexikanische Zigarren rauchte. Als geheimnisvoller Globetrotter in meinem zerknitterten Regenmantel, schlug ich inmitten sanftzüngiger Griechen den *Heraldo de Madrid* auf, den ich nicht lesen konnte und bestellte türkischen Kaffee, den ich nicht trinken wollte …

Die Hälfte meiner Zeit brachte ich natürlich auf dem Bau zu, wo ich in die geistlose, abhärtende Routinearbeit abtauchte. Fast ein ganzes Jahr lang zog ich wochentags am frühen Morgen meine lehmbeschmierten Kleider an, ging den Putney Hill hinauf, gab meine Brote beim Teeboy ab und kletterte auf das im Wind schwankende Gerüst. Ich gehörte zu einer Gruppe von Karrenschiebern, die frisch gemischten Zement für die Fußböden anlieferten, sich im Rhythmus der schwankenden Laufbretter hin und her bewegten, und langsam, Meter für Meter, mit den Gebäuden mitwuchsen.

Elf harte Monate lang bauten wir auf dem Grundstück jener eleganten Villa drei unschöne Wohnblöcke — klotzig, selbstgefällig, mit niedrigen, bleigefassten Fenstern —, die billig auf Luxus machten. Ich habe mich danach nie wieder mit Bauten befasst, und denke heute noch mit einer gewissen Zuneigung an diese Häuser zurück — gelegentlich gehe ich daran vorbei, um mit Staunen die überladene Protzerei zu betrachten.

Als Hilfsarbeiter am Bau waren wir die Sklaven im Gewerbe und standen ganz unten in der Hierarchie der Arbeiter. Ungelernt, ungesichert, schlecht bezahlt und oft gefährdet; sie nahmen jeden Mann, den sie kriegen konnten, und viele meiner Kameraden gehörten zur Sorte jener Großstadtzwerge, wie sie wohl nur Jahrhunderte dünnen Bluts und engen Aufeinanderhockens hervorbringen können. Heute findet man diesen Menschentyp nicht mehr so häufig, gelegentlich vielleicht noch in einem Pub in Battersea oder Wandsworth, wo er mit dem Kinn auf der Tischplatte neben seiner winzigen Frau hockt und mit den Füßen kaum den Boden berührt. Zu meiner Zeit waren solche Männer die Grundfeste der Arbeit, abgeschliffen von den auszehrenden Anforderungen. Dennoch waren sie zäh, sie beklagten sich nicht, waren dem Schicksal ergeben und alterslos in Aussehen und Verhalten. Körperlich hart und gedrungen mit zusammengepressten Gliedern, kahl geschorenen Köpfen und eng um den Hals geknoteten Tüchern sprudelten sie Cockney aus Mündern, die verfallenen Steinbrüchen glichen, und waren die geborenen Benutzer einer sich reimenden Umgangssprache. Diese war damals noch der Jargon der Unterwelt, eine geheimnisvolle und schwer fassbare Sprache, die später selbstbewusst zum affektierten Kneipenslang erhoben wurde. Wenn sie ihren Slang nicht verwendeten, wirkten meine Kameraden seltsam gehemmt; nur zögerlich sprachen dann sie über Menschen und Dinge. »Ähm, wie heißt du noch mal, Kumpel?

Schmeiß uns mal den Dingsda rüber, ja? Muss so 'n Dings für das Dings hier machen.« Ich glaube nicht, dass Faulheit oder mangelnder Wortschatz der Grund dafür waren, sondern vielmehr eine instinktive Verschwiegenheit, die man durch korrekte Bezeichnungen verraten hätte.

Mindestens die Hälfte von uns kam natürlich aus der Unterwelt; offenbar war das damals ganz üblich. Wir hatten alte Knackis und Betrüger unter uns, die zeitweise auch wieder rückfällig wurden, geübte Safeknacker, die zwischen ihren Aufträgen von der Bildfläche verschwinden mussten, und andere, die — unter Druck — Besserung gelobt hatten und anscheinend Schubkarren schieben mussten, um zu beweisen, dass es ihnen ernst war. Ich stellte fest, dass ich mit Männern zusammenarbeitete, die direkt aus dem Zuchthaus kamen, noch dessen moderige Blässe zeigten und in jenem kopfhängenden Schlurfschritt latschten, willenlos und blind, als wäre ihre Welt noch immer von Mauern umgeben. Die meisten stammten aus Wandsworth und Fulham, schweigsame Männer mit Heimweh im Herzen, die manchmal beim Erzählen von ihren Vergehen und Strafen aus sich herausgingen, als wärmten sie alte Kriegserlebnisse auf.

Ich erinnere mich, dass wir in meiner Gruppe von allem etwas hatten: Safeknacker, Steuerhinterzieher, einen durch Rheumatismus ruinierten Fälscher, einen in die Jahre gekommenen Ehebrecher und einen Experten, der mit seinem Hemdkragen aus Zelluloid Schlösser aufbrechen konnte. Ganz am Rande gab es dann noch einen traurigen kleinen Angestellten, der wegen des Missbrauchs seiner eigenen Tochter im Gefängnis gesessen hatte und bei niemandem Vergebung fand, sondern dazu verdammt war, fortwährend mit sadistischen Streichen gequält zu werden. Aber es war klar, dass das Verbrechen keinen von ihnen fett gemacht hatte; sie waren zusammengeschrumpelt durch jahrelange Zermürbung, durch die Schalheit der Armut, des Zweifels und Misstrauens und die peinigenden Gefängnisaufenthalte.

Alles in allem herrschte unter uns eine natürliche Kameradschaft; es gab keine Cliquenbildung und kein Selbstmitleid. Wir saßen alle im selben Boot und teilten die Arbeit so unter uns auf, dass Gewinn und Verlust jeden gleichermaßen betrafen. War einer von uns krank, vertuschten wir es, und wenn der Polier den wilden Mann spielte, deckte einer den anderen. Regnete es, dann zogen wir uns zurück und warfen im Keller Münzen; war das Wetter schön, arbeiteten die einen und die anderen täuschten es vor, sodass niemand als überflüssig angesehen werden konnte. In der Mittagspause versammelten wir uns in einem alten Wellblechschuppen, aßen unseren Restefraß von den Knien, rollten einander Zigaretten, erzeugten einen rechten Mief und spielten »Krone und Anker«.

Spielen war unsere Religion, unsere Löhne wurden gepfändet, und Bündel von Geldscheinen wechselten den Besitzer, doch wenn auch einige von uns Glückspilze waren, wurde doch streng auf Ehrenhaftigkeit gehalten, und ich bezweifle, dass je einer falsch spielte. Besonders die alten Zuchthäusler wachten unbestechlich wie Indianerhäuptlinge darüber, dass alles ehrlich zuging; die winzigen Tabakspfeifen zwischen den schwarzen Zähnen, duldeten sie keinerlei krumme Touren.

Auf dem Heimweg nach der Arbeit stellten wir für alte Damen und Polizisten offenbar ein natürliches Ziel dar. Die Polizei behandelte uns stets mit brutaler Angriffslust, während uns die alten Damen Pennies und hartes Brot schenkten. Möglich, dass das eine unwillkürliche Reaktion auf unsere Kappen und Halstücher war, ein Überbleibsel ihrer Lektüre des »Punch«. Wir nahmen jedenfalls beides, die Tritte und die Nächstenliebe, als einen Teil der traditionellen Nebeneinnahmen unseres Gewerbes hin. Natürlich waren wir gewohnheitsmäßige Langfinger, auch wenn es bei einer Arbeit wie der unseren wenig Wertvolles gab, das man forttragen konnte. Ich für meinen Teil hatte mir angewöhnt, kleine Stücke Kupferrohr wegzuschleppen, die ich in meinen Hosenbeinen versteckte. Sie waren glatt, schön gedreht und hübsch poliert — aber ich wusste nie, was ich eigentlich mit ihnen anfangen sollte.

Auf dem Bau waren wir Hilfsarbeiter, wie ich schon sagte, die Deppen, die unberührbaren Handlanger und Träger. Zwischen uns und den Handwerkern bestand eine Kluft, schlimmer als zwischen zwei Kasten in Indien. Die Maurer, Zimmerleute, Gipser und Installateure behandelten uns mit der lässigen Verachtung von Brahmanen und blieben selbst beim Mittagessen unter sich, vom Status ihrer Fertigkeiten unerschütterlich durchdrungen. Die Folge war, dass wir uns zu einer festen kleinen Gruppe zusammenschlossen, die noch abweisender und reservierter war als die ihre. Unsere Solidarität war die einzige Fertigkeit, auf die wir uns stützen konnten, und ich glaube, wir hätten füreinander gemordet.

Zwei Ausnahmen gab es allerdings, zwei einsame Außenseiter, die wir nicht in unseren Kreis aufnahmen, obwohl auch sie Hilfsarbeiter waren. Der eine war der Vergewaltiger, unser Sündenbock, den wir uns für besondere Qualen in Reserve hielten. Der andere war der ehemalige Obergärtner, dessen Garten zugleich mit dem Haus verschwunden war, der hier aber immer noch geduldet wurde und seinen letzten

Lebensabschnitt nun damit zubrachte, Schubkarren voll Zement über die Wurzeln seiner zerstörten Rosen zu kippen.

Im beginnenden Frühjahr dann, als die Wohnungen schon halb fertig waren, kam es zu einem Vorfall, der uns alle eng zusammenschloss; an sich nichts Außergewöhnliches, aber für mich ein Ereignis, das repräsentativ für die peinigende Atmosphäre der dreißiger Jahre war.

Es begann eines Morgens mit der Entdeckung, dass der Bauleiter einige Männer eingeschmuggelt hatte, die nicht bei der Gewerkschaft waren — eine Provokation, die ausreichte, um zumindest vorübergehend die heilige Schranke zwischen den Berufen aufzuheben. Einer gab das Alarmzeichen, indem er an eine Eisenschiene schlug, und sofort hörten alle auf zu arbeiten. Zementmischer husteten und kamen zum Stillstand, die Männer schwärmten von den Dächern herab und kletterten vom Gerüst hinunter, als verließen sie ein getroffenes Schlachtschiff.

Wir versammelten uns im Freien vor dem Büro des Bauleiters, unsere Stimmung war völlig gewandelt — über fünfhundert Mann in dem rauen, kalten Wind, warteten wir darauf, dass sich aus unseren Reihen ein Anführer erhebe. Zuerst wussten wir nicht ein noch aus; hier und da kam es zu Auseinandersetzungen, Stimmen schrien aufeinander ein: »Brüder — Kameraden! — Wir müssen jetzt zusammenhalten — Schmeißt sie raus! — Legt den Bossen unsere Forderungen vor!« Die aufgeladenen Phrasen entzündeten Buschfeuer der Empörung, die über die Menge hinwegfegten und schnell wieder erloschen. Schließlich ließ uns der Bauleiter wissen, wir hätten wieder an die Arbeit zu gehen. Er werde sich auf keine Diskussion einlassen. Uns stehe die Entscheidung frei.

In diesem Augenblick bahnte sich ein langer Arbeiter mit krummem Rücken den Weg nach vorn, kletterte auf einen Holzstoß — und sowie er sich uns zuwandte und zum Sprechen ansetzte, wussten wir, dass er der Richtige war und wir unseren Mann gefunden hatten.

Dieser Arbeiter sollte später zu einer Legende der dreißiger Jahre werden, die den Mythos von Klassenkampf und Protest mitverkörperte; eine hagere kraftvolle Gestalt mit hängenden Armen, mächtigen Fäusten und einem kantigen verbitterten Antlitz. Sein Gesicht war die perfekte Verkörperung des Arbeiterhelden der frühen Sowjetplakate — stolz, leidenschaftlich, unbarmherzig und fanatisch, dabei unübersehbar von Not gezeichnet. Er war noch keine dreißig Jahre alt, hatte aber bereits eine Geschichte: Nach einer Meuterei bei der Flotte hatte er im Gefängnis gesessen, und wie er sich jetzt vor uns erhob, mit einer Rede, die eloquent und abgehackt zugleich war, und mit dem Finger in die kalte Frühlingsluft stach, wirkte er überlebensgroß wie auf einer riesigen Leinwand, eine Figur unmittelbar aus »Panzerkreuzer Potemkin«.

Er sprach nur kurz, mit wilder, fast verachtungsvoller Würde, und die Schwätzer ringsum verstummten. Mit wenigen eisernen Worten hob er unsere Beschwerden auf die Ebene einer kosmischen Revolution. Wir waren unentschieden und schwankend gewesen — jetzt gab es für uns keine Zweifel mehr: Wir stimmten für sofortigen Streik.

Der Bauleiter hatte von der Tür seines Büros aus selbstsicher grinsend zugehört und mit seinem Hut gespielt. Als er unseren Beschluss hörte, wurde er rot vor Wut und begann wie ein kleines Kind auf und ab zu hüpfen. »Raus!« brüllte er. »Alle sofort raus! Raus — oder ich lass euch wegen unerlaubten Betretens festnehmen!«

Wir passierten im Gänsemarsch das Tor, setzten uns draußen nieder, fünfhundert Mann im Regen, und sahen zu, wie die Tore hinter uns geschlossen wurden und ein wenig später die Polizei kam. Die halb fertigen Gebäude standen feucht und leer da, es sah nach einem plötzlichen Tod aus. Noch vor einer Stunde waren wir da drinnen gewesen, über den ganzen Bau verstreut, jetzt stand eine Reihe schwarz bemäntelter Polizisten dazwischen. So schmal war die Kluft zwischen Einvernehmen und Streit. Nun waren wir regelrechte Gesetzesbrecher. Als wir uns der Polizei in Erwartung des üblichen Wortgeplänkels näherten, schienen die Männer ebenso aufgebracht zu sein wie der Bauleiter.

Der Streik dauerte zwei Wochen — vierzehn Tage aufgeregte Agitation in Hinterhöfen —, während derer ich zum ersten Mal den süßen Duft der Revolution schmeckte. Ohne Arbeit und Anstellung führten wir ein Dasein im Untergrund, losgelöst von der Herrschaft des Gesetzes, trafen uns in Kneipen und Kellern, entwarfen Manifeste, planten Demonstrationen, malten Plakate und Aushänge. In diesem dunstigen Ghetto ideologischer Kämpfe verlor man leicht den Sinn für Dimensionen, und die unmittelbaren Ziele des Streiks verschwammen so sehr, dass wir uns stark genug fühlten, die Weltherrschaft zu übernehmen. Zum ersten Mal in meinem Leben hatte ich kommunistische Visionen, so naiv und unschuldig wie Wasser, es war mehr ein physisches als ein geistiges Erlebnis: wie ein Wochenende in einem Ferienlager. Ich begann, mir den Tag auszumalen, an dem die Arbeiter triumphieren und wir mit den Fahnen durch die Straßen stürmen würden, die Bosse auf der Flucht, die Tempel der Privilegierten in Trümmern; und die anderen Arbeiter würden nur darauf warten, zu uns zu stoßen, um eine gereinigte neue Welt offener Hemdkrägen und zu gemeinsamer Arbeit gebeugter bloßer Arme als Erbe zu übernehmen; eine Welt, in der es vielleicht auch ein wenig freie Liebe zu den hübschen Genossinnen gäbe, und öffentliche Kindergärten, die von unserer goldblonden Nachkommenschaft überquollen.

Dann war der Streik plötzlich vorbei, beendet durch ein widerwillig zugestandenes Einverständnis, und wir arbeiteten wieder, drückten uns wieder vor dem Polier und spielten wieder in der Ecke Karten, ganz wie zuvor, nur dass zwei Wochen Hunger dazwischenlagen.

Ich war nun fast ein Jahr in London und hatte außer schwieligen Händen und einem gedruckten Gedicht wenig vorzuweisen. Das Leben bei Mrs. Flynn war noch seltsamer geworden, zugleich so behaglich wie eh und je, und sie hatte einen neuen Freund, der die Annehmlichkeiten vermehrte.

Eine davon war Clara, eine Waise aus Battersea, die er eingestellt hatte, damit sie beim Saubermachen half — ein dünnes, knochiges Kind von etwa fünfzehn Jahren, das nie sprach, wenn Erwachsene anwesend waren. Mit der kleinen Patsy spielte und schwatzte sie, aber sonst arbeitete sie schweigend; ein sich wie auf der Flucht befindliches, scheues Wesen, das Höllenqualen ausstand, wenn man nur Notiz von ihr nahm. Ich lernte Clara nie recht kennen, aber sie schien sich auf ihre Weise zu trösten und hatte auch ihre Methoden, sich bemerkbar zu machen. Einmal kam ich abends heim und wollte in meinem Zimmer Licht machen, musste aber feststellen, dass sie alle Glühbirnen herausgeschraubt hatte. »Sind Sie das, Laurie?«, schrie Mrs. Flynn aus dem Souterrain herauf. »Regen Sie sich nicht auf, das arme Ding kann nichts dafür.« Ich fand die Glühbirnen in meinem Bett, angeordnet wie Eier in einem Nest, zusammen mit einem ihrer Schuhe oder auch mit einer alten Puppe von Patsy.

Patsy wiederum war im Laufe der Monate feuriger geworden und hatte angefangen, mit Schminke und Lippenstift zu hantieren; sie tauchte plötzlich an meiner Tür auf, Mund und Wangen rot verschmiert wie der Geist eines blutenden Kindes bei Shakespeare.

Die schattenhafte Beth verwöhnte mich weiterhin und fütterte mich mit späten, aber reichlichen Mahlzeiten, hielt sich dabei ein Weilchen bei mir auf und vergewisserte sich mit müdem Lächeln, dass ich alles hatte, was ich brauchte; oder erklärte mir, dass Patsy nun schon groß werde.

Mrs. Flynn, mehr denn je die üppige Blondine und durch ihre gesellschaftlichen Erfolge vorübergehend hochgestimmt, ließ mir regelmäßig die Hälfte meiner Miete durch Schenkungen von Bier und Tabak wieder zukommen und blieb hartnäckig bei ihrer Meinung, dass Heiraten Unsinn sei. So wurde ich von allen verwöhnt, gewissermaßen in Watte verpackt und wie ein exotisches Tierchen gehütet. Es gab keinen vernünftigen Grund, warum ich's nicht dabei belassen sollte, außer dass ich nicht so enden wollte wie Mr. Willow in der Dachkammer.

Im Frühsommer waren die Wohnungen nahezu fertig, und ich wusste, dass ich bald keine Arbeit mehr haben würde. Aussicht auf eine neue bestand nicht, aber das bereitete mir keine Sorgen; ich hatte mich noch nie in meinem Leben so voller Kraft und Saft gefühlt. Ich weiß noch, wie ich eines Morgens im Wind ganz oben auf dem Dach stand, die rings um mich jagenden Wolken betrachtete, und mir plötzlich klar wurde, dass ich, wenn meine Arbeit zu Ende war, in die Welt ziehen konnte — wohin auch immer ich wollte. Es gab nichts, was mich aufhalten konnte, ich würde mittellos und frei sein und brauchte nur meine Sachen zu packen und fortzugehen. Meine letzten Jugendjahre fielen mit den letzten Friedensjahren zusammen, und insofern hatte ich bestimmt mehr Glück als die späteren Generationen. Europa zumindest stand für mich weit offen, es gab dort nur lockere Grenzen, wenig Fragen und so gut wie keine Reisenden.

Wo sollte ich also hingehen? Es war nur eine Frage des Hingelangens — nach Frankreich? Italien? Griechenland? Ich wusste nichts von allen diesen Ländern, sie waren nur Namen mit leicht opernhaften Anklängen. Ich konnte auch keine andere Sprache, fand also, ich könne überall hingehen und mich wie neugeboren fühlen. Dann fiel mir ein, dass ich irgendwo einmal die spanische Übersetzung für »Würden Sie mir bitte ein Glas Wasser geben?« aufgeschnappt hatte, und diese kümmerliche Rettungsleine gab letztlich den Ausschlag. Ich beschloss, nach Spanien zu gehen.

Sowie ich Anfang Juni beim Bau entlassen wurde, kaufte ich mir eine Fahrkarte nach Vigo. Ich weiß noch, dass sie vier Pfund kostete, sodass mir eine Handvoll Shilling übrig blieb, die mich sicher nach Spanien bringen sollte. Ich machte mir keine Gedanken darüber, was dann weiter geschehen würde, denn ich sah mich schon dort, braun wie ein Apostel, auf den weißen staubigen Straßen durch die Orangenhaine dahinwandern.

Das Schiff ging erst in ein paar Wochen, und ich verbrachte meine letzten Tage in London mit einem Mädchen namens Nell, die ich in einem Kino kennengelernt hatte. Sie kam aus Balham, und wir trafen uns üblicherweise im Freien und gingen dann manchmal auf mein Zimmer. Sie war sanft und nervös, hübsch mit zartem Teint und mollig, traurigerweise aber sehr keusch. Berauscht vom Nichtstun — auch sie war arbeitslos — und vom Vorgefühl des kommenden Abschieds, lag sie in der Sommerdämmerung oft in meinen Armen und kämpfte darum, uns beide vor Sünde zu bewahren. Sie trug eine lockere Bauernbluse, wie sie damals in Mode waren, und das heftig atmende Bündel wogender Baumwolle wurde, je näher der Abschied heranrückte, immer voller und weicher, als würde alles dahinschmelzen, was sie beengte. Dann kam unsere letzte Nacht. »Vielleicht könntest du mir die Hände fesseln. Dann könnte ich nichts mehr sagen, oder?« Und schließlich: »Nimm mich mit. Ich wär dir keine Last.« Mir war leichtsinnig zumute, losgelöst und herzlos. »Nimm mich mit« — das hörte ich neuerdings auch von anderen Mädchen, die mich bisher nicht bemerkt hatten. Zum ersten Mal erfuhr ich, wieviel leichter es war, jemanden zu verlassen, als dazubleiben und zu lieben.

Der Morgen der Abreise kam, die Kinder halfen mir packen, und Mike schenkte mir sein Taschenmesser. Beth war zur Arbeit gegangen und hatte mir eine Abschiedsnotiz dagelassen; Mrs. Flynn schlief noch. Patsy begleitete mich den halben Weg zum Bahnhof; auf der Putney Bridge blieben wir stehen. Es war ein schöner, frischer Morgen mit leichtem Nebel über dem Fluss; die Flut bewegte sich rasch dem Meer zu. Patsy stellte sich auf die Zehenspitzen, erwischte mein Ohr und zog es zu ihrem lippenstiftverschmierten Mund hinunter. »Nimm mich mit«, sagte sie, lachte schnaubend auf, winkte mir Lebewohl und lief wieder heimwärts.

IN SPANIEN

Es war früh am Morgen und fast noch dunkel, als unser Schiff den Hafen erreichte und der Anker über Bord rasselte, der mich dem unbewussten Wiegen des Meeres und des Schlafes entriss und mich zugleich an der spanischen Küste festhakte.

Ich lag so sicher in der heimeligen Obhut des alten Schiffes, dass ich mich zuerst gar nicht rühren mochte. Ich hatte die beiden trägen Tage genossen, an denen wir uns langsam durch den Kanal und den Golf von Biskaya bewegt hatten, hatte die milden Golfwinde gespürt, die vom Atlantik hereinwehten, und mich dem tiefen leichten Wiegen des Schiffes hingegeben. Aber der Name auf meiner Fahrkarte lautete Vigo, und weiter würde sie mich nicht bringen. Also lag ich noch eine Weile in dem verankerten Schweigen und lauschte auf die ersten zaghaften Geräusche Spaniens — das Heulen eines Hundes, das stoßweise Gebrüll eines Esels, das dünne, scharfe Rufen eines Hahns. Dann packte ich zusammen und ging hinauf auf das glänzende Deck, und die spanische Sonne erhob sich ebenso, und zum ersten Mal in meinem Leben sah ich, die gesamte Bucht umschlingend, die Konturen einer fremdländischen Stadt.

Bis dahin hatte ich nichts anderes gekannt als die weichen Formen Englands, und so wirkte Vigo auf mich wie eine

Erscheinung. Es schien über dem Meer aufzusteigen wie ein rostzerfressenes Wrack, alt und ausgebleicht wie die Felsen ringsumher. Zwischen den Häusern zeigte sich kein Rauch, kein Leben. Alles sah aus, als wäre es von Muscheln überkrustet; totenstiller Verfall, der nur der Wiederkehr der Flut entgegenharrt. Ich landete in einer Stadt, die in feuchtem grünen Sonnenlicht versunken lag und nach dem Auswurf des Meeres roch. Menschen lagen schlafend in Hauseingängen oder auf dem Boden hingestreckt, als wären es Tote, von der Flut an Land gespült.

Aber ich war in Spanien und jetzt begann das neue Leben. Ich hatte einige Shilling in meiner Hosentasche und keine Rückfahrkarte; dazu einen Rucksack, eine Decke, ein zweites Hemd und eine Geige; und ich verfügte über genügend Wörter, dass ich um ein Glas Wasser bitten konnte. So fiel die Morgenkühle von mir ab, und ich fühlte mich allmählich wieder wohler. Die Betrunkenen erhoben sich vom Pflaster und dehnten die Arme, zündeten sich Zigaretten an und schüttelten die Nacht aus ihren Kleidern. Schuhputzer tauchten auf, schlugen ihre Bürsten gegeneinander, und merkwürdig lebhafte Mädchen mit Locken wie tropfendes Teer und großen Mündern, rot und wild, gingen die Straße hinab.

Noch immer nicht ganz im Gleichgewicht, sah ich mich um, erblickte finstere dunkle Augen und unergründliche Gesichter, bröckelnde Mauern mit geheimnisvollem Graffiti bekritzelt, einen bewaffneten Polizisten, der auf den Stufen des Rathauses saß und ein Fotografie von Marx im Fenster eines Friseurs. Hier war alles anders, und es gab auch einen kurzen Anfall von Panik — jedenfalls verspürte ich sehr plötzlich den Drang, in die Gänge zu kommen. Ich durchschnitt also das letzte Band und tauschte meine Pfund gegen Peseten ein, kaufte etwas Brot und Obst, ließ den Hafen hinter mir und hielt direkt auf das offene Land zu.

Den Rest des Tages verbrachte ich damit, ein steiles, terrassenartig ansteigendes Tal zu erklimmen, bis ich mein Nachtlager auf einem felsigen Gipfel aufschlug. Irgendein primitiver Instinkt hatte mich verleitet, die Straße zu verlassen und diesen steinigen Turm zu ersteigen, der mir einen Blick wie aus einem Adlerhorst auf den Hafen und all die Hügel und Lagunen ringsherum gewährte. Hier konnte ich, etwa neun Kilometer von der Küste entfernt, auf einem Stein sitzend, nach allen Richtungen Ausschau halten, konnte sehen, in welcher Gegend ich mich befand, wo ich tagsüber gewesen war und was landeinwärts vor mir lag. Wild und schweigend, wie ein Gemälde der westirischen Landschaft, wogte es rhythmisch in eine öde Ferne, und angesichts dieser fremdartigen Herrlichkeit fühlte ich einen letzten Stich des Heimwehs und den ersten Schmerz beklommener Erregung.

Die galizische Nacht brach rasch herein, die Berge färbten sich purpurn, und die Täler füllten sich mit schweren Schatten. Die zerrissene Küste unten, jetzt dunkel und funkelnd, sah aus wie zusammengefegte Glassplitter. Vigo lag kalt und düster, eine finstere Ruine, schon begraben von der toten blauen Dämmerung. Nur der Himmel und das Meer blieben lebendig, und ungeheure Flammenströme liefen darüber hinweg. Als die Sonne unterging, schien sie den ganzen Himmel wie Stücke eines brennenden Vorhangs mit sich zu ziehen und ließ Fetzen hellen Wassers zurück, die längs der Flussmündungen und rings um die vielen Inseln immer noch rauchten und schwelten. Ich sah das kleine weiße Schiff, meine letzte Verbindung zur Heimat, wie eine Kerze flackern und in der Dunkelheit dahinsterben; dann war ich allein auf meinem Berggipfel, und meine Zähne klapperten, als sich der Nachtwind erhob.

Ich fand eine steinige kleine Kuhle im Windschatten, einen winzigen Krater zwischen den Felsen, aß ein Stück Brot und Datteln, rollte die Decke auf und wickelte mich hinein. Die Geige legte ich neben mich, benutzte den Rucksack als Kissen und streckte mich auf meinem Bett von Steinen aus; dann faltete ich die Hände, hakte meine kleinen Finger ineinander, schloss die Augen und wollte einschlafen.

Doch ich schlief nur wenig in dieser Nacht. Wilde Hunde griffen mich an — es mögen auch galizische Wölfe gewesen sein. Sie umschlichen knurrend den Rand meines Kraters, das Nackenhaar im Mondlicht gesträubt, und nur durch Schreien, Steinwürfe und Anstrahlen mit der Taschenlampe konnte ich sie in Schach halten. Erst im frühen Morgengrauen verließen sie mich und liefen kläffend den Hügel hinab; nun fiel ich endlich in einen albtraumhaften Halbschlaf, in dem ich ihre heißen gelben Zähne in meinem Fleisch spürte.

Als ich erwachte, war es schon hell, und im Tal schrien Stimmen aufeinander ein. Ich sah auf meine Uhr, es war sechs, und ich war vom Tau ganz durchnässt. Ich wickelte mich aus meiner Decke, kroch auf den Grat hinauf und lag in der aufgehenden Sonne, wo mir der harzige Duft trocknender Büsche, würziger Kräuter und Steine entgegenschlug. Während ich meine steifen Glieder wärmte, blickte ich in das Tal hinab, aus dem die scharfen, harten Rufe heraufkamen, und sah eine Schar alter Frauen, schwarz wie Holzkohle, die längs der Ufer eines Flusses Wäsche schlugen. Galizische Bäuerinnen, Frauen und Spanierinnen, unbekannt und doppelt unergründlich — ihre mageren gebeugten Körper knieten über dem Wasser, schnellten auf und nieder wie trinkende Hühner, und bei der Arbeit kreischten sie, feuerten blecherne Sprachfontänen ab, die wie Geschoße von den Felsen abprallten.

Ich lag auf dem Bauch, an die warme Erde geschmiegt, und vergaß den kalten Tau und die Wölfe der Nacht. Mir war, als wäre ich gerade deswegen hier hergekommen: um bei Morgengrauen auf einem Berghang zu erwachen und auf eine Welt hinauszuschauen, für die ich keine Worte hatte, ganz am Anfang zu beginnen, ohne Sprache und ohne Plan, an einem Ort, der noch keine Erinnerungen für mich barg.

Denn als ich an jenem zweiten Morgen erwachte und ganz Spanien zum Durchwandern vor mir hatte, fand ich mich in einem Land, von dem ich nichts wusste. Die Namen Velásquez, Goya, El Greco, Lope de Vega, Juan de la Cruz waren mir unbekannt; ich hatte nie von den Mauren in Córdoba oder von den katholischen Königen gehört, nie von der Alhambra oder dem Escorial, oder davon, dass Trafalgar ein spanisches Kap, Gibraltar ein spanischer Felsen, oder dass Columbus von hier nach Amerika gesegelt war. Meine kleine Dorfschule, die für so gründliche Kenntnisse über die Exporte von Queensland und den Krieg um Jenkins' Ohr besorgt gewesen war, hatte mir nichts Greifbares oder Nützliches über Spanien mitgegeben, als dass es in Sevilla einen Barbier gab und in Barcelona Nüsse.

Aber meine Unwissenheit war mir damals nicht bewusst und bereitete mir deshalb keinen Kummer. Meine Kleider dampften und trockneten, als die Sonne kräftiger wurde. Das Meer in der Ferne schimmerte weiß, eine reine Morgenfrische nach den rauchigen Feuern vom vergangenen Abend. Die Hügel, die sich vor mir erhoben, stuften sich ins Land hinein, trotzig gezackt unter dem prachtvollen blauen Himmel. Ich knabberte wieder ein wenig Brot und Obst, rollte meine Sachen zu einem Bündel zusammen und wusch mir Kopf und Füße in einer Quelle. Dann nahm ich mein Gepäck auf den Rücken und schlug, die Landstraße noch immer vermeidend, einen Weg nach Südosten ein, der mich nach Zamora bringen sollte.

Drei oder vier Tage lang blieb ich auf diesem Weg durch die Hügel und sah nur gelegentlich Anzeichen menschlichen Lebens — manchmal eine Schäferhütte; oder einen Mann, der in der Ferne dahinschritt; oder einen einsamen Jungen mit einer Ziegenherde; sonst kein Laut und keine Bewegung außer den Adlern oben am Himmel und den Quellen, die aus den Felsen sprudelten. Der Pfad stieg immer höher in die klare, kalte Luft hinauf, und ich folgte ihm in der Hoffnung, meine Richtung nicht zu verlieren. Wenn die Dämmerung einfiel, rollte ich mich dort zusammen, wo ich gerade war, viel zu erschöpft, um die Kälte zu fürchten.

Eines Nachts suchte ich Zuflucht in einer Burgruine, die oben auf einer Klippe thronte — eine öde Festung ohne Dach, übersät von Rabennestern und verlassenen Feuerstellen. In einer Ecke lehnte das Gerippe eines Schafes, sauber abgenagt wie ein Weidenkorb, und in die Wände ringsum waren Zeichnungen von Frauen und Pferden gekratzt. Offensichtlich eine Zuflucht für Räuber, dachte ich. Ich schlief recht gut an diesem wackeligen Ort, trotz der Beredsamkeit der Dunkelheit, dem Rascheln in den Mauern, dem Piepsen und Zwitschern und dem Seufzen des Bergwinds.

Sonst weiß ich von jenen ersten Tagen nach Vigo nur noch, dass mich immer stärker ein rasender Hunger plagte, ein so heftiger Appetit, dass es mir fast als Jammer vorkam, eine Begierde zu stillen, die so viel Wollust brachte.

Am zweiten Tag gingen mir Brot und Datteln aus, doch ich fand ein paar wilde Trauben, die ich unreif aß, und das, was auf einem Bohnenfeld übrig geblieben war.

Dann erinnere ich mich, wie ich eines späten Nachmittags aus einer Schlucht trat und mein erstes richtiges Dorf sah. Es stand auf einem kahlen braunen Felsen in der untergehenden Sonne — ein Haufen geduckter Häuser wie Würfel aus rosa Zucker. In der Mitte erhob sich ein Turm, von dem eine große schwarze Glocke stoßweise in rauen Böen Schwingungen aussandte. Ich hatte genug von den Bergen und dem Herumliegen in feuchtem Farn, und jetzt roch ich Feuer und den süßen Duft von Kochstellen. Ich kletterte die steile Straße ins Dorf hinab, und schwarzgekleidete Frauen, die in den Türen standen, ließen leise Ausrufe hören, als ich vorbeiging.

Auf dem Dorfplatz kam ich an ein hohes Tor mit dem Schild »Posada de Nuestra Señora«. Ich stieß es auf und betrat einen weiß gekalkten Hof voll hängender Geranien, in dem es von Maultieren und Eseln wimmelte. Hier ging es zu wie im Tollhaus; Maultiere stampften, Esel schrien, Hühner gackerten und Kinder rauften miteinander. Ein fettes alte Weib hockte neben einem Feuer in der Ecke und rührte Suppe in einem mächtigen schwarzen Kessel; da sie die Aufsicht zu führen schien, ging ich zu ihr hin und bedeutete ihr, dass ich essen wollte. Wortlos holte sie einen Schöpfer Suppe heraus und hielt ihn mir vor den Mund. Ich kostete und würgte; es war heiß, stark und beißend von Dampf und Kräutern. Die alte Frau musterte mich scharf durch den Rauch des Feuers hindurch. Sie hatte einen krummen Rücken, Haut wie Leder, einen Bart und Krallen und sah aus wie ein wachsamer Elch. Ich wischte mir den verbrannten Mund ab, nickte mit dem

Kopf und sagte in meiner Muttersprache laut und deutlich: »Gut!« Sie nahm selbst einen ausgiebigen Zug, wobei sie ihre bärtigen Lippen arbeiten ließ und die Augen tief hinten im Schädel rollte. Dann spuckte sie energisch ins Feuer, wandte unvermittelt den Kopf und tat mit tiefer heiserer Stimme einen Schrei — da kam ein nur mit einem Hemd bekleideter barfüßiger Junge, zupfte mich am Ärmel und führte mich weg, um mir die Schlafkammern zu zeigen.

Später saß ich im Hof unter den schaukelnden Glühbirnen, die hungrigen Augen auf die kochende Suppe geheftet, als der Wirt mit einem Handtuch um die Hüften herauskam, und seinen kleinen Jungen im Pferdetrog zu schrubben begann. Der Kleine kreischte, die Alte brüllte, der Vater schrie, sang und seifte ein. Dann plötzlich drückte er das Kind wie in einer Laune unter Wasser und ließ es dort, um zu sehen, was es wohl tun werde. Das Kreischen war wie mit einem Messer abgeschnitten, während die alte Frau und der Vater den Kleinen beobachteten. In wildem erstickendem Schweigen kämpfte er gegen das Wasser an, mühte sich ab und strampelte wie ein kleiner brauner Frosch, und der ganze Körper stemmte sich gegen die plötzliche unerklärliche Bedrohung durch den Tod. Er war etwa ein Jahr alt, wirkte aber ganz alterslos, wie er so allein und stumm gegen das Entsetzen ankämpfte. Als er schon aufgeben wollte, packte die Frau einen Eimer und warf ihn dem Vater an den Kopf, der daraufhin den Kleinen heraushob, ihn in die Luft warf, mit Küssen bedeckte und forttrug.

Das Abendessen wurde schließlich auf dem langen hölzernen Tisch unter freiem Himmel aufgetragen. Als es bereitstand, forderte mich der Wirt mit einer Armbewegung auf, herbeizukommen. Rasch versammelten sich Fuhrleute und

Viehtreiber um den Tisch, ein Mädchen teilte jedem von uns einen Brotlaib zu, und wir aßen den Eintopf aus einer gemeinsamen Schüssel, indem wir ihn mit unserem Brot auslöffelten. Die alte Frau saß neben mir und brüllte mir dauernd etwas zu, zwickte mich in die Beine, kniff mir in den Bauch und ermunterte mich zum Essen.

Mitten während des Essens kamen noch zwei verschlagen aussehende Männer hinzu, die ein frisch gehäutetes Lamm trugen. Sie sahen ganz verhungert aus, verzweifelt und wie arme Hunde, und die Hemden hingen ihnen in Fetzen von den Schultern. Sie traten schweigend heran und wurden von niemandem gegrüßt, schienen das aber auch gar nicht zu erwarten. Das blutige Lamm legten sie auf dem anderen Ende des Tisches ab, ließen sich auf die Bank fallen und verlangten Wein. Dann begannen sie an dem Kadaver zu reißen, stopften sich das Fleisch in den Mund und warfen furchtsame Blicke über ihre Schulter. Ihre Bewegungen hatten ganz und gar die scharfe zupackende Nervosität wilder Tiere beim Beutemachen, wenn sie in Duckstellung gehen und die Knochen mit den Zähnen zerknacken. Nachdem das Mädchen ihnen Wein gebracht hatte, überließ man sie sich selbst — ihre Mahlzeit war ihr eigenes heimliches Geschäft.

An unserem Ende des Tisches zog sich das Mahl lärmend in die Länge, und ich wusste nicht mehr, ob es Abend war oder Morgen. Ich war nun schon mit Eintopf vollgestopft und bis zur Verblödung vom Wein erhitzt; ich war zwar der Fremde, aber ich fühlte mich zu Hause. In all den Gesichtern rings um mich glaubte ich Gestalten aus meinem Dorf zu erkennen: die Fuhrleute, die Wirte, die staubbedeckten Bauernjungen, die Großmütter und Mädchen, sie waren alle da. Mir war zumute wie einem Kind, das am Rande eines aufregenden Familienlebens herumtappt und erst noch größer werden muss, um das alles zu verstehen. Und ich glaube, auch sie empfanden so, denn sie behandelten mich wie ein Kind — sie schmunzelten, schrien, verzogen mir zuliebe ihre Gesichter und versüßten mir die Zeit mit immer neuen Leckerbissen und Hätscheleien.

Schließlich war das Essen vorüber. Die Frauen räumten das Geschirr ab, und die Fuhrleute rollten sich auf dem Boden zum Schlafen ein. Die beiden Ausgestoßenen lagen schnarchend über ihrem Tischende, die Gesichter in Knochenhaufen begraben. Ich erhob mich von meinem Stuhl und stolperte in mein Zimmer, wo ich sechs Betten voller Männer und Flöhe vorfand. Das Federvieh schlief in den Dachsparren, und ein alter Mann lag völlig angekleidet und fest schlafend auf dem Fußboden; eine Ziege war an seinem Fußgelenk festgebunden. Die Luft war zum Ersticken, aber das Strohlager war weich. Und da schlief ich nun, und nichts als Spanien wirbelte mir durch den Kopf.

Das war nur eine Nacht gewesen, eine Nacht am Anfang meiner Reise, und auch mein erstes Wirtshaus, dem viele andere folgen sollten. Von nun an versanken die Tage in eine ununterbrochene Bewegung aus Sonne und Schatten, Hunger und Durst, Erschöpfung und Schlaf, alles in der brutalen Hitze jenes spanischen Sommers zusammengeflossen und zu einer einzigen buntfarbigen Masse verschmolzen.

Ich war nun aus den galizischen Bergen herausgekommen, auf hohen kahlen Pfaden, die über den friedlichen Tälern dahinliefen, wo dichtes Gras wuchs und Herden keuchender Schafe sich mittags an weißkieseligen Wasserläufen sammelten. Ich hatte die Berge von León gestreift und war dabei durch schattige Eichenwälder und Haine von Feigen- und Mandelbäumen gekommen, längs mächtiger Felsrücken, auf denen sich hölzerne Ochsenkarren abmühten und Buben in breiten Hüten die Hänge hinauf- und hinuntersprangen, wenn sie ihren zerstreuten Herden folgten. Ich war durch ärmliche steinerne Dörfer voller Wind und Staub gekommen, wo mich Scharen von Kindern durch die Straßen geleiteten, wo Priester und Frauen sich schnell bekreuzigten, wenn sie mich sahen, und wo man nichts kaufen konnte als Sonnenblumenkerne. Und ich war schließlich hinunter in die reiche Ebene des Duero mit ihren Feldern kupferfarbener Erde gekommen, ihren gigantischen Mohnblumenfeldern, die sich wie blutbefleckte Tücher quer über Äcker raschelnden Weizens zogen.

Nach dem Grün der Berge war das Licht hier tödlich; es hämmerte auf den Kopf ein und ließ einen fast erblinden. Ich war verbrannt von der Sonne und wanzenzerstochen von den Gasthäusern — aber ich begann auch langsam die Sprache zu verstehen. Wenn ich den Leuten auf der Straße zuhörte, stellte ich fest, dass der kehlige Redefluss sich allmählich auflöste und sich Worte und Sätze herausschälten: »gut«, »schlecht«, »Brot und Wein«, »wie viel?«, »zu viel, schade …«. Also fing ich ohne weitere Hemmung an, die Leute anzusprechen; sagte, was mir gerade in den Sinn kam, und mancher würdevolle Patriarch, der mir auf seinem Maultier entgegengetrabt kam, empfing meine gestammelte Begrüßung, hob steif und ernst eine Hand zu Abwehr und Erwiderung und hieß mich mit Gott zu ziehen.

Zamora erreichte ich schließlich an einem späten Samstagnachmittag nach einem brennend heißen Tag in den Weizenfeldern. Die Stadt stand säuberlich übereinandergeschichtet auf ihrer Felskuppe, eine Woge orangefarbener Dächer und Mauern; schon ein wenig verfallen, strahlte sie doch noch immer etwas von der mittelalterlichen Strenge und der einsamen Wachsamkeit ihrer Vergangenheit aus. Rund um den Felsensitz schlang sich der Lauf des Duero, ein lederiger Arm aus rissigem Lehm, in der Mitte von einer Ader grünen Wassers durchzogen, in dem ein paar halb nackte Buben badeten.

Ziegelrot vom Straßenstaub betrat ich den Marktplatz und setzte mich unter eine schattenspendende Platane. Nach dem langen Tagesmarsch war mein Rücken schweißbedeckt, und mein Bündel wog schwer wie eine Last Steine. Ich ließ es auf den Boden gleiten und atmete die heiße stille Luft in tiefen Zügen ein; es war ein gewittriger Abend, voll von Fliegenschwärmen. Der Platz war leer bis auf ein paar alte Frauen und einen Mann, der Mineralwasser verkaufte. Als er sah, wie ausgedörrt ich war, kam er und gab mir eine Flasche, weigerte sich aber, Geld dafür zu nehmen. Der rötliche, parfümierte Saft schmeckte wie sprudelndes Haaröl, belebte mich aber sogleich.

Während ich dasaß, mich kratzte und darüber nachdachte, wo ich wohl die Nacht verbringen würde, hörte ich plötzlich aus einer Straße in der Nähe Musik erklingen — nichts Spanisches, sondern Strauß'sches Walzerwogen, gespielt von einer Ziehharmonika, einer Flöte und einer Geige. Neugierig machte ich mich auf, um nachzusehen und fand drei blonde junge Männer, die, in der Mitte eines Haufens von Kindern mit sperrangelweit offenen Mündern, ein Straßenkonzert veranstalteten. Männer hatten ihre Maultiere angehalten, Frauen standen lauschend in Türeingängen oder hingen über ihren Balkonen. Die schmalzigen Bierzeltklänge von »Geschichten aus dem Wienerwald« wogten fremdartig um die spanischen Häuser, aber die jungen Leute machten ihre Sache gut — Münzen flogen aus den Fenstern oder wurden über die Köpfe der Kinder geworfen und unter Dankesworten mit schwerem Akzent elegant im Hut des Geigers aufgefangen. Es war ein bedeutsamer Augenblick, und der Anblick erfreute mich, denn dies war ja das Leben, das auch ich zu führen hoffte. Anscheinend hatte ich mir das richtige Land ausgesucht, so arm es auch war; die Münzen kamen spärlich, aber sie wurden gern gegeben. Und Musik war in dieser spanischen Straße offenbar willkommen, die Gesichter entspannten sich vor Vergnügen beim Zuhören.

Als sie mit dem Spielen fertig waren, bemerkten mich die Musiker in der Menge, nickten mir fröhlich zu und sprachen mich auf Deutsch an. Ich erklärte, woher ich — zu ihrer Überraschung — kam, und dann setzten wir uns auf das Pflaster und plauderten in gebrochenem Englisch. Sie waren etwa in meinem Alter und zeigten eine nervöse Energie, sie hatten unruhige Augen und Spürnasen wie Hunde. Sie kämen aus Hamburg, sagten sie, und seien schon seit zwei Jahren in Spanien, hätten zweimal die Runde gemacht und wollten es noch ein drittes Mal durchstreifen. Sie nannten sich Studenten und sagten, ihresgleichen gebe es viele im Land; sie spielten ein Musikinstrument und führten ein einfaches Leben — teils zum Spaß, teils, weil sie aus Deutschland herauswollten. Ich war der erste englische »Student«, dem sie begegneten. Mittlerweile hatten sie sich mir vorgestellt — Artur, Rudi und Heinrich — und luden mich ein, den Abend gemeinsam zu verbringen.

Nachdem ich ihnen von mir erzählt hatte, begutachteten sie meine Kleider und Blasen, führten mich zu einem Laden, wo sie mir ein Paar Sandalen kauften, und schnappten sich einen Bettler, dem wir meine Stiefel schenkten. Dann gingen wir in eine Kneipe, um das Konzertgeld zu zählen und etwas von dem dünnen warmen Bier zu trinken, das dort gebraut wurde. Artur steckte voller guter Ratschläge und schien Zamora gut zu kennen. »Eine wunderschöne Stadt, aber alle arm wie Kirchenmäuse. Morgen wir ziehen weiter.«

Deutsche waren natürlich ganz allgemein die Sündenböcke meiner Kindheit gewesen, die schwarzen Männer aller unserer Kinderspiele. Diese abgerissenen jungen Burschen, die hier geräuschvoll ihr Bier schlürften, waren die ersten leibhaftigen Deutschen, denen ich begegnete. Artur war ihr Anführer, und spielte die Violine. Er war groß, hatte Locken und einen langen beweglichen Hals, eingefallene Wangen und fiebrige blaue Augen. Er sprach mit einer ruckartigen Lebhaftigkeit, die an Hysterie grenzte, sein Gesicht war immer schweißbedeckt, er rollte die Augen und musste sich wegen heftiger Hustenanfälle oft unterbrechen. Rudi war jünger und stiller, er saß da, streichelte seine Ziehharmonika und summte Melodien mit seinen dicken roten Lippen. Heinrich, der Flötist, war so anhänglich wie ein Hund; er saß hechelnd zu Arturs Füßen — gespannt, unruhig, die Augen unverwandt auf ihn gerichtet und bereit, auf jede seiner Launen einzugehen. Wenn nötig, spielte er den Clown, er schenkte Artur Bier ein und trug dessen Vorrat an Papiertaschentüchern.

»Jetzt auf zum Tanz!«, rief Artur. Es war schon dunkel geworden, und die Jungen mussten im Tanzsaal des Ortes spielen. »Wir die Musik«, sagte er. »Ja, eins — zwei — drei! Trinken Bier, und viele Mädchen. Dann gutes Essen, und du kannst schlafen in unser Zimmer, sehr billig, du kannst dir denken.«

Wir brachten also meine Sachen in ihre Herberge und begaben uns dann in den Tanzsaal unten am Fluss. Die Stadt war matt von nackten gelben Glühbirnen erleuchtet, die wie Mondlicht wirkten. Als wir die schmalen kopfsteingepflasterten Straßen hinabgingen, legte Rudi mit seiner Ziehharmonika los und spielte wild heulende Tonleitern, die den Tanz ankündigen und die Stadtjugend herbeirufen sollten.

Er hatte auch Erfolg: Schlafende Tauben wurden aufgeschreckt, Hunde bellten und Fenster flogen auf. Schon bald hatten wir ein Gefolge herausgeputzter Kunden, das eilends hinter uns herlief.

»Schau nur!«, rief Artur aufgeregt, packte mich am Arm und schwang ihn durch die Luft. »Da viele Jungen und Mädchen kommen. Du kannst mit ihnen tanzen, nichts ist verboten, wenn du verstehst?«

Der Tanzsaal war eine Art aufgelassener Speicher, am Flussufer errichtet, weiter nichts als ein kahler Holzschuppen, mit ein paar Stühlen und ein paar einfachen Dekorationen darin. Trat man auf Dielenbretter, so gingen sie los wie Feuerwerkskörper und ließen pilzartige Wölkchen pfefferigen Staubes aufwirbeln; das Dach hatte Löcher, durch die man die Sterne sehen konnte, sofern der Staub es zuließ. Rings an den Wänden hingen Bilder halb nackter Frauen mit Rosen in schlechten Gebissen und losen Pappstücken um die üppigen Hüften, die der Neugierige hochheben konnte, um Werbesprüche für Bier darunter zu entdecken. Dazu kamen noch eine improvisierte Bar, ein paar Schnüre mit Papiernelken und eine mit der spanischen Flagge geschmückte Bühne.

Schon beim Betreten des Raums trennten sich die Tänzer, die Mädchen reihten sich auf der einen, die Jungen auf der anderen Seite auf. Die jungen Männer waren jetzt bedeutend stiller als vorher auf der Straße, sie sahen blass und ängstlich aus, rieben sich die Hände an den Knien, klopften mit den hübschen kleinen Füßen und starrten mit bezwingender Melancholie auf die Mädchen. Diese waren weit selbstsicherer, sie kannten ihren Wert bei solchen Gelegenheiten, schwer parfümiert und mit Schleifen geschmückt saßen sie auf ihren Stühlen wie Bonbontüten.

Die Kapelle setzte geräuschvoll ein, dann trat Artur vor und sagte einen Paso Doble an. Sofort fielen alle Schranken, der Tanz begann, und der Lärm, der dabei entstand, war bald ebenso laut wie die Musik. Die Jungen stampften wie Ochsen, die Mädchen tanzten Shuffle und wirbelten herum, Staub stieg empor und die Dielenbretter schwangen. Standen sie einander Auge in Auge gegenüber, aus ihren neutralen Winkeln herausgelockt, so gerieten die Tänzer in ein leidenschaftliches Handgemenge — doch sobald die Musik aufhörte, wandten sich die Mädchen wieder tugendhaft ab und ließen die Jungen mit langen Gesichtern stehen.

Etwa eine Stunde saß ich mit der Kapelle auf der Bühne und trank mit von dem Flaschenbier, das ihr gestiftet wurde. Es war warm, schaumig und ziemlich sauer, übte aber eine belebende Wirkung auf Artur aus. Bald erhob sich seine Geige hoch über die Töne der Flöte, schlug einen eigenen Weg ein und spielte zarte kleine Weisen bayerischer Herkunft, die nur er und ich erkennen konnten. Eine Zeit lang schloss er die Augen und war weit weg von uns, fern in verschneiten Wäldern.

Plötzlich sah er mich an. »Ist das hier nicht schön?«, schrie er. »Aber warum du nicht tanzen, hä?« Er sah sich im Saal um, entdeckte ein Mädchen, das frei war, und rief sie herüber zu mir.

Mit Blasen an den Füßen und einem Bierrausch im Kopf brachte ich es gerade noch fertig aufzustehen. Aber das Mädchen übernahm die Führung, sie schlang einfach ihre feuchten Arme um mich, hielt mich — fest an ihren Busen gedrückt — aufrecht, und schon sausten wir über die klappernden Dielen, als ob wir über Jalousien Schlittschuh liefen. Dieses Dahinstolpern, obendrein in der unvermuteten Nähe des Mädchens, half in keiner Weise, das Gefühl der Trunkenheit bei mir abzuschwächen. Mehrere Male wäre ich beinahe hingefallen, aber das Mädchen war wie ein Gerüst, wie eine Zwangsjacke aus gepolsterten Knochen. Hilflos, ein halber Krüppel, halb betäubt von ihrem Parfüm, schlurfte ich hinter ihr her und betete, dass es bald vorbei sein möge. Sie war kräftig und schön, aber mir fiel nichts ein, was ich zu ihr hätte sagen können — höchstens: »Hilfe, mir ist übel, schwindelig, und ich habe Hunger.« Schließlich war der Walzer zu Ende, das Mädchen führte mich zurück zu meinem Stuhl und setzte mich behutsam darauf. Als sie von mir wegging, fuhr sie mit dem Finger an meinem Körper entlang, als ob sie einen Briefumschlag verschließen würde.

Mitternacht war lange vorüber, als die Tänzer heimgingen und zerdrückt und voller blauer Flecken in der Dunkelheit verschwanden. Plötzlich war niemand mehr im Saal außer den Deutschen und mir und den Kellnern, die die leeren Flaschen aufsammelten. Der Boden war mit Papiernelken bestreut, und über allem lag weißer Staub wie Reif.

»Jetzt essen!«, krächzte Artur. Er lehnte erschöpft an der Wand, schweißgebadet und zitternd wie ein Rennpferd. Heinrich zog seine Jacke aus und legte sie Artur um die Schultern, ehe wir auf die sternenhelle Straße hinaustraten. Sowie die kalte Luft uns entgegenschlug, begann Arturs Husten, und wir folgten ihm wie einer Totenglocke durch die schweigende Stadt hinauf in das Lokal, wo das Abendessen auf uns wartete.

Artur hatte es bestellt: gebratenes Zicklein und Bohnen — ein Wunder um diese frühe Morgenstunde. Wir lümmelten uns um den Tisch, müde und ausgehungert, und eine alte Frau brachte uns Wein. Dann schlugen wir uns die Bäuche voll, aßen mit den Fingern und zwinkerten einander zu. Das Fleisch hatte einen Geschmack und eine Zartheit, die ich nie vergessen werde, es löste sich von den Knochen wie Blütenblätter von einer Rose.

Artur war anscheinend durch nichts mehr zu beruhigen. Er kicherte, wieherte und hustete sich die Lunge aus dem Leib; er rollte mit den Augen, und seine Lippen waren fleckig. Doch allmählich brachten ihn das Essen und der Wein zur Ruhe und machten ihn schläfrig. Heinrich hielt ihn bei den Schultern und wiegte seinen Kopf. Rudi sang leise am anderen Ende des Tisches. Es musste schon bald dämmern, aber keiner hatte Lust zum Aufbruch. Wir waren in einer weichen und gerührten Stimmung.

Dann trugen wir Artur wie einen Toten nach oben in das Zimmer, das vier Betten, aber weder Beleuchtung noch Fenster hatte. Jemand fand eine Kerze, wir legten Artur hin, zogen ihm die Schuhe aus, und Heinrich wischte ihm die Stirn ab. Keiner sprach noch ein Wort oder flüsterte auch nur; wir gingen in unsere Betten und Rudi blies die Kerze aus. Ich lag eine Weile schlaflos in der Finsternis der Totenkammer, in meiner ersten und letzten Nacht in Zamora, und horchte auf das erstickte Rasseln von Arturs Atem und das Weinen, das von Heinrich herüberklang.

ZAMORA — TORO

Es war ein kurzer Schlaf und ein grausames Erwachen; Arturs widerwillige Rückkehr ins Dasein jagte uns auf, er saß schwankend auf seinem Bett, von Hustenanfällen geschüttelt, das Gesicht von der Farbe zerknitterten Zinns.

Unten in der Taverne brachten wir ihn allmählich ins Leben zurück, und entschieden dann, dass es Zeit zum Aufbruch sei. Eine Nacht Musik und Tanz hatte, was die deutschen Burschen betraf, die Truhen der Stadt geleert.

»Arm wie die Kirchenmäuse«, wiederholte Artur schmerzlich. »Wir besser gehen, du verstehst.«

Mittags packten wir unsere Sachen, gingen zur Stadt hinaus und pausierten kurz an einer Weggabelung — ein Weg führte nordwärts nach León und Oviedo, der andere ostwärts nach Valladolid. Hier trennten wir uns. Die Deutschen gingen nach León, wo sie sich mit anderen »Studenten« treffen wollten, während ich mich für Valladolid entschieden hatte — nicht, weil ich etwas davon wusste, sondern weil mir der Klang dieses Namens gefiel.

Weiter außerhalb der Stadt, wo in einem trostlosen staubigen Durcheinander Esel zwischen Knochen und Flaschen grasten, verabschiedeten sich die Jungen förmlich mit Handschlag von mir. Die kahle, straff geschnürte Stadt erhob sich düster hinter uns, ihre Kathedrale aus dem 12. Jahrhundert schimmerte bleich wie angeschwemmtes Holz.

»Leb wohl«, stotterte Artur. »Wir dich bestimmt sehen, noch oft.« Wir gingen getrennt unsere Wege.

Fast sofort vermisste ich die kühlen Gassen der Stadt, die geschrubbten Tavernen und die schaumigen Fruchtsäfte. Am Nachmittag war ich schon weit draußen in der Ebene, inmitten eines flimmernden Hitzeschleiers; ich wanderte auf einer weißen staubigen Straße dahin, die schnurgerade wie ein Kanal zwischen schimmerndem Weizen und Mohn verlief. Kilometerweit sah ich weder Mensch noch Tier; die Welt schien ausgebrannt, verdorrt und tot zu sein, und die blendend helle Straße, die sich zum Horizont hin verengte, begann mir seltsame Bilder vorzugaukeln. Mir war, als verfolgte mich ein brennender Reifen, den ich mit jedem Tritt hinter mich stieß, mit versengten und blasenübersäten Füßen, ohne doch auch nur einen Zentimeter voranzukommen, für immer und ewig an diesen drückend heißen Flecken Erde gebannt. Stundenlang, so kam mir vor, hatte ich dieselbe Mohnblume neben mir und dasselbe Büschel raschelnden Weizens, dieselbe goldschimmernde Eidechse, die vor meinen Füßen vorüberhuschte, denselben Ameisenhaufen an der Böschung. Der dicke lautlose Staub, den eher die flirrende Hitze als ein sich regendes Lüftchen aufrührte, kroch mir in die Sandalen und zwischen die Zehen, legte sich wie Raureif auf meine Lippen und Wimpern und fiel in die atemlosen Kelche der Mohnblüten am Weg, um sie mit einer kühlen Illusion von Schnee zu erfüllen. Rings um mich war Schweigen, tiefes und betäubtes Schweigen, bis auf das körnige Rascheln des Weizens.

Ich ging mit gesenktem Kopf und wagte nicht, in den Himmel zu schauen, der jetzt wie eine einzige ungeheure Sonne war.

In dieser Weizenebene von Zamora bekam ich den ersten Vorgeschmack auf die spanische Hitze — jenen Löwen mit Messingklauen, der die nachmittäglichen Gefilde ableckt, bereit, jeden zu verschlingen, der nicht klug genug ist, sich zu verstecken. Seiner rauen Zunge ausgesetzt, lernte ich sehr schnell eine der offensichtlichen Wahrheiten des Sommers kennen, nämlich, dass kein Mensch, Vierfüßler oder Vogel, ja auch nur wenige Insekten, sich um diese Tageszeit viel bewegen.

Gegen fünf Uhr, nach vier Stunden auf der Straße, sah ich endlich einen Bruch in der Landschaft — ein Dorf aus rotem Lehm, trocken wie die Erde, die es umgab, und so kompakt wie ein Termitenbau. Ich habe seinen Namen vergessen und kann auch auf der Landkarte an dieser Stelle nichts finden, aber es tauchte gerade im richtigen Moment auf.

Ich stolperte aus dem Weizenfeld auf dieses abendliche Dorf zu und fand es träge unter dem Joch der Ernte. Die Sonne stand schon tief, und ein kupferner Staub erfüllte die Luft, den glimmende Lichtstrahlen zerrissen. Auf einem freigeräumten Platz an der Straße waren die Männer beim Dreschen, sie ließen kleine Schlitten über die verstreuten Garben gleiten, mit einem Maultier davor, dessen Schmuck aus Laubgirlanden die müden Fliegen fernhalten sollte. Frauen und Mädchen, die in breitkrempigen Hüten und mit Schleiern geheimnisvoll wie minoische Tänzerinnen aussahen, standen in anmutigen Kreisen und trennten die Spreu vom Weizen, sie warfen und fingen das Getreide, einem goldenen Sprühregen gleich. In der rhythmischen Bewegung ihrer Tätigkeiten und von Kopf bis Fuß wie vergoldet, drängten sich die Dorfbewohner um den Dreschboden wie ein Schwarm sommerträchtiger Bienen.

Manche von ihnen riefen mir einen Gruß zu, als ich mich näherte, die Frauen hielten inne und schauten; dann kamen die Kinder aus den Gassen gerannt, umkreisten mich und führten mich lärmend ins Dorf.

»Seht den Fremden an«, schrien sie, als wäre ich ihr Werk. »Schaut euch den Blonden an, der heute gekommen ist!« Sie äfften meinen Gang nach, lachten und winkten und führten mich endlich in das Dorfwirtshaus.

Es war ähnlich wie die anderen, mit einem großen eichenen Tor. Die Kinder stießen es auf und wichen artig beiseite. Nickend und strahlend, mit freudigem, ermunterndem Lächeln, deuteten sie mir, ich solle hineingehen.

Ich ging also hinein und fand den üblichen geräumigen Schuppen vor, mit frisch begossenen Blumen behängt. Ein paar niedrige Stühle standen längs der Wände, und in der Ecke war ein Tisch und ein gekachelter Ofen. Alles war kalt und nackt. Hühner pickten auf dem Fußboden, und Schwalben flitzten unter der hohen gewölbten Decke hervor.

Eine Frau in mittleren Jahren saß direkt hinter der Tür und arbeitete an einem Stück Spitze. Sie war dick, aber hübsch, mit den strengen nachdenklichen Augen und dem selbstsicheren Mund der Matriarchin. Die Kinder drängten sich im Eingang zusammen und sahen mich erwartungsvoll an, als wäre ich ein Feuerwerk, das demnächst losgehen müsse; und die Kleinsten im Hintergrund sprangen auf und ab, um mehr sehen zu können. »Doña María!«, schrien sie. »Wir haben Ihnen einen Franzosen gebracht. Doña María, schauen Sie ihn an!«

Die Frau legte ihre Handarbeit weg und dankte ihnen freundlich, um sie dann mit einem lauten Schrei auf die Straße zu scheuchen. Danach betrachtete sie mich einen Augenblick über ihre Nickelbrille hinweg und sagte dann: »Ruhen Sie sich aus, ich werde Ihnen etwas zu essen bringen.«

Ich ließ mich auf den Stuhl fallen, mit dem Kopf auf den Armen, und lauschte genüsslich den Bewegungen der Frau: dem Klappern der Pfanne auf dem Feuer, dem Knacken einer Eierschale, dem Zischen heißen Öls. Schweiß tropfte mir aus dem Haar und lief mir über die Hände, und mein Kopf schwamm vor Hitze, durchpulst von Visionen des weißen staubigen Weges und der messinggelb gleißenden Felder.

Gleich darauf stellte die Frau ein paar Spiegeleier vor mich hin und schenkte mir ein Glas Rotwein ein. Dann kehrte sie zu ihrer Handarbeit zurück, ein Mädchen gesellte sich zu ihr, und miteinander saßen sie da und sahen mir zu. In diesem großen kahlen Raum unter den herabtauchenden Schwalben aß ich das Ehrenmahl des Fremdlings, während die Frauen sich mit leisen samtenen Stimmen unterhielten und ihre Nadeln wie silberne Fischchen flitzten.

Als es dämmerte, kam ein alter Mann vom Dreschen herein und schüttelte die Spreu aus dem Haar. Er schenkte sich Wein ein und setzte sich an den Tisch.

»Was gibt's?«, fragte er die Frau.

Sie ließ die Hände in den Schoß fallen und sah mich wieder an, scharf aber wohlwollend. »Ah«, sagte sie. »Er kommt von irgendwo weit her. Ein armer Teufel, der zu Fuß durch die Welt zieht.«

Der Mann füllte mein Glas nach und deutete mit dem Daumen zu seinem Mund. »Trinken Sie, das gibt Ihnen Kraft.«

»Wollen Sie heute Nacht hier schlafen?«, fragte Doña María nach einer Weile.

»Wie viel?«

»Für einen Strohsack — zwei Pennies.«

»Gut«, sagte ich. »Dann schlafe ich mit Ihnen.«

»Nein — Sie schlafen auf dem Sack.«

Der alte Mann schnaubte, das Mädchen bedeckte sein Gesicht und die Frau reckte ihre Hände. Dann hob sie mit einem Zungenschnalzen ihren massigen Körper vom Stuhl und ging leichtfüßig auf den Ofen zu.

Zwei staubige junge Männer kamen durch die offene Tür, sie führten ein Schwein und ein Schaf an einem Strick. »Meine Söhne«, sagte die Frau. Sie gossen sich Wasser über die Köpfe und füllten dann den Trog für die Tiere. Mutter und Tochter deckten den Tisch zum Abendbrot, während der alte Mann mir immer wieder Wein nachschenkte. Dann, nach einem kurzen Tischgebet, begann die Familie zu essen.

Der Abend war schwül und rauchig. Man hatte die Lampe angezündet und das große Tor geschlossen. Allmählich gewöhnte ich mich an die spanische Lebensweise, die an das England von vor zweihundert Jahren erinnerte. Dieses Haus enthielt, wie so viele andere, die ich bereits gesehen hatte, einzig und allein das, was zum Leben gebraucht wurde — keine überflüssigen Möbel, keine unnötige Dekoration —, es war in sich geschlossen wie die Arche Noah. Töpfe, Pfannen, die Stühle und Tische, die Krippe und der Wassertrog, all das war aus Holz, Stein oder Ton, einfach geformt und blank wie Werkzeug. Wenn der Tag zu Ende ging, ließen Türen und Fenster alle Geschöpfe ein, die zur Familie gehörten; Vater, Sohn, Tochter, Cousin, Esel, Schwein, Henne, selbst die Zwergmaus und die im Hause nistenden Schwalben — alles ruhte beisammen, sobald die Dunkelheit einfiel.

So war es auch mit uns in diesem namenlosen Dorf; die Nacht erwischte uns geborgen in dem glühenden Stall, Familie und der Fremde um den langen kahlen Tisch versammelt beim Geruch des Holzfeuers, des Essens und der Tiere. Über die weiß getünchten Wände flackerten die Schatten von Mensch und Tier ungeheuer wie urzeitliche Geister, die seit den Höhlentagen in den Winkeln unserer Phantasie ihr Unwesen trieben, und die das elektrische Licht vernichtet hat.

Wir saßen dicht beieinander, die Männer trinkend und rauchend, die Ellbogen zwischen den leeren Tellern aufgestützt. Es war die kurze, träge Spanne zwischen Arbeit und Schlaf, in der der Tag nur noch im Schwatzen weiterlebte. Doña María, die ein zerrissenes Zaumzeug flickte, beherrschte den Tisch mit ihrer vollen, warmen Stimme; sie erzählte Geschichten, die für mich — leider — unverständlich waren, den anderen aber vertraut zu sein schienen. Der alte Mann war eine regungslose Maske inmitten der Schatten, auch wenn er manchmal beim Lachen einen einzigen Zahn aufblitzen ließ. Die Söhne saßen nahe bei mir, stupsten mich freundlich in die Rippen und nickten jedes Mal mit dem Kopf, wenn die Mutter einen Spaß machte. Die Tochter saß dicht neben der einzigen Lampe, vergrub ihre Finger in der Näharbeit und hörte zu; wobei sie immer wieder ihre großen arabischen Augen aufschlug, und meinem verständnislosen Blick begegnete.

Ich war nun halb betrunken und fühlte mich wie ein einziges Lagerfeuer, voll von dumpfem Rauch und gestauter Hitze. Meine Augen waren rettungslos an diesen kleinen hübschen Brüsten vor Anker gegangen, hingen melancholisch an deren Heben und Senken, bis das Mädchen vor mir auf den Wellen ihres Atems zu treiben schien, nackt wie eine Negerin in ihrem engen schwarzen Kleid.

Doch die Brüder umringten mich, und Doña María hockte sich auch dazu und beobachtete mich mit argwöhnischer Nachsicht. So saß ich und schwebte in meiner trägen Feuersbrunst und bastelte im Geiste Sätze zusammen, die ich dann zum höflichen Staunen der Familie langsam vorbrachte wie eine Leine schlecht geknoteter Flaggen.

Plötzlich erblickte einer der Söhne meine zusammengerollte Decke, aus der die Geige herausschaute. »Música!«, rief er, holte das Bündel und legte es auf den Tisch.

»Ja, Mann«, sagte die Mutter. »Kommen Sie, unterhalten Sie uns ein bisschen. Spielen Sie uns ein kleines Lied.«

Der alte Mann wachte auf, und die Tochter legte die Näherei nieder, hob den Kopf und lächelte sogar.

Da gab es keine Ausrede. Ich setzte mich auf den Boden und stürzte mich betrunken in einen irischen Tanz. Sie lauschten mit offenen Mündern und wussten sich keinen Reim darauf zu machen; ich hätte ebenso gut eine tibetische Gebetsmühle drehen können. Dann versuchte ich es mit einem wirre Fandango, den ich in Zamora aufgeschnappt hatte, und jetzt verstanden sie und wurden plötzlich lebendig. Das Mädchen richtete sich auf, die Jungen packten eine Handvoll Löffel und fingen an, sich damit auf die Knie zu schlagen, und die Frau sprang auf und begann auf den Boden zu stampfen, dass sich dichte Staubwolken um mich erhoben. Der alte Mann wollte dem nicht nachstehen, er verließ den Schatten, stellte sich in Positur und trat der Frau gegenüber. Doña María, ganz Fleisch; er, dürr wie ein Strohhalm, begannen nun miteinander erbarmungslos um die Wette zu tanzen, während die Jungen mit ihren Löffeln hämmerten, die Frau »Ha!« rief und die Hennen gackernd unter den Tisch flohen.

Das war nicht mehr einfach nur ein derber Spaß unter älteren Leuten. Der alte Mann tanzte, als ginge es um sein Leben.

Und die Frau war wie verwandelt, ihr großer, massiver Körper wurde zum Instrument einer wilden, doch beherrschten Kraft. Den Kopf zurückgeworfen, bewegte sie sich voll majestätischer Sicherheit, ihre Füße scharrten wie die eines Tieres auf dem Boden — sie stampfte und posierte rund um ihren kleinen hüpfenden Gatten, als wollte sie ihn der Vergessenheit zuführen.

Der Tanz dauerte nur kurz, aber so lange er dauerte, war sie ein ungezügeltes, gefährliches Weib. Dann fiel der alte Mann zurück, hob die Hände zum Zeichen des Aufgebens in die Höhe und zog sich keuchend in den Schutz der Wände zurück.

Die Frau blieb allein zurück, der Mantel der Verzauberung fiel von ihr ab und sie stand da wie ein kleines Mädchen, wischte sich den Schweiß vom Gesicht, kicherte und missbilligte ihre Vorführung, indem sie wie eine Henne kurze Gluckstöne ausstieß und erstaunt den Kopf schüttelte. »Das ist nichts für eine alte Frau. Mir tun die Knochen weh«, sagte sie.

»Zigeunerin!«, zischte der Mann aus dem Schatten.

Die Söhne baten mich, noch etwas zu spielen, und diesmal tanzten sie miteinander, die Arme eingehakt, ziemlich gelassen und steif. Die Tochter kam leise heran und setzte sich neben mich auf den Fußboden; meine Finger beobachtend, während ich spielte. Der Duft ihrer Nähe — eine Mischung aus Schweinefett und starkem, reinem Lavendel — umgab mich und setzte mir gewaltig zu.

Der Abend war anders verlaufen als üblich, und anscheinend hatte niemand Lust, schlafen zu gehen. So konnten wir also weiterfeiern. Das Mädchen wurde aufgefordert zu singen, und sie tat wie geheißen, mit einer natürlichen, ungekünstelten Stimme. Die Lieder waren schlicht und rührend und stammten wahrscheinlich aus der Gegend; ich hörte sie danach jedenfalls nie wieder. Sie sang sie unschuldig — oft holte sie mitten im Wort Luft wie ein Kind. Sie sah starr vor sich hin, sang ohne Bewegung und Ausdruck einfach ein Lied nach dem anderen und hörte dann auf — als habe sie keine Ahnung, worum es sich in diesen Liedern handle, die *sie* benutzten, um gehört zu werden.

Als das Singen vorbei war, saßen wir eine Weile schweigend da und hörten nur dem flackernden Summen der Lampe zu. Dann ächzte die Frau und begann zu sprechen, und die Burschen erhoben sich vom Tisch, holten die Matratzen und legten sich an der Wand nieder. »Sie schlafen hier«, sagte die Mutter. »Meine Söhne werden auf Sie aufpassen.« Sie zupfte wissend an einem Augenlid. »Komm jetzt«, fügte sie hinzu, und das Mädchen erhob sich von den Knien und folgte ihr rasch in einen anderen Teil des Hauses, während das alte zerknitterte Gesicht des Gatten so geräuschlos wie eine ausgeblasene Kerze verschwand. Ich machte mich für die Nacht bereit, streckte mich auf dem Boden aus, während die Jungen erst noch das Tor verriegeln gingen. Dann kamen sie wieder und legten sich, völlig bekleidet, rechts und links neben mich, leise ächzend, bis sie die richtige Lage gefunden hatten.

Die Burschen waren früh auf, schon gegen halb fünf, hustend stampften in der Scheune umher. Die Türen wurden aufgestoßen, damit die kalte rosige Dämmerung eindringen konnte, und die Tiere wurden hinaus ins Freie getrieben. Mir war der Kopf noch schwer vom Wein und ich hätte gern länger geschlafen, aber man ließ keinen Zweifel aufkommen, dass der Tag begonnen hatte, und bald war auch das Mädchen zur

Stelle und jagte mir mit ihrem Birkenreisigbesen die Hühner über das Gesicht.

Ich erhob mich also vom Boden und schüttelte das Stroh von den Kleidern, und das Mädchen trat meine Matratze in eine Ecke. Dann führte sie mich hinaus in den Hof, zeigte mir, wie die Pumpe funktionierte, machte eine Geste, als seife sie sich das Gesicht ein, gab mir ein Stück Seife, so hart wie ein Stein, und ging dann fort, um das Herdfeuer anzuzünden. Das Frühstück bestand aus einem Keil trockenem Brot und einer Schale Kaffee, der dick wie Suppe war und auf dem fette Klumpen Ziegenmilch schwammen. Als ich das bewältigt hatte, war es sechs Uhr, und das ganze Dorf war in Bewegung. Durch den Rahmen des offenen Tores sah ich große goldene Wagen die kopfsteingepflasterte Straße hinunterschwanken, gefolgt von sanft trabenden Scharen quastengeschmückter Esel, deren Ohren die durchschimmernde Sonne rötete.

Als ich fertig war zum Weggehen, hörte ich hinter mir jemanden schreien: »Wo ist er? Wo ist der Fremde?« — und Doña María kam herausgestürzt, direkt aus dem Bett und ganz zerzaust; sie schob mir eine Handvoll Feigen ins Hemd. »Verlier kein Wort darüber. Kein Wort«, fauchte sie. »Eine Nacht hat der Alte gehabt …« Ich gab ihr die Kupfermünzen, die ich ihr schuldete, und sie sah diese, sie in der Hand wiegend, einen Augenblick zerstreut an, als wolle sie sie mir zurückgeben. Dann änderte sie ihre Meinung, steckte sie unter ihren Rock, klopfte mir auf den Rücken und sagte Lebewohl.

Unten am Fluss schöpften ein paar Mädchen unter einem Olivenbaum Wasser. Das Mädchen aus dem Gasthof war auch darunter, und ihre Stimmen klangen scharf, wie Messer, die auf Steinen klirren. Als ich den Pfad hinunterkam, hörte das Schwatzen auf, und sie wandten alle miteinander die Köpfe, um mich zu mustern. In dieser wachsam-überraschten Haltung, die an eine biblische Hirtenszene erinnerte, boten sie mir einen ganzen Strauß weit geöffneter Augen dar, gespannt und ausdruckslos wie die Augen von Kälbern, und auch ähnlich bedrückend. Ich tapste schnell vorbei, und keine rührte sich, aber ihre Augen folgten mir wie die Augen in einem Gemälde. Ich sehe noch die leeren glänzenden Pupillen vor mir wie Kieselsteine im Wasser. Das Mädchen aus dem Gasthaus verriet durch nichts, dass es mich kannte.

Als ich wieder in der Ebene war, den Kopf zum Straßenstaub gesenkt, legte ich einen Zahn zu, um den Morgen auszunutzen. Nicht, dass ich aus irgendeinem Grunde hätte eilen müssen, aber die Mädchen hatten mich doch so aus dem Gleichgewicht gebracht, dass ich glaubte, wenn ich eine Weile ordentlich marschierte, würde ich wieder zur Ruhe kommen. Nach ein paar Stunden hielt ich, noch immer romantisch-melancholisch gestimmt, bei einem kleinen Wegkreuz an, auf dem geschrieben stand, dass an dieser Stelle ein zehnjähriger Junge von einem Wahnsinnigen umgebracht worden war; wer vorüberkam, sollte für beide beten.

Ich aß die kühlen grünen Feigen, die Doña María mir gegeben hatte, und ging noch einmal eine Stunde. Die Monotonie der Landschaft und der hohe Weizen rund um mich beschränkten meine Sicht auf nur wenige Meter, sodass ich völlig überrascht war, als plötzlich Toro vor mir auftauchte — eine alte, verwitterte Stadt mit roten Mauern, die sich oben auf einem mächtigen flachen Felsklotz ausbreitete. Die Ebene endete hier in einer Reihe geologischer Zuckungen, die riesenhafte Felsschollen aufgetürmt hatten, tiefrot gefärbt und groß wie Inseln, die sich unvermittelt wohl hundert

Meter hoch erhoben. Toro, das auf einer der schroffsten hockte und längs des bröckelnden Grates verlief, sah aus wie getrocknetes Blut auf einem rostigen Schwert. Die Klippe fiel senkrecht zum Flussbett ab und war mit dem Schutt von Generationen übersät.

Als ich in der ruhigen Mittagshitze zur Stadt hinaufstieg, war ich darauf vorbereitet, sie verlassen vorzufinden oder eine öde Stätte wie Pompeji anzutreffen, die, vor langer Zeit durch einen verhängnisvollen Schicksalsschlag vernichtet, nur noch von Katzen und Eseln bewohnt wäre. Doch ganz im Gegenteil — obwohl die Stadt wirklich halb in Trümmern lag, brummte sie vor Leben, aus weiß getünchten Häusern quollen lärmende Familien, Kinder rannten durch die Löcher in den Wänden, betriebsame Läden und Cafés florierten hinter zerbrochenen Türen, und in den Straßen drängten sich elegante Spaziergänger.

Ich saß auf einem Stuhl vor dem Café Español und ließ die Parade an mir vorüberziehen. Ein jeder von den flanierenden jungen Männern war ein Möchtegerndandy, trotz der Hitze sorgfältig zugeknöpft; jedes Mädchen eine knusprige, frisch gewaschene Puppe, um den Hals und die Knie auffällig mit Spitzen geschmückt; es war seltsam, eine Mode, die an die Zeit König Edwards erinnerte, auf einer so ausgedörrten Felsenklippe in voller Blüte zu sehen. Die öffentliche Vorführung der eigenen Kleider war hier anscheinend das Wichtigste, und das trotz der Armut und des Verfalls der Stadt, in der noch der ärmlichste Blechschuppen seine makellose Debütantin hervorbrachte, die sich gleichmütig ihren Weg durch den Abfall suchte, von einem Kampfverband geschäftiger Tanten, die hinter den Kulissen nähten und bügelten, prächtigst herausgeputzt.

Während ich dasaß und schaute, näherte sich mir ein magerer junger Mann, der sich seine Baskenmütze vom Kopf riss und sich verbeugte. »Ich bin Billete, mein Herr — zu Ihren Diensten«, sagte er, stellte sich neben meinen Stuhl und wartete. Er trug einen zerschlissenen blauen Anzug, der seine Glieder wie Spinnweben bedeckte, und hielt einen Block Eintrittskarten in der Hand.

Ich bot ihm etwas zu trinken an, und er setzte sich neben mich, nicht ohne sich für die Unannehmlichkeit zu entschuldigen. Mit einem Glas Bier in der Hand wurde er nun offiziell mein Freund und erklärte mir die Szenerie vor mir. Er sprach langsam, sorgfältig und mit eisiger Distanz, während er auf die vorübergehenden Dandys wies.

»Señoritos!«, sagte er. »Von der Universität in Valladolid. Alles Anwälte oder Ärzte. Von denen haben wir viele. Aber das hilft auch nichts. Wir sind ruiniert und werden sterben.«

Sein Glas mit langen, spatelförmigen Fingern umfassend, erzitterte er und blinzelte in die Sonne. Warum ich nach Toro gekommen sei? Es war mein gutes Recht, natürlich. Die Welt stand offen für junge »Franzosen« wie mich. Heute Abend, sagte er, werde die Stadt eine feierliche Prozession abhalten; die müsse ich sehen, aber ich solle ihm verzeihen, dass er sie erwähnt habe.

Dann riss er sich zusammen. »Wir sind die bedeutendste Stadt in der Ebene«, sagte er, »und auch sehr fromm. Wir haben Heilige in der Kirche, schöner als alle anderen. Die Leute führen ein heiliges Leben … Schauen Sie sich das an, zum Beispiel.« Er hob trübselig seinen Kopf und zeigte die Straße hinauf.

Ich sah ein zehnjähriges Kind, wie eine Braut gekleidet, zierlich den Fußweg entlangtrippeln — ein Hochzeitstortenpüppchen, überragt von einem Heiligenschein aus Blumen und mit Lilien in den weiß behandschuhten Händen. Sie kam in munterem Ernst einher, demütig-festen Blicks, begleitet von zwei dicken Frauen in Schwarz, und als die Sonne sie traf, erstrahlte sie wie eine Leuchtkugel in weißglühenden Licht.

»Sehen Sie sie an«, sagte Billete. »Wieder eine Jungfrau für die Karmeliterinnen. Fast jeden Tag wird eine geopfert.«

Die ganze Straße entlang wurde das Kind umarmt und begrüßt, während es die Augen niederschlug und seine Erregung unterdrückte; alte Männer nahmen den Hut ab, Mütter hoben ihm Babys entgegen, Kinder liefen hin und küssten es auf die Wange.

»Wir sind eine heilige Stadt, wie Sie sehen«, sagte mein Gefährte. »Unsere Mädchen heiraten Christus schon in der Wiege. Wo gehen sie hin? Sie verschwinden in den Untiefen der Kirche. Die hier werden wir nie wiedersehen.«

Es kann natürlich sein, dass er mir einen Bären aufband; wahrscheinlich war es nichts weiter als ihre erste Kommunion; doch als das Kind zwischen seinen schwarzen Begleiterinnen davontänzelte, schien es eine ungesunde Stimmung hinter sich zurückzulassen.

Den ganzen Nachmittag über döste ich hinter den Vorhängen des Cafés, wo ich mich vor der schlimmsten Hitze versteckte. Die Straßen waren jetzt leer, nur ein paar magere Hunde drückten sich an die Mauern, um ein Streifchen Schatten abzubekommen. Sonst war alles still und grellweiß, während die Sonne hoch über die Stadt aufstieg, Zerstörerin, Fäulniserregerin, Plünderin der Elendshütten und Ausbrüterin schwärmender Übel.

Beim ersten Abendhauch brach ich mit Billete auf, um mir

die Burg am Rande der Stadt anzuschauen. »Maurisch«, erklärte er, ein Stück Schreckensherrschaft der Ungläubigen, das jetzt unaufhaltsam wieder zu Staub wurde. Er führte mich geschickt in den verwitterten Kerkern umher — »den Gräbern der Christen«, deren Gebeine, wie er sagte, sich jetzt in der Kirche befänden (und reichlich von Exkrementen umgeben waren). Hier näherte sich mir ein weiterer junger Mann, der erregt in den Trümmern herumgestochert hatte, eine schlanke weibische Gestalt mit einem Stock mit goldenem Knopf in der Hand und einer Aktenmappe unter dem Arm. Er hatte seine eigene, zierlich dahintänzelnde Sprache, eine Art Twostep aus Französisch und Englisch. Er war nicht aus Toro, o nein! — das war eine unzivilisierte Stadt. (Billete stand dabei und lauschte in eifersüchtigem Unverständnis.) Nein, er war ein Zeichenlehrer aus Valencia und nutzte seine Freizeit dazu, Zierschriften für Kirchen anzufertigen.

»Regard!«, sagte er schrill und öffnete seine Mappe, um einige besonders schaurige Beispiele seiner Kunst zu zeigen. »*Das* ist meine Stärke. Aber heutzutage stehe ich damit allein auf weiter Flur …«

Während er an den verfallenden Wällen lehnte und auf den Fluss hinunterschaute, steigerte er sich in eine überschäumende Verbitterung hinein und klagte über das ruchlose Zeitalter, in dem zu leben er verdammt sei, zugleich aber auch über die Feigheit der modernen Kirche. Es gebe keinen guten Geschmack mehr, keine Ehrfurcht vor Zierschriften, zumindest nicht für so gottgefällige Arbeiten wie die seinen. Man ziehe die protzigen Imitationen der billigen Drucker in Madrid vor, die die Kirche wie Briefmarken en gros kaufe. Wo sind die Bischöfe und Kardinäle der alten Zeiten geblieben?, rief er, diese Mäzene frommer Künstler? Die heiligen

Fürsten der Christenheit, deren geweihte Hände einst den Künstler in himmlische Gefilde erhoben?

Billete war von dem Lärm, den der andere machte, offensichtlich beeindruckt; er betrachtete den jungen Mann mit leuchtenden Augen, der unter Seufzen und Stöhnen seine eindrucksvollen Gliedmaßen zu schauerhaften Posen der Empörung verrenkte. Wie solle er in solcher Schande und Vernachlässigung sein Leben fristen und sein kleines Haus in Valencia erhalten? Bald werde er sich — welcher Frevel — auf Sprüche und Kalender beschränken müssen, und das werde für seine alte Mutter der Tod sein.

Das alles auf Englisch und Französisch. Billete gaffte selbstvergessen vor Bewunderung, er spürte die Leidenschaft des anderen, wenn er auch nicht verstand, wem sie galt. Er vernahm die Stimme des Protestes als etwas, das er selbstverständlich teilen müsse, ergriff den Arm des jungen Mannes und versuchte ihn zu beruhigen und zu trösten. Eine merkwürdige Stille senkte sich herab, während sie miteinander flüsterten, in der untergehenden Sonne aneinanderlehnend. Dann verließen sie mich mit einer Entschuldigung und gingen Hand in Hand davon, Brüder aus einer flüchtigen Verwirrung.

Nach Toro zurückgekehrt, senkte sich der herannahende Abend mit heißem grünem Licht, während die Stadt sich für die bevorstehende Prozession rüstete. Riesige Fahnen und Tücher hingen von den Balkonen herab, alle in Grand-Guignol-Manier verziert, manche mit schwarzen Kreuzen bestickt, andere an den Ecken mit riesigen Kreppschleifen versehen. Stadtleute und Bauern mit zylinderartigen Hüten drängten sich schon auf den Fußsteigen, manche mit kleinen Polstern und Schemeln zum Daraufknien, alle schweigend den Blick straßenaufwärts gerichtet.

Die Glocken, die eine Stunde lang ein misstönendes Gebimmel von sich gegeben hatten, verstummten abrupt. Auf dieses Zeichen hin wurde die Menge ganz still und heftete die Augen auf die ferne Kirche. Mittags ein Haufen von Gold, war sie jetzt ein dunkelblauer Schatten, der in der Luft hing wie ein Schwaden Weihrauch. Das Schweigen nahm noch zu, und selbst das Geschrei der Kinder mäßigte sich. Dann wurden die Tore in eine funkelnde Dunkelheit aufgestoßen wie in eine Höhle voller Glühwürmchen, während Hunderte von Kerzen vom Altar wegströmten und sich flackernd auf die Straße zu bewegten. Unter Trommel- und Trompetenklang löste sich die Prozession langsam schlurfend aus dem Dunkel, und die Zuschauermenge, die der Kirche am nächsten stand, fiel auf die Knie, als sei sie von einem Kugelhagel dahingemäht. Das trockene Schlagen der Trommel und die nackte Klage der Trompete klangen überaus fremd, und beschworen im Schein dieses halb afrikanischen Zwielichts ein ungewohntes Gefühl von Furcht und Zauberei herauf.

War es der Tod ihrer Heiligen, den sie so voller Trauer mit schwarzen Fahnen und tropfenden Kerzen feierten? Ihr Bildnis ritt hoch oben über der Mitte der Prozession, eine glitzernde Gestalt aus bemaltem Holz, die das gekrönte Haupt steif nach rechts und links den knienden Menschen im Rinnstein entgegenneigte. Ihre Träger schwitzten unter der edelsteinbesetzten Bürde und ächzten geduldig in ihre spitzenbesetzten Hemdbrüste, während junge Frauen in zwei Reihen hinterherschlurften und näselnd irgendein unmelodisches Klagelied sangen.

Als das Bild sich uns näherte, erhoben sich in der Menge um mich spontan Klagen und Beteuerungen. Dann war die Heilige auf meiner Höhe, und ich sah ihr Gesicht, rosig gefärbt und hübsch wie Zuckerzeug, das glatte Köpfchen über einem puppengleichen Körper thronend, den schwere Samtgewänder wie ein Zelt umgaben.

Wer immer sie war, diese schmucke bemalte Puppe beherrschte die Stadt mit einer unbestreitbaren Gegenwärtigkeit, und wie sie so vorüberzog, schien eine ungeheure Welle der Erlösung hinter ihr herzurauschen; Lobpreisung, Dank und demütiges Flehen, von Jung und Alt leidenschaftlich dargebracht, folgten ihr nach. Ganz offenbar war sie in aller Augen die lebendige Heilige, Schwester der Jungfrau, Vertraute Christi, ewige Mittlerin zum Geiste Gottes und barmherzige Mutter von Toro.

Mit einem von fernher ersterbenden Schrei verschwand das Bild aus dem Blickfeld, die Trommel- und Trompetenklänge verebbten, und die letzte Gruppe Mädchen zog mit heruntergebrannten, triefenden Kerzen schleppend vorbei; hinter ihnen auf der Straße blieben die erloschenen Gesichter der Bauern, ein Geruch nach Wachs, verbranntem Docht und Erschöpfung. Noch eine kurze beklommene Pause, dann hob sich das schwere, inbrunstgesättigte Schweigen wie eine Wolke von der Stadt. Plötzlich nickten und lächelten alle einander zu, sammelten Kissen und Kinder ein und bestätigten einander, wie schön die Heilige heute ausgesehen habe — so schön, so »linda«, so herrlich bunt —, und alle rüsteten sich zum Vergnügen.

Der feierliche Wirbel war vorbei. Auf einen Schlag wimmelte es von Spaziergängern, die die Straße von Mauer zu Mauer füllten. Die Lichter wurden angemacht — Schnüre von kleinen bunten Birnen, die sich wie Reben mit Früchten überall entlangzogen —, und das ganze Leben in Toro begann unter ihnen hindurchzuziehen, Freund zeigte sich dem Freund, Feind dem Feind, Weib dem Geliebten, jeder allen. Eine Weile bewegte ich mich wie unsichtbar unter ihnen, verloren in ihrer Selbstbezogenheit; und plötzlich sehnte ich mich nach einem bekannten Gesicht, nach Stroud an einem Samstagabend …

An den nächsten Tag kann ich mich nur noch dunkel erinnern. Es war einer der heißesten Tage jenes spanischen Sommers. Zweifellos hätte ich im Gasthof bleiben müssen, bis das Schlimmste vorüber war, aber das Unterwegssein war mir zur Gewohnheit geworden.

Toro lag verlassen, als ich wegging; die Läden waren noch geschlossen, und ein gelber Glanz hing über der Ebene. Die Straße verlief so gerade wie ein Meridian durch den Weizen, wie ein Messerschnitt durch einen rotbackigen Apfel, und ich folgte ihr ostwärts der Morgensonne entgegen, die schon riesengroß und aufgedunsen war. Nach einer Weile wurde das Draußensein zur Halluzination, man hatte das Gefühl, als gebe es keine Luft mehr zum Atmen, nur noch verschlackte Dämpfe und Schwefelschwaden, die aus Rissen im Boden aufstiegen. Ich weiß noch, dass ich zum Trinken an schweigenden Bauernhöfen haltmachte, wo selbst die Hunde zu erschöpft zum Knurren waren und das Wasser aus Brunnen und Bewässerungsgräben heraufgeschöpft und mir warm und grün gereicht wurde.

Die brutale Hitze schien die ganze Erde zu zerschmettern und ihre Rinde in eine riesige Narbe zu verwandeln. Das Blut vertrocknete einem, und alle Säfte versiegten; die Sonne schlug von oben, von der Seite und von unten zu, während der Weizen sich wie eine feste Kupferdecke über das Gelände dahinzog. Ich lief immer weiter, weil es keinen Schatten gab, in dem ich mich hätte verkriechen können, und weil es die einzige Möglichkeit war, die Luft um mich herum in Bewegung zu bringen. Ich vergaß allmählich, was ich überhaupt auf der Straße wollte; ich lief, als folgte ich einem Gelübde, bis ich nur noch den heißen roten Staub wahrnahm, der wie Pfeffer zwischen meinen Zehen knirschte.

Als der Vormittag zur Hälfte herum war, befand ich mich in einem Stadium fortschreitenden Wahnsinns; hämmernde Durstdelirien ergriffen von mir Besitz, mein Gehirn durchstürmte und durchtaumelte alle jene Zwangsvorstellungen, von denen es heißt, dass sie den Menschen in der Wüste bedrängen. Phantasiebilder von Wasser stiegen vor mir auf und hüllten mich in kühle, feuchte Blätter oder pressten mir die Vorstellung von Gurkenschalen vor meine stechenden Augen und füllten mir den Mund mit triefendem Moos. Ich trank nun schon Monsune und Winternebel, die ersten dicken Tropfen des Gewitters, lag nackt auf Tiefseeschwämmen und rieb meine Lippen an Fischschuppen. Ich sah die dampfenden Kühe von daheim mit feuchten Eutern ihre lilienrosa Mäuler in den Bach senken, dann knietief darin zwischen Libellen stehen und mit ihren Quastenschweifen die Schilfhalme peitschen. Bilder sprudelten auf, ganz grün von Tälern in schimmernden Regengüssen und Wiesen mit sturmgepeitschtem Gras, mit Bächen, die von den kühlen Bergen in buttergelbe Blumensümpfe flossen. Ich hörte meine Mutter wieder in ihrer Sommerküche Wasser über den Gartensalat sprengen, hörte den herabstürzenden Schwall der Gartenpumpe und Schwanenflügel, die den See peitschten …

Der Rest des Tages verschwamm. Ich erinnere mich an einen Kirchturm, der wie der Strahl eines Springbrunnens aus der Ebene aufstieg. Dann war da plötzlich eine Gruppe von Eukalyptusbäumen, die sich um eine Taverne am Straßenrand drängten, und ich stand am Schanktisch und verlangte flaschenweise Sprudel.

»Nein, nein! Sie dürfen nicht trinken. Sonst fallen Sie tot um.« Die Frau warf die Hände in die Höhe, als sie mich erblickte, drehte sich dann alarmiert um und rief ein paar gut gekleideten Männern etwas zu, die an einem Tisch in der Ecke Rettiche aßen.

Der ältere Mann verbeugte sich. »Aléman? Français? Die Dame hatte recht — Sie sind zu erhitzt fürs Trinken.«

»Er wird uns tot vor die Füße fallen. Schauen Sie nur sein Gesicht an.« Alle schnalzten sie mit der Zunge und schüttelten den Kopf.

Ich konnte nur dastehen und krächzen, ganz verzweifelt vor Durst. Jemand gab mir ein Stück Eis zum daran Lecken. Dann wurde ich ermahnt, mich auszuruhen und abzukühlen, während sie mir die üblichen Fragen stellten: woher ich käme, wohin ich ginge.

Als ich antwortete, warf die Frau wieder die Hände hoch. »Zu Fuß? Daran ist gar nicht zu denken.«

Die Herren fingen einen Streit an und spuckten einander bei ihren wütenden Ausrufen Rettich ins Gesicht. »Wenn der Engländer ist, dann ist er der erste Engländer, den ich zu Fuß gehen sehe«, sagte der eine. »Die laufen doch überall rum«, sagte der andere. »Die Berge rauf und wieder runter. Immer rund um die Pole.« »Das schon — aber doch nicht in Spanien.«

Ich hörte ihre Stimmen rings um mich auf- und abschwellen. Mein Kopf fühlte sich fiebrig drückend an, als wolle er zerspringen. Dann beugte sich jemand über mich. »Schluss mit dem blödsinnigen Laufen. Heilige Mutter Gottes, geben Sie dem jungen Mann etwas zu trinken. Wenn er es übersteht und immer noch in die Stadt will, nehmen wir ihn im Wagen mit.«

Der erste Schluck Mineralwasser zerplatzte in meiner Kehle und sprühte auf wie gefrorene Sterne. Dann gab man mir einen Teller Schinken und mehrere Glas Sherry; eine tiefe Müdigkeit kroch mir in die Glieder. Mir ist von meinen Wohltätern nichts mehr im Gedächtnis geblieben, auch nicht von dem, was sie sagten; nur die einschläfernde Herrlichkeit des Trinkens. Später, viel später, wurde ich auf die Füße gestellt und halb nach draußen geleitet, halb getragen. Dann sank ich auf dem Rücksitz des Wagens in tiefen Schlaf, und sie fuhren sie mich wie einen Toten nach Valladolid.

VALLADOLID

Valladolid — eine düstere kantige Stadt, so unzugänglich wie ihr Name; eine verschlossene Schachtel, voll mit frommem Staub und dem konservierten Atem seiner Toten, deren verbrauchte Leidenschaften einst eine Welt regierten, die jetzt ohne Bedeutung war. Das Auto hatte mich an jenem Abend des schalen roten Staubs in der Mitte der Stadt abgesetzt, wo ich mich von Kirchen und gruftähnlichen Straßen umgeben fand, die in der steinernen Starre des sechzehnten Jahrhunderts stecken geblieben war. Es rührte sich kaum etwas in diesen lustlosen Gassen, und die Straßenlaternen waren umhüllt von geheimnisvoll schwerem Licht. Wieder einmal empfand ich jenes Unbehagen, das der nächtlichen Ankunft in einer unbekannten Stadt anhaftet — ein Anflug jenes bitteren Grauens, das jedem Ort anhängt, bis man sein Bett in ihm gefunden hat.

Ich stand eine Weile auf der Plaza, hatte den Rucksack an eine Mauer gelehnt und erholte mich von der fiebrigen Betäubung des Tages. Schweigsame Geschöpfe auf Jutesohlen strichen schattenlos vorüber. Das schwere Vakuum lag erdrückend über mir. Das war nun eine der bedeutenden Städte von Castilla la Vieja — ein Name, der nach kaltem Eisen und Ketten klang. Dies war der Ort, sagte mir später ein

Priester, an dem Margarita de Jarandilla aus dem Turm ihres Gefängnisses schaute und goldene Tränen in den Schoß von Bettlern weinte; und hier war auch der Altar von San Martin, zu dem ein armer Krüppel aus Vallaverde mit seinem abgetrennten Bein gekrochen war, um ein prächtiges Kruzifix aus dem Knochen zu schnitzen. Eine Stadt erloschenen Fanatismus' und ausgelöschter Anbetung — der eleganten und raffinierten Mauren, von Ferdinand und Isabella, des enttäuschten Columbus und des edlen Cervantes. Gegen das Leben alle dieser erhob sich die herrschende Dunkelheit, die Düsternis des ausgeleerten Backofens, die kalte, in sich verschlossene Lampe.

Nacht lag über dieser Stadt und auch über mir. Ich machte mich also auf, um mir ein Bett zu suchen. Als ich eine enge Gasse hinabging, stieß ich plötzlich auf die Kaserne — einen großen Haufen aus mittelalterlichen Granitsteinen. Gruppen zerlumpter junger Rekruten lagen auf dem Pflaster umher, hockten in den verschwommenen Lichtkreisen der Laternen, kratzten sich, spuckten herum, spielten mit abgenutzten Karten und verbrachten so ihre mittellose Zeit. Ich fragte sie, wo ich wohl eine Unterkunft fände, und sie deuteten auf die andere Straßenseite.

»Versuchen Sie's beim Säufer«, sagte einer.

»Ein Oger ist der«, sagte ein anderer.

»Kümmern Sie sich nicht darum. Er hat ein Messingbett!«

Ich fand den Säufer in einem schmutzigen Zimmer sitzend, wo er Wein aus einem Ziegenhautschlauch trank. Ein nacktes Kind lag schlafend neben ihm auf dem Tisch, den Kopf auf einen halben Kürbis gebettet. Der Säufer hatte borstiges graues Haar und sah aus wie ein zweitklassiger Mörder. Sein Gesicht war dunkel und fettig wie eine eingelegte

Walnuss, und ein Bart schlängelte sich um seine Lippe wie eine Kreuzotter. Ich fragte nach einem Bett, er aber warf mir nur einen düsteren Blick zu. »Schlaf im Fluss«, sagte er.

Er nahm einen weiteren geräuschvollen Schluck, fuhr sich mit dem Weinschlauch über den Mund, machte es sich auf einem Stuhl bequem und schloss die Augen. Als er sie wieder öffnete und mich noch immer dastehen sah, schlug er auf den Tisch, wedelte mit den Armen und rief: »Gsch-sch!«

Aber ich rührte mich nicht von der Stelle. Es war schon fast Mitternacht, und ich wollte nur noch schlafen. Ich wiederholte meine Frage, da zuckte der Mann plötzlich zusammen, seine fleischigen Lippen bebten, er greinte wie ein Baby und sah sich mitleidheischend nach Trost um. Ich bot ihm eine Zigarette an, die er ohne hinzusehen zwischen seine langen schwarzen Nägel nahm und in der Mitte durchriss. Dann rollte er Tabak und Papier säuberlich zu einer kleinen Kugel zusammen und steckte sie sich in den Mund.

»Wie steht's also mit einem Bett?«, fragte ich.

Er sah mich voller Hass an, erhob sich aber schließlich doch. »Es ist nur eines da«, sagte er. »Und von mir aus kannst du darin sterben.« Er deutete mit dem Kopf auf die Tür.

Die schmale Treppe triefte von schmierigem Fett und stank nach fiebrigem Moder. Sie schien eigens dafür gemacht, den Besucher in Depressionen oder gar in den Wahnsinn zu treiben. Ich erklomm sie halb trotzig, halb ängstlich, während der Säufer hinter mir herkeuchte. Auf halbem Wege saß in einer Nische noch ein kleines blasses Kind, das aus einer Kartoffel eine Puppe schnitzte; als wir herankamen, wandte es sich um, sah uns erschrocken an und biss den kleinen Kopf ab.

Das Messingbett war, wie die Soldaten vorausgesagt hatten, prächtig; es war mehr als eineinhalb Meter hoch, mit Kugeln verziert, und stand als einziges Möbelstück in einem Zimmer, das im Übrigen von gewalttätigen Mietern verwüstet zu sein schien. Das Licht der Straßenlaternen schmückte die Wände mit weiten, fließenden Schatten, und draußen sah man noch immer die jungen Soldaten auf dem Boden liegen, manche in tiefem Schlaf. Der Säufer hatte seine Grausamkeit wiederentdeckt, warf mir den Schlüssel vor die Füße und verlangte sein Geld im Voraus. Dann kramte er in seinen Taschen, gab mir einen Kerzenstumpf und sagte, es wäre ihm egal, wenn das Haus abbrennte.

Als er fort war, setzte ich mich auf das Bett, baumelte mit den Beinen und aß mein letztes Stück Brot und Käse. Trotz der wüsten Umgebung fühlte ich mich nun wieder wohler. Ich war untergebracht. Ich hatte ein Zimmer in der Stadt.

Am nächsten Morgen wurde ich von der hellen klaren Stimme eines Jungen geweckt, der unten auf der Straße sang. Die Töne hoben mich allmählich mit einer schwingenden Bewegung aus dem Schlaf, als würde ich an seidenen Schnüren gezogen. Es war ein frischer Gesang, rein und aus voller Kehle, und sicherlich die schmerzloseste Art, geweckt zu werden. Als ich so lag und lauschte, und die Sonne über mich hinsickerte, dachte ich, dass es so immer sein müsste. Von einer solchen Stimme sollte man aus dem Schlaf gelockt und sacht ins Leben zurückgeholt werden, und nicht so roh wie sonst, wenn Geschrei, Klopfen und Weckerschrillen einem wie Schläge auf den Kopf hämmern. Die Grenzen des Bewusstseins sind ohnehin furchterregend, raue und hoffnungslose Orte; wir sollten nicht wie Tagediebe aus dem Schlaf gezerrt werden, als wäre er ein Verbrechen.

Der Junge lehnte an einem Laternenpfahl am Fuße der Kasernenmauer und trug einen Korb über die Schulter gehängt. Er war etwa zwölf Jahre alt, mager und struppig, und sang offenbar, um etwas dafür zu bekommen. Aber er sang mit seinem ganzen Körper, hatte die Augen fest geschlossen, sein Kehlkopf bewegte sich im Sonnenlicht auf und ab, und seine Stimme hatte jenen nasalen Klageton, der die Stadt rings um ihn auslöschte — die Stimme des Islam, zum Himmel gerichtet und in eine leere Landschaft geworfen. Unrasierte Soldaten, halb angezogen und ruhig, lehnten lauschend aus den Kasernenfenstern. Manche von ihnen warfen ihm Brotstücke und Orangenspalten zu; als er fertiggesungen hatte, sammelte er alles in seinen Korb.

Valladolid zeigte an diesem Morgen ein freundlicheres Gesicht. Die Nacht hatte die Maske aus rotem Staub fortgewischt, und die massigen Gebäude schimmerten in unschuldigem Glanz. Der Himmel war von einem fast chemisch reinen, leeren und harten Blau, ausgestreckt für einen neuen heißen Tag. Ich kaufte mir Obst, holte ein paar Briefe von der Post ab, und setzte mich dann in ein Café unten am Fischmarkt. Während ich frühstückte, öffnete ich meine Briefe: Es waren die ersten, die ich in Spanien erhielt. Ich war umgeben vom schalen Geruch schmelzenden Eises, von Hausfrauen mit tropfenden Körben, von Ständen mit Garnelen und toten Fischaugen — jedes einzelne davon wie ein versiegelter und sonnenloser Ozean. Die Briefe von zu Haus erzählten von Whistpartien und Gartenkürbissen, von heiteren und fernen Klatschgeschichten. Aber keiner von ihnen rief mich zurück; es sah ganz danach aus, als wäre ich für immer hier. Es war nun an der Zeit, dass ich mir etwas Geld verdiente.

Man hatte mir gesagt, dass Straßenmusikanten in Spanien eine Genehmigung brauchten, wenn auch nicht jede Stadt sie verlangte. Also machte ich mich nach dem Frühstück zum Rathaus auf, das wie ein bankrottes Kasino aussah. Soldaten mit Bajonetten saßen auf den Treppenstufen herum, und hungrige Hunde liefen wie Boten ein und aus, während die üblichen Schlangen schweigender Bauern auf Beamte warteten, die niemals auftauchen würden. Ich bezweifelte, dass es hier auch eine Schlange für Straßenmusiker gab, stieg die Treppe hinauf und öffnete die erste Tür, auf die ich traf.

Das Zimmer war groß und mit schweren Präsidentenmöbeln angefüllt. An einem Schreibtisch neben dem Fenster saß ein gertenschlanker Mann — oder vielmehr, er hatte es sich parallel dazu bequem gemacht, die Füße auf einem Schränkchen, eine Zigarre im Mund und ein Schachbrett auf den Knien. Ich konnte sein langes Profil mit der scharfen Nase sehen, das einer Zeichnung da Vincis glich, und ein gedankenvoll niedergeschlagenes Auge. Er bewegte ein paar Bauern und summte leise, drehte sich dann in seinem Stuhl nach mir um — und sein Gesicht war, von vorn betrachtet, fast ganz verschwunden, so außergewöhnlich dünn war er. Ich nahm zwei hochgezogene Augenbrauen wahr und einen Ausdruck höflicher Neugier, der völlig ohne Muskeln zustande zu kommen schien.

»Haben Sie sich verlaufen?«

»Ich möchte gern den Bürgermeister sprechen«, sagte ich.

»Ich auch. Das möchten alle.«

»Ist er fort?«

Der Mann kicherte, und über seinen ganzen Körper lief ein Zucken.

»Ja, er ist fort. Er wurde ins Irrenhaus gebracht.«

Ich sagte, das tue mir leid, aber er hob abwehrend die Hand.

»Aber nein. Er ist glücklich. Wer würde dort nicht glücklich sein? Den ganzen Tag Kekse und Schokolade; Nonnen, die mit einem sprechen und bunte Wolle zum Spielen … So sagt man jedenfalls.« Er blickte verschlossen auf seine Zigarre. »Aber *ich* bin hier. Wenn ich helfen kann …«

Als ich ihm sagte, was ich wollte, ließ er ein kurzes melodisches Pfeifen hören, und seine Augenbrauen hüpften vor Freude.

»Wie reizend«, murmelte er. »Aber natürlich sollen Sie das. Einen Augenblick — Manolo, bitte!«

Ein dunkelhäutiger junger Mann mit Hose und Pyjamajacke trat leise aus einem anderen Zimmer ein.

»Suchen Sie mir eine Genehmigung heraus, Manolito.«

»Was für eine?«

»Oh, irgendeine. Aber bringen Sie mir eine hübsche.«

»Dann gestatten Sie, Don Ignacio.« Der junge Mann packte seinen Chef bei den Beinen, hob sie von dem Schränkchen und durchsuchte die Papiere darunter. Inzwischen lehnte sich Don Ignacio, die Beine in die Luft gestreckt, träge zurück, strahlte mich an und sang Diri-dam-da-dam.

»Wasser verkaufen«, murmelte der Angestellte. »Einen kleinen Grabstein aufstellen … Gold schmieden … Wacholderbeeren pressen … ah, hier haben wir es, glaube ich. Don Ignacio, mit Ihrer Erlaubnis …«

Er beförderte die Beine seines Chefs wieder auf das Schränkchen und übergab ihm zusammen mit Tinte und Feder eine Art Scheckbuch. Don Ignacio beugte sich vor und begann zu schreiben, wobei er die Zunge rollte und vor Anstrengung schnaufte. Zierliche Schnörkel und Verzierungen liefen über das Papier, gefiederte Ranken in violetter Tinte; dann war das Ding fertig, wurde mit Sand bestreut und gesiegelt und mit einem herrlichen Schnörkel unterzeichnet.

»Hier«, sagte Don Ignacio. »Die Stadt gehört Ihnen. Diri-dam-da-dam.«

Ich überprüfte meine Genehmigung und war davon sehr angetan. Sie sah aus wie eine königliche Urkunde. Den Kopf bildeten gravierte Löwen und ein scharlachrotes Siegel, und dann hieß es ganz offiziell: »Hiermit wird kraft der dem Bürgermeisteramt übertragenen und verliehenen Vollmachten und gemäß den Bestimmungen der Städtischen Verordnungen und den entsprechenden Tarifen, zahlbar an das vorbenannte hochwohllöbliche Bürgermeisteramt, Don Lorenzo Lee die Genehmigung erteilt, in den Straßen dieser Stadt umherzugehen und Konzerte zu veranstalten, desgleichen auf den öffentlichen Plätzen derselben, immer vorausgesetzt, dass er auf keinerlei Weise Aufstände und Demonstrationen verursacht oder die Bewegungsfreiheit des Verkehrs und der Personen beeinträchtigt‹ … Das macht eine halbe Pesete«, sagte Don Ignacio milde und schwang seine Füße wieder auf den Schreibtisch. Dann lud er mich ein, mit ihm Schach zu spielen, und die Gebühr war vergessen.

Später ging ich, mit meiner Genehmigung bewaffnet, wieder zum Säufer zurück, um meine Geige zu holen und an die Arbeit zu gehen. Eine Frau scheuerte den Hof, sie richtete sich auf, als ich eintrat, und erhob einen Arm, um ihr Haar zurückzustreichen. Ihr hübsches, schmutziges, erschöpftes Gesicht zeigte, dass sie jemand anderen erwartete. »Haben Sie ihn gesehen?«, fragte sie. Ich schüttelte den Kopf, und ihre Augen wurden grau und teilnahmslos. Um in mein Zimmer zu gelangen, musste ich über drei nackte Kinder steigen, die weinend in Wasserpfützen saßen. Selbst wenn der Säufer nicht da war, durchdrang sein tödlicher Gestank das Haus wie ein Gas.

Nachdem ich meine Geige repariert und den neuen Strohhut abgestaubt hatte, den ich mir in Zamora auf dem Markt gekauft hatte, ging ich — zum ersten Mal in einer spanischen Stadt — hinaus, mein Glück auf den Straßen zu versuchen. Ich fand eine belebte Gasse, legte meinen Hut auf den Boden und kratzte drauflos. Nach meinen Erfahrungen in England hätte nun Geld in meinen Hut fallen müssen, aber hier lagen die Dinge anders. Ich hatte kaum zu spielen angefangen, als jedermann in seiner Tätigkeit innehielt und sich eine schweigende Menge um mich versammelte, die den Verkehr blockierte, die Sonne verdunkelte und meinen neuen Hut in die Erde trampelte. Immer wieder fischte ich ihn unter ihren Füßen heraus, glättete ihn und stellte mich anderswo auf. Doch sobald ich von Neuem zu spielen begann, bildete sich wieder eine Traube um mich, und ich sah in den versengten braunen Gesichtern einen Ausdruck, der mir sehr bald vertraut werden sollte — eine weiche, entspannte Kindlichkeit, freudiges Gaffen, Selbstvergessenheit über dem Spektakel eines Augenblicks.

Das war alles sehr schön, nur brachte es mir kein Geld ein — und ich hatte kaum genug Platz, um auch nur meinen Arm auszustrecken. Immer wieder war ich gezwungen abzubrechen und der Menge gut zuzureden, sie möge doch so freundlich sein, ein wenig auf und ab zu gehen oder wenigstens zurückzutreten und meinen Hut freizugeben. Eine Anzahl herumlungernder Soldaten, die mich einigermaßen verstanden, fingen an, den Leuten zuzuschreien, was ich sagte. Die brüllten zurück, sie sollten das Maul halten und zuhören. Dabei rührte sich keiner vom Fleck.

In diesem Augenblick erschien ein Polizist, unter dessen aufgeknöpfter Bluse eine feuchte, behaarte Brust sichtbar wurde. Er hatte ein schmutziges Gewehr über die Schulter gehängt und saugte an einem gelben Zahnstocher.

»Deutscher?«

»Nein, Engländer.«

»Genehmigung?«

»Ja.«

Er warf unter schweren Lidern einen schläfrigen Blick darauf. Dann hängte er das Gewehr über die andere Schulter, fischte sich meinen Hut mit der Stiefelspitze, stieß ihn hoch in die Luft, fing ihn auf, schüttelte ihn aus und wandte sich an die Menge.

»Schämt ihr euch denn gar nicht?«, schimpfte er. »Oder seid ihr die Bettler in unserer Stadt? Schaut her, nicht einen Pfennig, nicht eine vertrocknete Erbse. Habt ihr denn keinen Stolz, einfach so hier herumzustehen? Entweder ihr zahlt, oder ihr geht.«

Mit schüchternem Kichern zog sich die Menge zurück. Eine einzige Münze klingelte auf dem Pflaster. Der Polizist hob sie auf, warf sie in den Hut und überreichte ihn mir mit einer Verbeugung.

»Milch aus vertrockneten Eutern …«, sagte er hochmütig. »Bitte sehr. Nun spielen Sie bitte weiter.«

Ich spielte eine Weile, nicht allzu glücklich über seine Unterstützung, während er die Menge mit seinem Gewehr zurückhielt. Aber von da an wendete ich den Trick an, den ich in Southampton gelernt hatte — ich vergewisserte mich vorher, dass der Hut einen Köder enthielt. Niemand stieß einen Hut mit Münzen darin um, sie stellten sich vorsichtig daneben. Ich lernte auch sonst noch einiges: dass Männer weniger

Reaktion zeigten als Frauen — außer wenn man sie im Café ansprach, wo sie dann mit der Geste eines Aristokraten zahlten; dass jede spanische Melodie sofort wirkte und bereitwilliges Lächeln hervorrief, während jede andere Art von Musik — mit Ausnahme von Schubert — Verwirrung und verständnislose Blicke hervorrief. Am wichtigsten war, dass ich lernte, wann ich aufhören und weitergehen musste, und dass es galt, viel in der Stadt herumzukommen. Diese Lektion verdankte ich einem Schuhputzer, der mir nur bis zum Knie reichte, und der den ganzen Vormittag am Rande meines Publikums gestanden hatte.

»Sie spielen viel …«, sagte er schließlich.

»Wieso, ist es nicht gut?«

»Schon — aber viel, zu viel. Spielen Sie weniger für das Geld. Ein paar Strophen genügen. Dann kommen Sie im Laufe des Tages an mehr Leute ran.«

Er hatte natürlich recht, besonders was die Cafés betraf, deren Kunden eine ständig wechselnde Szenerie liebten. Es genügte, wenn man sich kurz hören ließ, dann rasch die Runde machte und wieder weiterging.

Zu Mittag hörte ich auf, nachdem ich etwa drei Peseten verdient hatte. Die Hitze trieb jetzt alle hinein. Ich kaufte mir also eine Flasche Wein und eine Tüte Pflaumen und ging damit hinunter an den Fluss. Dort saß ich unter den Maulbeerbäumen, wo ein wenig mageres Gras wuchs, und schaute auf das langsam fließende grüne Wasser. Der Schatten der Bäume lag auf meinen Händen und Füßen wie kühler nasser Samt, und alle Geräusche verstummten außer dem durchdringenden Stottern der Zikaden, das die Hitze an die Erde zu nageln schien.

Mit einer halb aufgegessenen Pflaume in der Hand nickte

ich ein, noch ehe ich dazu kam, den Wein zu kosten. Der spanische Nachmittagsschlaf war mir neu, und ich erwachte benommen, die Glieder stumpf und gefühllos. Es war gegen fünf Uhr. Ein Mädchen watete im Fluss, ihre braunen Beine schimmerten wie Karamell; auf dem gegenüberliegenden Ufer trieb ein Junge in einer Wolke roten Staubs ein paar Maultiere zur Tränke.

Die Stunden waren verronnen und es begann Abend zu werden, aber ich war es zufrieden, hier zu liegen, die trinkenden Maultiere im Wasser zu beobachten und das Mädchen im Fluss und den Jungen, der das Mädchen beobachtete. Sie schritt anmutig aus, bis an die Oberschenkel im Wasser, trug Wäsche auf dem Kopf, während der Junge an einen Stock gelehnt auf einem Bein dastand. Er fing an, ihr zuzurufen und sie zu necken, und das Mädchen antwortete ihm; ihre Stimmen waren schrill wie das Geschrei von Moorhühnern. Das Rufen hielt eine Weile an, prallte hart auf das Wasser und war in dem dunklen roten Licht fast sichtbar; dann plötzlich hörte es auf, und das Mädchen kehrte im Fluss um und ging zum anderen Ufer hinüber; mit Strümpfen voll Schlamm an den kurzen Beinen, watete sie kraftvoll auf den wartenden Jungen zu …

Ich ging an jenem Abend mit einem unwirklichen Gefühl, einer von Gedanken ungetrübten Verzauberung in die Stadt zurück. Ich weiß noch, dass ich eine Melone auf einer Straße vor mir herstieß und fühlte, wie die Luft meinen Körper umspielte. Ich streifte müßig umher, in einem Zustand ziellosen Wohlwollens, allen Dingen zugetan, selbst dieser traurigen Stadt mit ihren ranzigen Schatten und räudigen Hunden, schwitzenden Bürgersteigen und Rinnsteinen voller Unrat, ihren blaubeschürzten Alten, weltentrückt wie Kulis, ihren

Kindern, die auf Türschwellen dösten, und ihren Frauen, die der Geruch von heißem Fett, Zitronen und künstlichem Veilchenparfüm umgab. Ich machte an diesem Abend keine Musik, sondern wanderte von Bar zu Bar und trank Glas um Glas von dem dickflüssigen Wein. Ich war fiebrig, schlaftrunken und sentimental. Die Sonne wirkte noch immer bei mir nach.

Am folgenden Morgen hielt die leichte Benommenheit, eine merkwürdige Unschärfe, noch an. Ich ging zum Frühstück wieder auf den Markt, wo Lärm und Schweigen sich abwechselten und die Glocken in den erbebenden Türmen schwangen. Während ich, an die Kirchenmauer gelehnt, Brot und Wurst aß, spürte ich die Hitze der Sonne, gedämpft vom eisigen Hauch der nahebei gestapelten Fischkästen. Ich erinnere mich an eine gähnende Katze — ein Nadelkissen aus Zähnen und Schnurrhaaren —, die auf einem Palmenblatt im Rinnstein saß. Ein Mann sagte »Guten Morgen« und entschwand aus meinem Leben, während er auf ein Blütenblatt trat, als wolle er ein Streichholz auslöschen. Ich sah ein leeres Weinfass aus dem Tor einer Taverne rollen, sich langsam umdrehen und wieder hineinrollen. Ich sah, wie ein Loch in der Straße plötzlich wie ein Zyklop blinzelte, als ein Schatten hinein- und wieder herausfloss. Ein Knabe hob sein Hemd und kratzte seinen Bauch, eine Hausfrau ergriff eine Orange und legte sie wieder hin, und ein Maultier blieb auf der Straße stehen, blickte mir direkt ins Gesicht und krauste seine feuchten braun-papierenen Nüstern.

Mehrere Tage lang bewegte sich die Stadt schlafwandlerisch vor mir, wie eine Serie von Radierungen, die man durch ein Glas Wasser betrachtet. Ich graste die Straßen und Cafés ab und verdiente ein paar Peseten, wusste aber, dass ich nicht mehr lange bleiben würde. Der Wechsel zwischen Hochgestimmtheit und bleierner Hässlichkeit in dieser Stadt erzeugte unangenehme Sinnestäuschungen. Speziell die Armut und Verschwendung betreffend, versinnbildlicht in dem Haufen junger Rekruten, die ihren ganzen Sommer in der städtischen Kaserne verkeuchten.

Den ganzen Tag eingesperrt, aus den schmalen Fenstern spähend oder bis zur Erschöpfung auf dem glühend heißen Platz gedrillt, ließ man sie am Abend in abgestumpften Herden los, und sie nahmen die halb leere Stadt in Besitz. Quer über die Plaza — eine Arena verschlammter Straßenbahngleise — schlurften sie wie Clowns in ihren zerknitterten khakifarbenen Uniformen dahin, zogen mit gesenktem Kopf ihre Kreise, hatten kein Geld und nichts zu tun und waren Gefangene ihrer Langeweile und einfachen Gelüste. In ihren Pappstiefeln trabten sie auf und ab und traten müßig nach unsichtbaren Widerständen. Manche kauerten in Gruppen unter den schwächlichen Lampen und saugten an erloschenen Zigaretten inmitten schwirrender Fliegen. Einige wenige, die glücklicheren unter ihnen, standen mit angespannten Gesichtern da und fingerten an dem falschen Schmuck am Hals ihrer Mädchen herum. Aber die übrigen, die Mehrzahl, die keine Zigaretten und keine Mädchen hatten, hingen einfach so herum und pfiffen — und gaben jenes traurige hohle Geräusch von sich, das für junge Soldaten typisch ist, wenn sie an verregneten Sonntagen in den ausgestorbenen Straßen stehen, um Mitternacht auf Bahnsteigen, auf denen keine Züge ankommen, vergessene Depots in verlassenen Stützpunkten oder leere Petroleumkanister in einer Wüste bewachen — das Geräusch ihres Wunsches, überall sonst, nur nicht dort zu sein, der Atem der sinnlos dahinschwindenden Stunden.

Während ich beim Säufer gegenüber der Kaserne wohnte, sah ich einiges von diesen Vogelscheuchentruppen. Ich sah den Mist, von dem sie sich ernährten; sah, wie ihre Jugend verschwendet wurde in der Art und Weise, in der sie gezwungen waren, ihre Zeit zu verbringen. Auf Wanzenjagd, bei Diebstählen, beim Spiel um Zehntelpfennige, bei Streitereien, von Langeweile ausgehöhlt — manchmal vielleicht durch das Glück einer Freundschaft getröstet, still mit einem anderen Burschen ausgestreckt; oder sie suchten einsam Erleichterung in einfacher Poesie oder in einem plötzlichen Ausbruch obszöner Lieder. Oder sie gingen, wenn der Druck zu stark wurde, im Dunkeln an den Fluss hinunter und drückten eine Hure auf den feuchten, harten Kies, um dann barfuß zurückzukehren, auf eine Arreststrafe gefasst, weil sie mit ihren Pappstiefeln gezahlt hatten.

Soldaten, Priester und rundherum die Bettler — drei schweigsame und getrennte Gruppen; abends, wenn der rote Staub aus der Ebene hereinwehte, gab es Stunden, in denen es außer ihnen keine Menschen in der Stadt zu geben schien. Die Soldaten und die Bettler bewegten sich tastend zwischen den riesigen leeren Gebäuden, blind für das gegenseitige Elend, blind aber auch für die glatten schwarzen Priester, die wie auf Katzenpfoten durch die Gassen schlüpften.

Die Bettler sind mir in Erinnerung geblieben als etwas, das für Valladolid charakteristisch war; als Gattung, die hier einen Höhepunkt an Missbildung und Schrecken erlebte. Tagsüber sah man wenig von ihnen; es wirkte so, als würden sie nur bei Nacht hinausgelassen wie verrückte Verwandte. Hinkend, schlurfend, hüpfend und kriechend lösten sie sich dann langsam aus dem Schatten, schoben sich auf dem Bürgersteig mit einem rhythmischen Singsang aus Stöhnen und Wispern den Fußgängern entgegen. Hier gab es alte Männer, junge Leute und geschrumpfte Kinder, Kreaturen mit jeder nur vorstellbaren Heimsuchung, allen nur denkbaren Missbildungen — Blinde, Debile, ohne Hände, ohne Füße, bedeckt mit Geschwüren; Leute, die ihren Körper wie einen Sack dahinschleppten.

Die Straßen boten ihnen kaum eine andere Möglichkeit, als ihre Verstümmelungen darzubieten, in die leere Luft zu betteln, ihre Armstümpfe auszustrecken, auf leere Augenhöhlen zu deuten, die Verbände an ihren Geschwüren an- und abzulegen. Die Kinder waren besonders still, stumme Verdichtungen des Märtyrertums, nicht fähig zu erkennen, welch schweres Schicksal sie erwartete. Sie standen unbeteiligt abseits, starrten aus geröteten Augen und streckten winzige runzlige Handflächen aus.

Die Jungen und die Alten wirkten wie Emanationen des erstickenden mittelalterlichen Geistes dieser frommen, zum Kloster gewordenen Stadt: von ihren Steinen angesteckt, den pockennarbigen Bildern ihrer Kirchen gleich, auch sie eine der großen Gotteslästerungen Spaniens.

Meine letzte Nacht in Valladolid stand im Zeichen des bösen Fiebers in dieser Stadt. Zu erhitzt zum Schlafen, hielt ich mich lange in den Schenken auf und vertat den größten Teil meines Geldes, um dann gegen zwei Uhr morgens zum Gasthaus zurückzukehren, das ich in hellem Aufruhr fand.

Das riesige Haustor war aus den Angeln gerissen und lag zersplittert quer über der Straße. Die drei kleinen Kinder hockten drinnen beieinander, halb nackt und vor Angst wimmernd, während die Frau des Säufers, Sturmzentrum der ganzen Szenerie, schreiend am Fuß der Treppe stand. Ich hatte sie bisher nur als teilnahmsloses Arbeitstier gekannt, jetzt aber hatte sie eine furchtbare Größe gewonnen, sie schwang einen Spaten in der Hand wie ein zweischneidiges Schwert, und ihre Augen sprühten Funken.

Als ich eintrat, wandte sie sich, blind vor Wut, zu mir und hielt den Spaten vor sich.

»Ich bringe ihn um!«, schrie sie. »Er ist schlecht — *schlecht*!«

Eines der Kinder lief zu ihr, klammerte sich an ihre Beine, und sie schaute es mit einem schielenden, geistesabwesenden Blick an, als hätte sie es nie zuvor gesehen.

»Er kommt hier an wie ein Schwein, und ich sperre ihn aus. Aber er tritt das Tor ein und versucht, sich an Elvira zu vergreifen — *Elvira*!« Sie drehte sich plötzlich um und kreischte den Namen heraus, indem sie mit dem Spaten auf den Boden schlug. »Meine Tochter, meine Tochter!« Der Spaten klang wie eine Glocke. »Ich werde ihm mit seinen Eiern die Zähne einschlagen!«

»Wo ist er jetzt?«, fragte ich.

Sie blickte gehetzt die Treppe hinauf und begann wieder wie verrückt auf die Wände einzuschlagen. »Bist du endlich tot?«, kreischte sie. »Du Schweinepriester! Schande aller Väter dieser Welt …«

Sie zitterte, das Gesicht grün im Lampenlicht, Schweißtropfen im zerzausten Haar. Ich nahm ihr den Spaten aus der Hand und war überrascht, wie leicht sie ihn hergab. Dann ließ ich sie stehen und ging die Treppe hinauf.

Ich fand den Säufer auf halbem Weg nach oben, auf dem Rücken ausgestreckt und durchtränkt von Blut und Wein. Er lag da wie ein geschlachteter Ochse, atmete ächzend und weinte im Dunkeln vor sich hin.

»Hilf mir«, wimmerte er.

Ich schleifte ihn hinüber in mein Zimmer und zündete eine Kerze an. Eine Seite seines Gesichts war zerschlagen und blutete. Ich reinigte ihn, so gut ich konnte, deckte ihn mit einem Mantel zu und ging zu Bett.

Das Zimmer, das Haus und die ganze Stadt schienen mir plötzlich von Elend zerfressen. Der Säufer lag auf dem Fußboden, der Schleim gurgelte in seiner Kehle, und er flüsterte im Rausch den Namen seiner Tochter.

SEGOVIA — MADRID

Es gibt Orte, die verlässt man und erwartet nicht, sie jemals wiederzusehen, und ich habe auch nicht den Wunsch, in diese Stadt zurückzukehren. Ich stand beim Morgengrauen auf, ging zur Pumpe im Hof und wusch sie mir von den Händen und vom Gesicht. Dann passierte ich ein letztes Mal mit meinem Gepäck auf dem Rücken die dumpfigen feuchten Straßen und trat erneut ins offene Land hinaus.

Wohin sollte ich jetzt gehen? Es kam nicht darauf an. Nur der Süden sollte es sein. Segovia, Madrid, das Herz Kastiliens lag vor mir, und diese Richtung schlug ich auch ein. Nach der verschlossenen Stadt wirkte die Landschaft, als sei sie aus dem Gefängnis ausgebrochen und ergieße sich frei und funkelnd in die Ferne. Grüne Eichen lagen hier und da wie Felsblöcke in den Getreidefeldern, und Bauern standen brusthoch im Weizen. Die Ernte hatte ihren Höhepunkt erreicht; wie Schmetterlinge waren ungewöhnlich leuchtende Gestalten über die Felder verstreut, die dort allein oder in Gruppen arbeiteten und ihre Kleidung mit der Stärke des Lichts abgestimmt hatten — blaue Hemden, blaue Hosen und breite goldgelbe Hüte, mit grünen und scharlachroten Tüchern festgebunden. Eingetaucht in den Weizen funkelten Sicheln wie Fische, rhythmische Blitze in Blau und Silber, und als ich vorüberging, richteten sich die Männer auf und legten die Hand über die Augen, während sie mir schweigend nachsahen, oder es erhob sich eine Hand zum Gruß, die zwischen den sonnenschwarzen Fingern die funkelnde Sichel wie einen gebogenen sechsten Fingernagel zeigte.

Nach dem beengten Jammer der Stadt war es wie ein Schluck reinen Wassers, wieder hier in der freien Landschaft zu sein, im raschelnden Schweigen der nackten Ebene, in der wogenden Einsamkeit rauen, feurigen Lichts.

Gegen Abend kam ich in ein Dorf aus Dreck — wenig mehr als ein Erdhaufen in einem Rinnstein. Nur wenige Häuser waren ganz, nur wenige hatten Glas in den Fenstern, die meisten Dächer waren mit Sackleinen verstopft. Sie standen zerbrochen und bandagiert, eines das andere stützend, wie Überlebende aus einem längst vergangenen, verlorenen Krieg.

Das Tor zum Gasthof war diesmal einfach mit einem Gatter verstellt, und auf der Schwelle lag ein Wolfshund. Als der Wirt erschien, fragte ich, ob ich die Nacht über bleiben könne. »Die Welt ist frei«, sagte er. »Warum nicht?«

Er gab mir einen Laib Brot und eine rostige Büchse Sardinen, die ich mit meinem Messer öffnete. Zwei schäbige Zivilgardisten spielten in einer Ecke Karten und hatten die Gewehre vor sich auf dem Tisch liegen. Fette rosa Gesichter, kleine schwarze Augen — während sie einander beschwindelten und sich stritten, warfen sie mir finstere Blicke zu. Als ich mein Nachtmahl beendet hatte, machte ich mir ein paar Notizen, und das sahen sie offenbar als einen Akt unbesonnener Verachtung an. Sie warfen ihre Karten hin, ergriffen die Gewehre und näherten sich geräuschvoll meinem Tisch. Das Notizbuch wurde mir aus der Hand gerissen, man roch daran, schüttelte es aus, schlug fest darauf und hielt es verkehrt herum. Ein Schwall verblüffter und drohender Fragen ergoss sich über mich. Was sollte das alles?, fragten sie. Die Sache gefiel ihnen nicht. Wo kam ich her? Und wo waren meine Papiere? Heraus mit der Sprache! Ich hatte viel zu beantworten. Unter dieser idiotischen Zankerei verging eine konfuse halbe Stunde, während uns der Wirt aus einem Loch in der Wand beobachtete. Schließlich zwangen sie der Umstand, dass sie meine Notizen nicht entziffern konnten, und die Blödheit meiner Antworten, verbissen in ihre Ecke zurückzukehren.

Ich hatte schon gelernt, mich vor der Zivilgarde, diesen Giftzwergen Spaniens, in Acht zu nehmen. Auf ihren wohlgenährten schwarzen Pferden brachen sie plötzlich über einen herein, weit draußen auf dem flachen Land, kreisten einen ein, nichts als Leder und Gewehre, und dann musste man ein unverschämtes Verhör über sich ergehen lassen. Die meisten von ihnen hatten Angst und lebten in einem sozialen Vakuum, das nur durch Gewalttätigkeit ausgefüllt werden konnte; sie hatten wenig Freunde im Land und misstrauten Fremden und eigentlich überhaupt jedem auf der Landstraße. Wurde ich von einem solchen Mann herausgefordert, so legte ich es bewusst darauf an, dass nie ein klärendes Gespräch zustande kam; denn vor unklaren Situationen hatten sie genauso viel Angst wie vor ihren Vorgesetzten, und im Allgemeinen konnte man sich darauf verlassen, dass sie sich eher verzogen, als sich in eine verzwickte Situation mit einem Ausländer verwickeln zu lassen.

Diese beiden ließen mich also für den Rest des Abends in Ruhe. Ich schrieb, sie tranken und stritten sich. Schließlich brachte mir der Wirt ein Glas Branntwein herüber und sagte, die Welt sei frei, und er wünschte nur, er könnte schreiben. Eine harmlose Bemerkung, aber er verzog den Mund dabei und sagte es laut genug, dass die Gendarmen es hören konnten.

Ich war nun fast einen Monat auf der Straße, seit ich in Vigo an Land gegangen war, und das dauernde Marschieren fiel mir jetzt leichter. Zuerst musste ich hinken, aber meine Blasen waren hart geworden und ich konnte schließlich ohne Schmerzen gehen. Ich hatte mir angewöhnt, lange, weitausgreifende Schritte zu machen, mit denen ich an einem Tag um die dreißig Kilometer zurücklegte — in lockerer, gleichförmiger Gehweise, ein wenig rascher als die Maultierzüge, die sich längs meiner Route aneinanderreihten, aber langsamer als trabende Esel. Auf diesen schnurgeraden spanischen Straßen, die kaum von Autos befahren waren, bewegten wir uns zwischen den Horizonten wie Schiffe auf hoher See, blieben oft stundenlang in gegenseitiger Blickweite, entfernten uns allmählich voneinander oder kamen einander auch wieder näher. Die Maultierzüge waren damals die Karawanen Kastiliens, eine der Lebensadern des Landes — Gruppen kleiner quastengeschmückter Tiere vor hohen, leuchtend blauen Karren, die bunt mit Ranken und Blumen bemalt waren. Prunkvoll wie Barkassen oder Hochzeitsflöße, auf quietschende Räder von anderthalb Meter Durchmesser montiert, bewegten sie sich in einem schwachen Fünfkilometertempo von einer Stadt zur anderen — einem Rhythmus, der sich seit den Tagen Hannibals nicht verändert hatte — und beförderten Holzkohle, Feuerholz, Weinschläuche, Oliven, Öl, Alteisen und Klatsch. Die Fuhrleute waren ein ganz eigener Menschenschlag, auf der Straße geboren und aufgewachsen und an ihren flachen, fast sibirischen Gesichtern erkennbar. Mit langen Peitschen und kurzen Beinen reisten sie wie Araber, manche mit jungen Gehilfen, die für ihre Bequemlichkeit sorgen mussten, schliefen mittags in Hängematten, die zwischen die Räder gehängt wurden und sanft im Takt der Maultiere schaukelten, und verbrachten dann ihre Nächte am Lagerfeuer zwischen den Felsen, oder in Pferdedecken ge-wickelt in den Höfen der Gasthäuser. Sie waren seit jeher die Nachrichtenüberbringer der spanischen Ebenen, alt wie das Rad und in ihrer Lebensweise abgeschieden wie die Zigeuner.

Ich folgte dieser Straße nach Süden mehrere Tage lang und lebte dabei von Feigen und Weizenähren. Manchmal verbarg ich mich vor der Sonne unter den Pappeln am Straßenrand, das Gesicht nach unten, und beobachtete die Ameisen. Ich hatte ja wirklich keine Eile. Ich hatte kein bestimmtes Ziel. Ich war nur hier. Dicht bei der würzigen Wärme dieses fremden Bodens, der ein paar Zentimeter von meinem Gesicht entfernt war. Noch nie in meinem Leben hatte ich mich so reich an Zeit gefühlt, so frei von der Notwendigkeit, mich zu bewegen oder tätig zu sein. Stundenlang konnte ich zusehen, wie eine wahnsinnige Ameise ein Stück Orangenschale durch das Gras schleppte und dabei in verwirrter und planloser Raserei gegen unüberwindliche Schranken zog und stieß.

Eines Tages bemerkte ich, wie sich eine lange, niedrig hängende Wolke langsam über dem Horizont im Süden erhob, ein purpurner Schleier über der zitternden Ebene — das erste Zeichen der nahenden Sierra. Nach den eintönigen Weizenfeldern war das, wie wenn ein Schiff auf hoher See Land sichtet, die ferne Küste eines anderen Erdteils, und als ich weiterging, stieg sie stetig höher, bis sie den halben Himmel erfüllte — die ungeheure Ost-West-Schranke der Guadarrama.

Schon wehten kühle Winde von ihren Gipfeln herab, die Ebene schob sich zu kleinen Hügeln zusammen, und am nächsten Nachmittag hatte ich den Weizen hinter mir gelassen und betrat eine Welt nordischer Nadelwälder. Hier glitt die Hitze wie ein schweißnasses Hemd von mir ab, und ich schlief eine Stunde unter den harzigen Bäumen — ein frischer, grüner Duft, süß wie Menthol nach dem tierischen Dunst der Ebene. Ich bemerkte, dass jeder Baum, im Fischgrätenmuster aufgeschlitzt, Gummiharz in kleine Schalen blutete. Die verwundeten Bäume waren von Bernsteintropfen überflossen, die mit ihrem stechenden Geruch die Luft durchbohrten, während manche der älteren Bäume ausgeblutet und verlassen dastanden, zu Spiralen gekrümmt wie brennendes Papier. Doch es war ein guter Platz zum Schlafen; der Wald war völlig frei von Fliegen, die seine klebrigen Fallen zu meiden gelernt hatten, und die Nachmittagssonne saugte den Duft jedes einzelnen Baumes auf, bis der ganze Wald in Räucherwerk schwamm wie eine Kirche.

Die Dörfer im Vorgebirge waren voll von Blumen und Brunnen, aber in keinem gab es Essen. Ich erinnere mich an Cuéllar, Sanchonuño und Navas de Oro — Ortschaften mit steilen, felsigen Gassen und laubüberschütteten Türmen und alten Türen, in die riesige Schlüssellöcher eingekerbt waren. Aber alles, was ich zu essen bekam, war ein Stück Ziegenkäse, so hart wie Stein.

Weiters erinnere ich mich an ein Dorf, dessen Straßen schwarz waren von Priestern, während es in den Tavernen von glühenden Atheisten wimmelte. Ein paar standen in einem Torweg und schleuderten Steine auf die Kirche, andere sangen obszöne Lieder auf den Bischof. Dann bedrängte mich eine Gruppe in einer Taverne und beklagte sich wegen ihres römischen Brunnens — eine nackte Göttin, aus einheimischem Marmor gemeißelt. Einst, so sagten sie, stand sie auf dem Dorfplatz, und Wasserstrahlen sprangen aus ihren Brüsten. Wunderschön anzuschauen — aber die Priester hatten sie mit Hämmern zerschlagen und ihre Überreste in den Bergen vergraben.

Sie seien nur Schäfer, sagten sie, aber ihr Dorf habe Sinn für Kunst; und sie zeigten mir zwei Bilder, die an der Wand der Schenke hingen. Beides waren Originale, auf Leinwand gemalt und von der Farbe rohen Fleisches; eines zeigte eine zerbrochene Puppe und hieß »Das Spiel ist aus«, und das andere stellte eine gesittete viktorianische Familie dar, Vater und Mutter mit ihrem schleifengeschmückten Töchterchen, die zusahen, wie ein Hund auf dem Teppich verblutete. »Wir lieben die Kunst, mein Freund«, sagte einer der Schäfer. Später versuchte er mich zu küssen.

Der Wein in Sanchonuño war streng und herb, kostete aber weniger als einen Penny das Glas. Während ich davon probierte, traf ich eine Engländerin aus Walsall, die eben fünf Wochen lang mit ihrem Mann durch Marokko gereist war. Sie sah erschöpft und verwirrt aus. Ihr Mann schlief draußen auf der Straße. Sie fragte mich nach Neuigkeiten von der Königlichen Familie.

An einem späten Nachmittag verließ ich das letzte dieser Dörfer und machte mich auf den Weg nach Segovia, das etwa neun Kilometer entfernt lag. Als ich den Berg hinaufstieg, sah ich ein paar Mädchen in der Öffnung einer Höhle sitzen, die

Gesichter der untergehenden Sonne zugewandt; sie nähten und sangen dabei. »Mein Liebster ist scharf wie Salz, er hat ein Haus voll Gold und Silber …«

An dieser Stelle nahm mich ein Bauer in seinem Karren mit, der mit Säcken voll Weizenspreu beladen war. Während wir dahinzottelten, erzählte der Bauer von seiner Arbeit und schaute dabei aus dem Augenwinkel auf meine Hände. »In manchen Ländern ist es anders, glaube ich«, sagte er. »Aber uns hat Gott ein Land gegeben, das wir wie einen Löwen bekämpfen müssen.« Plötzlich stieß er einen lauten Schrei aus, zog den Maultieren eins mit der Peitsche über und lenkte den Wagen geradewegs den Berg hinauf; er verließ die Straße, um einem alten Pfad zu folgen, der durchs Geröll steil bergan führte. Die Maultiere schlugen aus und rutschten, bohrten die Hinterbeine in den Boden und spreizten die Schenkel wie magere schwarze Frösche, keuchten und stemmten, während der Karren wie ein Schiff schwankte und ich mich am Gürtel des Bauern festhielt. Eine halbe Stunde später erreichten wir, nachdem die Räder von Felsen zu Felsen gesprungen waren, mit schweißbedeckten Tieren den Gipfel der Höhe und sahen die Stadt unter uns liegen; der Bauer musste die Räder sperren, so steil ging es bergab.

Segovia war eine Stadt in einem Tal aus Steinen — ein dicht gedrängter, halb vergessener Haufen prachtvoller Bauten, die zum Ruhme einer anderen Zeit errichtet waren. Hier gab es Kirchen, Burgen und mittelalterliche Mauern, die scharf umrissen vor dem Abendhimmel standen, doch alles schrumpfte vor jenem seltenen Wunder der Maurerkunst, das das Ganze überschattete: dem römischen Aquädukt. Er schwang sich aus den Bergen herab in einer Reihe von Bogen, von denen manche sich über dreißig Meter hoch erhoben, gebildet aus Granitblöcken, die mehrere Tonnen wogen und nur durch ihr Gewicht zusammenhielten. Diese kaiserliche Geste, gebaut, um Wasser von einer fünfzehn Kilometer entfernten Quelle herbeizuleiten, überquerte noch immer in eindrucksvoller Anmut das Tal, rahmte hunderte Ausblicke mit ihren aufstrebenden Wölbungen ein und betrat die Stadt schließlich hoch über den Giebeln, um wie ein Mammut zwischen den Häusern einherzuschreiten.

»Der Aquädukt«, sagte der Bauer, indem er mit seinem Peitschenstiel darauf zeigte, für den Fall, dass ich ihn vielleicht nicht wahrgenommen hätte. Doch für mich, der ich vorher nichts darüber gehört hatte, war er ein unerhörter Anblick.

»Er ist wie eine Brücke«, fuhr er fort. »Man kann drüberfahren. Ich habe ihn einmal mit einer Kutsche und Pferden überquert.«

»Ist er dafür nicht zu schmal?«, fragte ich.

Er sah mich scharf an. »Ich bin mit einer schmalen Kutsche drübergefahren.«

Als wir durch die Puerta de Santiago in die Stadt einfuhren, gab mir der Bauer Johannisbrot und wünschte mir eine gute Nacht. Ich fand ein Gasthaus, das sich unter den Aquädukt schmiegte und eine seiner Wölbungen als Dach nutzte — einen weiten, höhlenartigen Raum aus blankem Granit, in dem es warm nach Schweinen und Pferden roch.

Segovia war auf Felsen gebaut und teilweise noch in seine römisch-iberischen Mauern eingepfercht, eine kleine schmucke Stadt aus steilstufigen Straßen, die die Erfindung des Rades zu ignorieren schien. Vor dem Abendessen hatte ich noch Zeit, einige dieser Gassen zu erkunden, die von Tümpeln warmen roten Lampenlichts gesprenkelt waren, und wo nackte Kinder in ihre zerfallenen Häuser schossen wie Fasane in Nester aus Farnkraut. Aus der Nähe betrachtet, wirkte der Aquädukt menschenfreundlich und irre zugleich, mit seinen Strahlen aus Mauerwerk, die zum Himmel emporsprangen, und den ungeheuren, klotzigen Füßen, die über die Stadt hereinbrachen und alle Maßstäbe umwarfen.

Nach einem Abendessen aus Bohnen und Hammelfleisch, das in einer Wolke von Holzrauch aufgetragen wurde, lud man mich auf die Plaza zum Mitternachtskino ein. Hier war der Aquädukt erneut nutzbar gemacht, man hatte an einem seiner Pfeiler ein Baumwolllaken befestigt, auf das ein blasser Lichtstrahl aus einem gegenüberliegenden Fenster ein altes und zittriges Melodram sickern ließ. Es schien, als hätte sich die halbe Stadt auf die Beine gemacht: man kam mit Schemeln und Stühlchen, während Kinder auf den Dächern umherschwärmten und in Trauben aus den Bäumen hingen, wo ihre dunklen Köpfe wie Holunderbeeren glänzten.

Die epische Schlichtheit des Films flackerte über die römische Mauer, verschwommen und trübe wie eine Sage, doch jede neue Wendung der Handlung wurde mit Genuss verfolgt, die Leute sprangen auf und setzten sich wieder, bombardierten die fernen Schatten mit Ratschlägen und Warnungen, unter die sich gelegentlich Schreie der Entrüstung mischten. Trat der Schurke auf, so empfingen ihn Wurfgeschoße und Steine, dem tölpelhaften Helden begegnete man mit Verzweiflung, aber der Notlage der Heldin, die wahrhaft vom Unglück verfolgt wurde, schlug eine Woge überschäumender Anteilnahme entgegen. Den größten Teil des Films über war sie mit Seilen im Turm gefesselt und den unaufhörlichen Kränkungen des Schurken ausgesetzt, doch als der Held sich schließlich aufraffte und den Schurken mit einem

Messer aufschlitzte, war das Publikum zufrieden und ging zu Bett.

Ich war nicht lange in Segovia und bin seither nicht wieder hingekommen, aber ich habe noch einige Erinnerungen stillerer, melancholischer Art — an die kühlen Tiefen der Kathedrale, makellos und leer, voll weitschweifender Räume, und an die mächtigen bunten Glasfenster, die wie verschleierte Chrysanthemen hoch oben in bernsteinfarbener Ferne hingen. Auch an die kleinen schwarzen Schweine, die über die Schwellen der Geschäfte ein und aus liefen — oft als einzige Kunden; und an die Störche, die gravitätisch auf den Schornsteinen standen und wie knochige Araber über das Tal hinweg schauten.

Eines Nachmittags dann fand ich unmittelbar vor der Stadtmauer die kleine Kirche der Madonna des Ortes, eine makabre Gedenkstätte am Fuße der Peña Grajera — der trostlosen »Krähenklippe«. Dieser von krächzenden Vögeln übersäte Granitfelsen war auch Segovias Blutklippe, eine jener Hinrichtungsstätten, wie man sie am Rande spanischer Städte häufig antrifft. Segovia hatte in vergangenen Zeiten seine Schwerverbrecher, Ehebrecher und Ketzer gewöhnlich von hier aus in die Schlucht gestoßen; so sparte man sich die Ausgabe für eine Kugel oder die zusätzliche Anstrengung eines Schwerthiebes. Ein umherstreifender Priester machte sich die Mühe, mir diese lokalen Leckerbissen aufzutischen und mir zugleich auch zu erklären, was es mit den Vögeln auf der Klippe auf sich habe: nämlich, dass die Hingerichteten in jedem Fall der Welt der Verdammten angehörten, und die Krähen die Geister ihrer gottlosen Seelen seien.

Den Priester schien dieser abstoßende Ort anzuziehen, er

blieb eine Weile bei mir und betrachtete mit einem sanften Lächeln die verschmutzte Klippe, wo die Vögel wie Fledermäuse raschelten und flatterten. Er kam auf die Heldin aus dem dreizehnten Jahrhundert zu sprechen, Maria del Salto, eine des Ehebruchs angeklagte schöne Jüdin. »Als sie wie üblich vom Felsen gestoßen worden war«, sagte er, »rief sie die Jungfrau an, sie möge ihre Unschuld beweisen, und wurde noch im Fluge barmherzig aufgehalten, sodass sie unverletzt zu Boden schweben konnte.« Zur Erinnerung an dieses Wunder wurde die kleine Kirche in der Schlucht erbaut — offenbar ohne Auswirkung auf spätere Opfer. Doch in der Erinnerung sehe ich heute nicht die ernste kleine Kirche, sondern den Felsen, der wie eine Beule darüber aufragt und über dessen blutbeflecktes Antlitz und ödes Geklüft die rauen trockenen Vogelschreie hinweggeistern.

Segovia entließ mich mit dem Widerhall jenes aasbefleckten Ortes und den hohlen Echos des Aquädukts. Und noch ein anderer, letzter Nachklang schloss sich an, als ich aus der Stadt hinauswanderte und an der schweigenden und verschlossenen Stierkampfarena vorüberkam: Ein Matador mit blassem Gesicht wurde eben zu seinem Wagen getragen, er weinte leise, und flüsternde Freunde umringten ihn …

Wenige Kilometer südlich von Segovia, am Fuße der Sierra, stieß ich auf die königlichen Gärten von La Granja — einige Hektar voller sich windender Statuen, Pfade und Brunnen, die sich wie eine Fata Morgana aus dem Staub erhoben. Es war eine pompöse Narretei, so groß wie Versailles und noch extravaganter, und ich traf es in voller Blüte und komplett verlassen an, abgesehen von ein paar alten Gärtnern mit Besen.

Hundert Brunnen sprudelten und erfüllten den Himmel mit Regenbogen und einem ganz eigenen traumhaften Lärm.

Marmorgötter und Waldnymphen, Delphine und Drachen, die Körper mit Rohren und Düsen versehen, richteten verwirrende Kaskaden gegeneinander oder schossen Wasserstrahlen hoch über die blühenden Bäume hinaus. Was immer sich mit Wasser anstellen ließ — hier konnte man alles finden, es grenzte schon an Hydromanie. Seen, Teiche, Strahlen und Fälle, überflutete Grotten und exotische Kanäle, alles bebte und brandete auf verschiedenen Ebenen, spiegelte antike Lauben, Pfade und Terrassen oder strömte wie kühlende Milch an Bildwerken herab.

Doch niemand war da, es anzuschauen. Niemand außer mir und natürlich den Gärtnern, die einherschlurften wie auf ewiges Geheiß, als rüsteten sie alles für die Rückkehr einer längst verstorbenen Königin.

Ich blieb eine Stunde oder länger in den Gärten und tappte verstohlen unter den tropfenden Blättern herum. Die Fontänen, so hörte ich später, sprangen nur zu seltenen Gelegenheiten, und ich weiß nicht, warum sie gerade an jenem Tag in Tätigkeit waren. Es war, als hätte man ein Königsspielzeug aufgezogen, dessen der Eigentümer dann sehr schnell überdrüssig geworden war, und das nun mit seinen alt gewordenen Hütern verlassen am Fuße der Berge lag. Und eigentlich war La Granja, wenn man es näher betrachtete, eine ziemlich geschmacklose Anlage — eine königliche Überhöhung provinzlerischen Geistes, ein kostspieliger Sport mit Zwergen und Giftpilzen.

Ich brauchte zwei Tage für die Überquerung der Sierra Guadarrama — die Jahreszeit und das Land wirkten wie verwandelt, als ich auf einer prächtigen Straße aus Granitblöcken eine Höhe von über zweitausend Meter erreichte. Hier gab es

Sturzbäche, herrliche schattige Wälder und mit blühenden Ranken bedeckte Felsblöcke. Hier schien es schon fast Herbst zu sein; Wolken rollten von den Gipfeln herab und entließen kurze kühle Schauer, während Schäfer, von wolfgleichen Hunden gefolgt, umherkletterten und die Luft frisch nach Harz und Honig schmeckte.

Ich verbrachte die erste Nacht in einem Eichenhain, lag auf Laub so feucht wie in Wales, unter schwerem Tau und einem kalten scharfen Mond, umgeben vom unaufhörlichen Glöckchengeläute der Schafe. Frühmorgens erwachte ich fröstelnd, aß ein Frühstück aus Ziegenkäse, den die Nacht durchweicht und milde gemacht hatte, und beobachtete dann, wie das Sonnenlicht sich langsam an den Stämmen der Kiefern abwärts bewegte, dunkelrot, als bluteten sie vom Wipfel her. In der Nähe ergoss sich ein Wasserfall in eine Felsenschale; dort zog ich mich aus und nahm ein kurzes, schneidend kaltes Bad. Es war eiskalt, grausam und belebend, einsam zwischen den Bäumen, und anschließend saß ich nackt auf einem bemoosten Stein und ließ mich langsam in der aufsteigenden Sonne trocknen. Es war, als befände ich mich irgendwo in Nordeuropa, erfüllt vom alten Glanz finnischer Götter. Ein grüner Schleier aus Kiefernstaub trieb in den Sonnenstrahlen, und Eichhörnchen turnten und keckerten über mir. Ich trank in vollen Zügen die köstliche trockene Luft, genoss schnuppernd die Pechkiefern — und vielleicht war ich nie wieder so lebendig und so allein.

Bis Mittag hatte ich in achtzehnhundert Meter Höhe den Pass von Puerto de Navacerrada erstiegen, wo ich eine Weile unter den hochragenden Gipfeln rastete, die mit Sommerschnee bestäubt waren. Mächtige Wolkenbänke wälzten sich die Nordhänge herauf, brachen über die Kämme und verschwanden; vor mir dagegen sah ich durch den Pass ein neues Land auftauchen — die ungeheure Ebene von La Mancha, die sich flach wie eine Kuhhaut ausdehnte, vom fernen Madrid wie von einer Wunde befleckt.

Die Überquerung der Sierra war nicht einfach nur eine Station auf meiner Reise, auch wenn sie die Überwindung einer geographischen Schranke darstellte. Sie war auch gleichzeitig eine jener unvermuteten, jähen Stufen im Laufe des Lebens, die — hat man sie hinter sich gebracht — die Vergangenheit für immer abschließen. Sie war für mich mehr als eine Grenzlinie, und erst als ich sie überschritten hatte, fühlte ich mich Spanien wirklich zugetan.

Die Sierra hatte wie der Mond zwei völlig verschiedene Gesichter: das nördliche hochmütig und schattenkalt, eine Landschaft grünen Gestrüpps und alpinen Schweigens, während das Gebirge nach Süden nur ein nackter, verbrannter Felsen war mit von der Sonne kahl geschälten Wänden — für Madrid offenbar eine Art Hinterhofmauer, die man mit Werbesprüchen für Cognac und Nachtclubs beschmieren konnte. Auf der Nordseite herrschte die Ruhe des Hirtenlandes, eine verschleierte Reinheit und Stille, während der versengte Südhang — obwohl ihn noch mindestens fünfzehn Kilometer von der Stadt trennten — schon nach Straßenmüll stank.

Trotzdem freute ich mich sehr darauf, endlich nach Madrid zu kommen und machte mich eilig auf den Weg, über Pfade aus Schieferbruch hinabstolpernd, wo es weder Gras noch Bäume gab, während die Gipfel der Berge in die Wolken zurückglitten und alles aussperrten, was ich bisher gesehen hatte. Noch eine Nacht auf den Hängen, dann erreichte ich die Hauptstraße — ein wirres Durcheinander von Cafés, Bretterbuden und Reifenlagern.

Und hier nahmen mich zwei lebhafte junge Buchhändler mit, die einen mit lateinischen Messbüchern beladenen Lastwagen fuhren. Die ungemein vergnügten jungen Männer überreichten mir ihre Karten und zeigten mir bei der Einfahrt in Madrid sämtliche Bordelle; dann setzten sie mich schließlich gegen zehn Uhr vormittags im Herzen der Stadt, dem Herzen Spaniens, ab.

Madrid schien mir zunächst nur aus Straßenbahnklingeln und Kabelleitungen, aus falschem Marmor und Verfall zu bestehen. Nach London war es die zweite Großstadt, die ich sah, und ich glitt hinein wie in den Rachen eines Löwen. Sie hatte auch den Atem eines Löwen; etwas Scharfes und Stinkendes, vermischt mit Stroh und verdorbenem Fleisch. Die Gran Via selbst empfing mich mit Löwengebrüll, das freilich ausfgeblasen wirkte wie in einem Zirkus — breit, selbstbewusst und etwas schäbig, und eingefasst mit Gebäuden wie zerbrochenen Zähnen.

Diese breiten Prachtstraßen entfalteten all den Pomp und die ganze Leere, die man mit Südamerika verband — politische Paradeplätze, eingezwängt zwischen Villen im Zuckerbäckerstil und benannt nach Präsidenten, Gedenktagen und Tugenden. Doch dicht hinter ihnen pulsierten die Lebensadern der Stadt, schmale Gassen, vollgestopft mit Karren und Bettlern, mit mageren kleinen Dienstmädchen und tuberkulösen Kindern, wunderschön und mit Geschwüren bedeckt.

Ich ging zuerst zur Post, um meine Briefe abzuholen, die man nach »Esquire« unter E eingeordnet hatte, darunter einen von einer Zeitung mit einem dritten Preis für eines meiner Gedichte und einen von meiner Mutter, in dem sie ihrer Hoffnung Ausdruck verlieh, dass ich keine nassen Füße hätte.

Dann durchstreifte ich die kleinen Straßen in der Nähe der Puerta del Sol, um nach einem passenden Gasthaus Ausschau zu halten, und fand schließlich einen, der so alt war wie Chaucer, mit einem Kuhstall im Keller. Der Inhaber schrieb meinen Namen in ein großes schwarzes Buch, wobei er den Brief meiner Mutter als Vorlage benutzte, händigte mir dann einen Türschlüssel von der Größe eines Spatens aus und sagte, mein Zimmer koste vier Peseten die Nacht.

Inzwischen war es Mittag geworden, und fast alle Menschen hatten sich in die Bars und die feuchtschattigen Cafés zurückgezogen; um diese Stunde entfaltete Madrid — ein Tautropfen auf dem Bratrost der Ebene — sein eigenstes Wesen. Die meisten anderen Hauptstädte würden sich auch bei derartiger Hitze noch als Inferno der Pflicht zeigen, mit verschwitzten Ladenmädchen und erschöpften Angestellten. Nicht so hier — Madrid wusste, wann es Nein sagen und seine Sonnenblenden herunterlassen musste.

Natürlich war das auch in anderen spanischen Städten der Brauch, aber hier hatte er einen ganz eigenen, genialen Gipfel erreicht. Denn Madrid war damals — und ist es vielleicht auch heute noch — eine Stadt mit tausend exquisiten Tavernen, die wassergekühlt, mit Fässern reich bestückt und geräumig wie Höhlen waren, billig und liebevoll betrieben wurden, und in deren althergebrachter Dämmerung die Männer mindestens die Hälfte ihrer wachen Stunden verbrachten.

Trat man von der glühend heißen Straße herein, so legte sich einem ein Band aus kühler Luft um die Stirn, und man kam in eine weltabgeschiedene Grotte, erfüllt vom Geruch von Muscheln, nassen Fliesen und weingetränktem Holz. Es gab kein Warten, kein Gedränge; das Lokal gehörte dem

Gast; Schankgehilfen nahmen mit klingenden Rufen die Bestellungen auf, und Männer standen gelassen da und hielten Gläser mit Sherry in der Hand — sie hatten reichlich Zeit zum Trinken, während rund um die Schanktische, saftig in Schüsseln angerichtet oder auf großen Eisblöcken thronend, Festmähler aus Meerestieren angehäuft lagen: schrundige Austern, Krabben, Tintenfische in goldenen Ringen aufgetürmt; frische Hummer, die, auf Palmblätter gebettet, sich ruckartig bewegten; Schüsseln voller Muscheln und zarte Garnelen. Weiter gab es kleine zischende Schalen mit Nierchen oder gebratenen Sperlingen, Schnecken, gebackenen Tintenfisch, heiße Garnelen in Knoblauch, gedünstetes Schweinefleisch oder Lamm.

Niemand trank, ohne zu essen — das hätte als unkultiviert gegolten (und war vielleicht einer der Gründe dafür, dass es keine Betrunkenen gab). Doch schließlich gehörten diese Meerestiere zu den besten der Welt und waren das ganz eigene Wunder der Binnenstadt Madrid — am gleichen Morgen frisch gefangen an weit entfernten Küsten des Mittelmeers, der Biskaya und des Atlantischen Ozeans, und in Sonderzügen, die alles andere auf Nebengleise verwiesen, eilends in die Hauptstadt befördert.

So ist es mir in Erinnerung geblieben; unter den Terrakotta-Dächern eine Fülle von Höhlen aus Eis. Mit Fuhrleuten, Trägern, Wachleuten, Taxifahrern, gelickten Dandys und dicken Beamten, die ihren goldenen Wein schlürften, sorgfältig eine Garnele auslösten, in das straffe rosa Fleisch eines Hummers bissen und das Salzwasser halb vergessener Meere, dunkel erinnerter Reiche schmeckten, während das Auf und Ab des Gesprächs wie sprudelndes Wasser unter den gerahmten Bildern der Stiere und Helden dahinplätscherte.

Es war eine Lebensweise, die sich wie eine Honigwabe gebildet hatte, dem brennenden Himmel entrückt; und vielleicht gelang es damals keiner anderen Stadt so gut, sich mit dieser ganz eigenen Vorrangstellung des Vergnügens einzurichten.

Mein stärkster Eindruck jedoch blieb die gelassene Würde und Noblesse, mit der der Spanier das Trinken zelebrierte. Nie trank er hastig oder nervös, nie bettelte er den Schankkellner an oder ließ sich auf die Straße setzen. Trinken war für ihn eines der natürlichen Privilegien im Leben und nicht jener Selbstmord auf Raten, zu dem es für andere so oft wird. Freilich kostete es hier nicht viel, auch gab es keine gesetzlichen Einschränkungen, und unter solchen Bedingungen brauchte man sich nie zu beeilen.

Ich fand, Madrid sei eigentlich eine Stadt, in der ich etwas verdienen könnte; deshalb ging ich aufs Rathaus, um mir die übliche Genehmigung zu besorgen. Der Mann prüfte meine Geige, summte ein paar Takte aus *Il Trovatore* und sagte, ich solle aufs Polizeipräsidium gehen. Das befand sich in einem anderen Teil der Stadt und half mir auch nicht weiter, denn ich wurde sofort ans Ministerium für Landwirtschaft verwiesen. Die Beamten waren auf eine phlegmatische Weise freundlich, boten mir selbst gedrehte Zigaretten an und fragten mich, wie mir Madrid gefalle, und auch wenn sie Straßenkonzerte eigentlich für eine gute Idee hielten, so fand doch keiner von ihnen das für die Genehmigung erforderliche Formular. Letzten Endes spielte das keine Rolle; man bedankte sich bei mir, dass ich die entsprechenden Schritte unternommen hatte und legte mir nahe, ohne etwas Schriftliches anzufangen.

So ging ich an jenem Abend, als die Luft sich abkühlte, in den älteren Teil der Stadt, zu den Klippen über dem Manzanares. Dort gab es kaum Verkehr; die Straßen waren wie Innenhöfe, mit lampenhellen Gewölben, die nach Wein und Holzrauch dufteten. Und überall wimmelte es in dichtem Gedränge von Leuten, die zu arm waren, um wirklich irgendwohin zu gehen, und die sich damit zufriedengaben, unter den Augen ihrer Nachbarn auf und ab zu bummeln und dabei Johannisbrot und Sonnenblumenkerne zu kauen.

Es fiel mir nicht schwer, mich unter die abendliche Menge zu mischen und allein, aber nicht gänzlich unbeachtet aufzuspielen. Leute traten aus den Läden, um mir einen Apfel oder eine Orange zu reichen, und Frauen warfen in Papier gewickelte Gaben von den Balkonen. »Schaut euch den jungen Mann an. Gib ihm einen Happen, um Jesu willen« — und Münzen und Kekse purzelten herab.

Gebende und Nehmende schienen hier gleichgestellt. Es war eine Welt, in der man eher tauschte als schenkte. Budenbesitzer tauschten mit ihren Nachbarn oder aßen ihre eigenen Waren, und Schankkellner füllten einander die Gläser. Überall gab es Bettler — sie saßen an die Wände gelehnt, inspizierten sorgfältig die Habe der anderen, während rings um sie geschminkte und bemalte Kinder liefen, die die Röcke und Schuhe ihrer Mütter trugen.

Dies war ein Viertel in Madrid, in dem ich einen großen Teil meiner Zeit verbrachte, besonders jene Nächte, in denen niemand schlief und alle bis zum Morgengrauen auf ihren kleinen Stühlen vor den Häusern saßen und auf ein wenig frische Luft aus der Sierra warteten, gemütlich, träge und dicht bei dicht, ein Leben wie in einem öffentlichen Nachtlager. Ich höre noch die Rufe und Gespräche, die auf-

und abschwellend sich von Tür zu Tür schlingerten: »Kaufe Seile und Eisen, Baumwolle und Seide! Kaufe Töpfe, Nägel und Schlüssel!«

»Paco ist eine Null. Eine mala lengua. Er taugt zu nichts, als faule Eier zu verkaufen.«

»Sie kommt aus Genua — ihre Familie jedenfalls. Er stammt aus Burgos. Er spitzelt für die Guardia …«

»Ich habe fritas, gambas und pajaritos — frische kleine Leckerbissen, meine Herren …«

»Inmaculada! Du Hure, wo bist du die ganze Nacht gewesen? Bei wem hast du die Matratze gedrückt? …«

In diesen engen Gassen schien das Leben keinen Stundenplan zu haben; nichts hörte jemals auf, und alle Stunden waren gleich: Immer kauften ein paar murmelnde alte Frauen ein halbes Kilo Bohnen, stand eine junge Frau an einem Fenster mit einem Kind an der Brust, quälte ein Junge in einer Seitengasse schweigend einen anderen, saß eine Familie beim Essen um einen Tisch … Und immer, wenn ich in das Gasthaus zurückkehrte, fand ich — wie spät es auch war — die meisten Fuhrleute noch wach. Der Wirt gab mir dann ein paar Kupfermünzen oder ein Glas Cognac und forderte mich auf, ihnen ein Lied zu spielen.

Ich weiß noch, dass eines Abends ein Herr in einem grauen Gehrock aus seinem Zimmer zum Zuhören herunterkam und sich dicht hinter mich stellte; er nickte und lächelte zur Musik und stach sich lange silberne Nadeln durch die Kehle.

An einem anderen Abend fing, als ich spielte, im Hof plötzlich eine alte Uhr an zu beben und schlug vierzehn. »Die ist verrückt geworden«, sagte der Wirt. »Seit Jahren hat sie nicht mehr geschlagen.« Und er ging hinüber und versetzte ihr einen Hieb mit der Flasche.

Mein Schlafzimmer war eine Zelle ohne Fenster, und es gab Wanzen so groß wie Käfer. Mit dem Hinlegen begannen Qual und Folter, Beißen, Kratzen und Atemnot. Es war klar, warum in dieser Stadt jedermann wach blieb. Nur auf den Straßen und in den Höfen ließ sich nachts atmen; und die Hitze machte die Betten lebendig.

Die Morgenstunden jedoch waren Wunder der Regeneration — sie lohnten das Inferno der kurzen Nächte. Der Himmel war dann eine Unendlichkeit sprühenden Blaus, rein wie ein Diamant durch Wasser gesehen; er gab die an Schlaflosigkeit Leidenden dem Leben wieder, und sie traten heraus mit Gesichtern so blank wie Silberteller. Die Straßen rochen nach frisch gesprengten Steinen, feuchtem Dung und dem köstlichen Duft der Kiefern. Dem Himmel entgegengehoben, funkelte die Stadt, als gehöre sie zu den Ersten, die sein Licht empfingen. Madrid, die höchstgelegene Hauptstadt Europas, war um diese frühe Stunde eine kristallene Bühne, und die Klarheit der Luft mag mit zum Entstehen mancher Besessenheiten beigetragen haben, die man ebendort fand — zum Wahrheitsfanatismus der Leute, zu ihrem unverhüllten und unbarmherzigen Mystizismus; zu ihrer Faszination für Vergnügungen und Tod. Freilich waren sie zu hochmütig, wenn sie ihr in vielen Sprichwörtern einen einzigartigen Rang einräumten. »Von den Provinzen nach Madrid — aber von Madrid aus in den Himmel.« Oder: »Wenn ich sterbe, dann lass mich in den Himmel kommen, lieber Gott, aber gib mir auch ein kleines Fenster, damit ich auf Madrid hinunterschauen kann.« Man hielt die Stadt auf ihrer Hochebene für die oberste Stufe einer Leiter, die direkt ins Paradies führte.

Der frühe Morgen im Gasthaus, wenn die Mauern von frisch gegossenen Blumen tropften, war die beste Zeit des

Tages. Ich saß dann gern unter der Tür und blickte auf die Straße hinaus, während das Mädchen Concha mein Frühstück einkaufen ging; wenn sie dann zurückkehrte, hockte sie sich auf die Bank neben mich und begann ihr Haar aufzustecken und in Locken zu legen. Concha war eine stämmige junge Witwe aus Aranjuez, die den größten Teil des Tages herumtrödelte und auf die Rückkehr ihres Freundes aus Asturien wartete, der ihr stets Marmelade und Butter mitbrachte. Mittlerweile ging sie für mich einkaufen, solange sie dabei eine Kleinigkeit für sich behalten durfte.

Sie war Mitte zwanzig und voll erblüht; ich fand sie schön und reif, hielt mich aber für viel zu jung für sie. Ihr schweres goldenes Haar sah aus wie eine Garbe Stroh und wäre noch schöner gewesen, wenn sie es öfter gefärbt hätte. Sie stellte mir die üblichen Fragen: »Warum bist du allein? Hast du keine Frau oder Freundin?« Manchmal goss sie mir etwas Fischöl in die offene Hand und ließ mich ihr Haar damit einreiben. Ich war es zufrieden, den Morgen so träge zu verbringen, während die Karren auf der Straße vorüberratterten, und sie zu spüren, schwer und schweigend an mich gelehnt, die Schreie der Fuhrleute nicht beachtend …

Eines Morgens schließlich, als sich mein Aufenthalt dem Ende näherte, fiel mir auf, wie ihre heißen trägen Augen mich eingehend musterten. Mein Anzug, sagte sie, habe keinen Stil, keine Würde und sei für einen Engländer ungeeignet. Zumindest müsse ich eine neue Hose haben, sagte sie, und sie wolle mir eine von einem feinen Herrn besorgen, den sie kenne. »Heute Abend hast du sie, ich verspreche es. Dann kannst du mit Anstand auf der Straße sein.«

Doch an jenem Tag hatte ich beim Geigen Glück und verbrachte den Rest des Abends in den Lokalen. Die heiße stille

Luft gab dem Wein eine besondere Würze und ließ mich von Straße zu Straße gondeln; es beglückte mich, in dieser offenherzigen Stadt allein zu sein und alle Annehmlichkeiten der Anonymität zu genießen.

Ich begann in der Calle Echegaray — einer ordinären kleinen Gasse, halb Goya, halb Jahrhundertwendeplüsch, voller Cafébordelle mit fleckigen Spiegeln, verkrüppelten Sängern und gelackten Mädchen. Die enge Gasse glich einem Graben und war vollgestopft mit Zigeunern, Wachmännern, Schleppern und Freiern sowie mit jungen Leuten, die verwirrt die Mädchen in den Fenstern anstarrten, aber nicht das Geld hatten, sie zu kaufen. Die Glücklicheren drinnen — die fetten kahlköpfigen Bonvivants und die verwöhnten Señoritos, die das Nadelgeld ihrer Mütter ausgaben — hatten Bier und Garnelen, ein Mädchen an jeder Schulter, einen Schuhputzer zu Füßen, und erkauften sich für wenige Peseten ein fürstliches Leben inmitten des Getöses von alten Weibern und Bettlern.

Am Ende der Straße fand ich ein weniger funkelndes Lokal, eines, das für ruhigeres Trinken im Dämmerlicht gedacht war, dabei aber üppig ausgestattet und durch und durch mit einer viktorianischen Mischung aus Blut und Sex dekoriert. Lackierte Plakate in der Farbe alten geräucherten Lachses hingen an den Wänden und verkündeten »Toros en Valencia, 1911«, oder sie zeigten Schönheiten vom Typ Theda Baras in schwarzen Spitzenmantillen, Rosen an den nackten Busen gepresst, die sinnlich vor einem Hintergrund posierten, auf dem sterbende Toreros und keuchende Stiere auf rotem Sand hingestreckt lagen.

In diesem Lokal wurde der Wein aus einem großen Steinkrug eingeschenkt, und zwar von einem alten Mann, der in der Arena ein Bein verloren hatte. Er trug seine Klagen und

Beschwerden wie eine tropfende Kerze von einer Zecher-gruppe zur anderen.

Jemand erwähnte Belmonte und Domingo Ortega, die beiden rivalisierenden Stars des Tages.

»Die taugen nichts«, knurrte er. »Alle beide Diebe und Blender. Erzählt mir nichts von denen. Es gibt in Spanien keine Männer und keine Stiere mehr. Nur noch hübsche kleine Jungen mit Kätzchen.«

Der Wein war dickflüssig und stark, und ich war ihn noch immer nicht gewöhnt. Das Lokal veränderte allmählich seine Dimensionen. Mir wurde plötzlich bewusst, wie schön mein Fingernagel war, dass Leute mich anredeten und wieder verschwanden.

Ein kleiner Mann neben mir pries mit singender Stimme seine Heimat im Norden Spaniens. Er war klein wie ein Waliser, zeigte eine traurig-fromme Miene und genoss offensichtlich seine Verbannung. Er hasste die Leere Kastiliens, die verbrannte Wüste; er kam aus einem Land der Fülle. »In Asturien«, sagte er, während seine Gefährten kicherten, »gibt es drei verschiedene Arten von Grün. Das dunkle Grün der Nacht, das klare Grün des Wassers und das blasse Hellgrün eines Leichnams …« Ein anderer Mann in meiner Nähe wandte sich mir unvermittelt zu und schob sich mit seinem roten Fleischergesicht zu mir heran. »Ein Hoch auf Spanien und Deutschland!«, sagte er und erhob die Faust. »Nieder mit Amerika! Und lang lebe Napoleon!«

»Napoleon ist tot«, sagte ich formell.

Er warf mir einen listigen Blick zu. »O nein, wir glauben daran, dass er lebt.« Wieder hob er die Faust. »Aber auch nieder mit Frankreich! — entschuldigen Sie, falls Sie Franzose sind …«

Dann war ich in einem anderen Lokal. Hier war es stiller. Die Leute erwarteten in aller Ruhe die Nacht. Vier Männer standen am Schanktisch, sie hatten die Köpfe zusammengesteckt, einander die Hände auf die Schultern gelegt, vertraulich, verstohlen — nicht mehr jung und ganz selbstvergessen sangen sie abwechselnd die Strophen eines Liedes. Jeder Einzelne sang in einem gedämpften, geisterhaften Falsett, während die Übrigen ihre langen kantigen Gesichter in gespanntem Lauschen stillvergnügt verzogen. Wenn eine Gruppe in einer englischen Kneipe so die Köpfe zusammensteckte, wusste man, dass sie schmutzige Witze erzählte, und die Lieder, die diese Männer sangen, waren in gewisser Weise auch zweideutig, aber von tausend namenlosen Dichtern geglättet — stachelige Reime über Leidenschaft, den Verfall der Kräfte, Verführung, Niederlage und Tod.

Ich beendete diese meine letzte Nacht in Madrid mit einem Besuch der Bar Chicote, die damals noch nicht das verruchte Nachtlokal war, das sie später für Touristen werden sollte, sondern eine Stätte anspruchslosen ortsüblichen Genießens. Es wirkte nicht eigentlich wie ein öffentliches Lokal, sondern eher wie eine Privatwohnung mit einer Atmosphäre verbrauchter Erotik, und die Mädchen saßen still im Schatten, verhalten aber glühend, wie Töchter, die darauf warten, von zu Hause wegzulaufen.

Zu den Gästen gehörten ein paar priesterhafte alte Männer und eine Handvoll verlebter Dandys, alle sorgfältig gekleidet und so lässig vor ihren Gläsern hockend, als seien die Möbel um sie herumgebaut worden. Auf einem Schemel in der Ecke pfiff ein Gitarrist mit einem Fuchsgesicht zu seinem Spiel, und daneben gab es auch einen winzigen Sänger, beflissen und hungrig, der immer wieder unvermutet kreischend auflachte; und auch wenn er still war, zog er die Lippen wie beim Singen rings hinter das glänzende Zahnfleisch zurück.

Ich hatte noch ein paar Peseten übrig, suchte mir einen Tisch und hatte bald ein Mädchen neben mir, das mich in gebrochenem Englisch mit ihrem Charme und ihren Lügen flüsternd bedrängte.

Ich sehe noch das kleine Zigeunergesicht vor mir und die keusche weiße, bis oben hin zugeknöpfte Bluse. Sie erzählte mir, sie habe einen vornehmen Freund in Amerika, der ihr jedes Monat hundert Dollar schicke. »Aber ich bin ein schlechtes Mädchen, Lowry, viel zu schlecht.« Sie streichelte meinen Arm mit ihren purpurnen Fingern. »Weil ich so romantisch bin. So poetisch. Ich bin immer nur fürs Herz, weißt du.« Sie hatte mich schnell richtig eingeschätzt. »Ich liebe England, Lowry. Ich liebe Cardiff und Hartlepool. Mit dir würde ich überall hingehen.« Sie bestellte mehr zu trinken, drängte sich dichter an mich, Tatkraft erhellte ihr Gesicht wie Wasser. Sie flüsterte über ihr Glas hinweg: »Mein Freund in Amerika, der hat vier, fünf Kinder. Er schickt mir ihre Fotographien. Er wird nicht wiederkommen. Wie romantisch ich doch bin. Lowry, nimm du mich mit. Ich wäre nicht schlecht zu dir …«

Noch ein Glas, und schon stellte ich mir vor, wie dieses Mädchen barfuß neben mir herging und sich nachts in meine Decke rollte. Doch plötzlich erhob sich ein Tumult an der Tür, dem einer jener theatralischen Auftritte folgte — ein zweitklassiger Torero erschien mit seinem Zigeunerhofstaat. Schreie, Umarmungen, ein emsiger Auftrieb am Schanktisch, ein kreischendes Lied des erwachten Sängers. Und ich war wieder allein und sah das leere Glas des Mädchens schräg über den Tisch rollen.

Torkelnd ging ich durch die Straßen nach Hause und machte mir meine einfältigen spöttischen Gedanken. Es war lange nach Mitternacht, fast schon Morgendämmerung, und Madrid wirkte ausnahmsweise einmal verlassen. Der Gasthof war geschlossen, aber ich konnte die Tür mit der Schulter aufdrücken, und Katzen huschten wie Eidechsen über den Hof.

Als ich die Treppe hinaufstolperte, berührte in der Dunkelheit eine Hand die meine und zog mich in ein mondhelles unordentliches Zimmer. »Ich habe deine Sachen«, sagte Concha. Sie stand dicht bei mir, umfasste meine Schultern, und ich roch ihren heißen Körper. »Mann«, flüsterte sie. Ich stand schwankend, erfüllt von einer nebelhaften, gedankenleeren Stille. Irgendwo im Zimmer rief ein Kind »Mama!«, und die Frau ließ von mir ab, um ihm einen Löffel Marmelade zu geben. Dann zog sie mir die Schuhe aus und brachte mich ins Bett. Ehe sie zu mir kam, bekreuzigte sie sich.

TOLEDO

Zwei Tage später erreichte ich etwa sechzig Kilometer weiter südlich Toledo, und hier erwischte mich die kastilische Sonne schließlich doch noch und schlug mich mit einem vierund-zwanzigstündigen Fieber.

Ich hatte unmittelbar hinter dem Stadttor ein leuchtend weißes Gasthaus gefunden, so strahlend, dass es wie aus Salz gemeißelt schien, aber die brutale Wirkung, die es auf meine Augen ausübte, verriet mir gleich, dass etwas nicht stimmte.

Ich weiß noch, wie ich in die Stadt hinaufstieg, von regen-bogenfarbenen Halluzinationen heimgesucht in die schma-len Schatten flüchtete, dann in einen Weinladen stolperte, um ein Glas Wasser bat und bewusstlos zu Boden ging. Als ich erwachte, trugen mich zwei Männer zurück ins Gasthaus und legten mich neben einem Wassertrog nieder. Von eisiger Hit-ze gequält, presste ich mein Gesicht an den Stein, dankbar für den Geruch des feuchten Mooses, und nahm verschwommen wahr, wie Frauenstimmen meine traurige Verfassung erörter-ten.

Sie saßen in einem Kreis um mich herum, eine Gruppe magerer alter Frauen, Pyramiden in Schwarz vor den leuch-tenden Mauern, die sich sorglich von mir fernhielten, mich jedoch mit Anteilnahme beobachteten, in die sich Entrüstung mischte. »Ay! Sein Kopf ... Er läuft ohne Hut herum ... Der Narr ... Der arme junge Mann ...« Währenddessen lag ich einsam da, schwitzte und schlief, und nicht einmal die Hunde kamen näher an mich heran.

Mitten in der Nacht lag ich noch immer da draußen, noch immer dort, wo die Männer mich abgelegt hatten. Ich fühlte den Stein des Wassertrogs an meiner Wange, und über mir stand ein kalter weißer Mond. Alle anderen schliefen, und der Hof war leer, aber irgendjemand hatte mich mit einem Sack zugedeckt.

Am nächsten Tag mittags verschwand das Fieber schlagartig und ließ mich gereinigt und mit rasendem Hunger zurück. Die Frauen waren zurück auf ihren Stühlen, mit gespreizten Knien und gefalteten Händen. Als sie sahen, dass ich mich aufsetzte, brachte mir eine von ihnen etwas zu essen und sagte mir, ich solle in Zukunft nicht mehr so dumm sein. Die anderen nickten im Chor, deuteten mit dem Finger auf die Sonne und zuckten mit einer Gebärde der Furcht zurück. »Schlecht, schlecht!«, riefen sie und zogen ihre Schals über die Gesichter, bis nur noch die Augen und Knöchel zu sehen waren.

Noch am selben Abend war ich wieder an der Arbeit und spielte in den Freiluftcafés an der Plaza de Zocodover, einem abschüssigen Viereck mit Kopfsteinpflaster, das der Mittelpunkt der Stadt war. Kein Verkehr, keine Radios — nur die vielen Leute, die bei Sonnenuntergang still dasaßen und einander betrachteten, während die Kellner meist untätig herumstanden oder mit langsamen zärtlichen Bewegungen nach Fliegen schlugen.

Ich war noch nicht lange dort, als eine ungewöhnliche Gesellschaft ankam und einem Tisch in meiner Nähe zustrebte — eine merkwürdige Gruppe, die in der drückenden Abenddämmerung sofort auffiel. Sie waren zu viert: eine Frau in strahlendem Weiß, ein hochgewachsener Mann mit einem breiten schwarzen Hut, ein munteres junges Mädchen mit einer Rose im Haar; gefolgt von einem hübschen, in Spitzen gekleideten Kind.

Offensichtlich waren sie keine Spanier, sahen aber irgendwie spanisch aus. Ich dachte, es könnten vielleicht Portugiesen sein. Der Mann nahm in vornehm lässiger Haltung Platz, während seine Begleiterinnen sich anmutig um ihn gruppierten, ihre Schals über die Stühle breiteten und den dunklen Platz ringsum anstrahlten, als säßen sie in einer Opernloge. Ich hatte mein letztes Lied zu Ende gespielt und sammelte das Geld ein, wobei ich auch an ihren Tisch kam. Die Frau fragte mich auf Französisch, ob ich Deutscher sei, und ich erwiderte auf Spanisch, ich sei Engländer. »Ah.« Sie lächelte. »Ich auch.« Und sie lud mich ein, mich zu ihnen zu setzen.

Der Mann rührte sich und hustete. Er hatte ein langes sonnenverbranntes Gesicht und die Augen eines erschöpften Adlers. Er bot mir eine starke, aber zitternde Hand. »Roy Campbell«, sagte er. »Südafrikanischer Dichter. Eh — in Ihrer Heimat ziemlich bekannt.«

Seine Stimme war von melodischer Heiserkeit, aber sie kam zerhackt und stoßweise, als würde sie über fehlerhafte Leitungen übermittelt. In einer Abfolge herausgestotterter Sätze ließ er mich sehr schnell wissen, dass er England hasste, dass sein Freundeskreis durchaus aus Engländern bestehe, dass die englische Literatur ein unbeerdigter Leichnam sei, dass er sich in Spanien aufhalte, weil es in England keine echten Männer mehr gebe, und ob ich pleite sei und er mir irgendwie aushelfen könne?

Der Rede war kurz und einen Augenblick später vorüber, wie ein rasches Vorüberschlurfen von Totenmasken. Dann stellte er mit würdevoller Freundlichkeit seine Begleiterinnen vor, indem er sich vor jeder verbeugte: Mary, seine Frau; seine kleine Tochter Anna und die katalanische Freundin Amelia.

Es war der Namenstag des Dichters; die Gesellschaft hatte sich ihm zu Ehren fein gemacht und stieß mit perlendem Champagner auf seine Gesundheit an. Campbell selbst trank Wein in langen Zügen und schlug mir vor, es ihm gleichzutun. Ich war von dieser Begegnung, die mir so unerwartet beschert wurde, mehr als angetan und freute mich, es rechtzeitig zu Fuß in die fremde Stadt und an den Tisch des Dichters geschafft zu haben. Alles war, wie es sein sollte — der Künstler im Exil, großmütig und trotzig gestimmt; mit geröteten Augen, die wie zerbrochenes Glas funkelten, wenn die Sätze ans Tageslicht stolperten. Noch immer angespannt und leicht verwirrt vom eben erst überstandenen Fieber, spürte ich die Herrlichkeit des gesprochenen Wortes rings um mich und nahm das Format des Mannes ohne Überraschung hin; ich stellte mir vor, so wie er wären die Dichter alle.

Dann wollte Mary Campbell wissen, wie lange ich mich schon in Toledo aufhielte und ob ich ganz allein sei? »Mögen Sie Risotto?«, fragte sie und meinte, sie wisse genau, dass mehr als genug da sei, falls ich Lust hätte, mit ihnen zum Essen nach Hause zu kommen.

Die Campbells hatten ein Haus an der Mauer der Kathedrale gemietet — in der Cardinal Cisneros —, einen Bau mit der typischen kahlen Fassade und einem eleganten Patio, das von einer Galerie kleiner Zimmer umgeben war.

Das Abendbrot wurde im Patio unter freiem Himmel serviert, mit mehreren Flaschen einheimischen Weins, und ich saß nun plötzlich zum ersten Mal seit fast zwei Monaten an einem schön gedeckten Tisch. Die Mädchen waren aufgeregt und wollten den Festtag nach besten Kräften feiern; sie verkleideten sich als Zigeunerinnen, um uns zu unterhalten, und tanzten bei flackerndem Kerzenlicht zwischen den alten Steinpfeilern umher. Klein-Anna, die etwa fünf Jahre alt war, hatte blaue Augen und dichtes schwarzes Haar; sie tanzte wie ein Glühwürmchen und schwebte mit frühreifer schillernder Grazie über die Steinfliesen.

Später kleideten sie sich noch einmal um und gaben, unterstützt von dem als Hexe verkleideten Hausmädchen, ein schrilles spanisches Spiel zum Besten. Das im Dialekt vorgetragene Stück war lang und handelte von der Eifersucht und ihren Folgen — Roy und ich schliefen dabei ein.

Als die Mädchen zu Bett gegangen waren, erwachten wir wieder und unterhielten uns bis zum frühen Morgen. Roy trug ein paar Gedichte vor mit seiner heiseren, zitternden Stimme, monoton und doch seltsam bewegend, und mir hätte um diese Stunde, an diesem Ort und in dieser Zeit meines Lebens nichts Besseres geschehen können. Ich war jung, voll mit Wein und verliebt in die Poesie, und hier hörte ich sie nun aus dem Munde eines Dichters. Sie kam unter Qualen zutage, voller Wunden und doch lebendig, und jede Zeile schien seinen Körper zu erschüttern. Er las einige seiner kürzeren Gedichte: »Pferde in der Camargue«, »Die Schwester«, »Die Wahl eines Mastbaums«, und die Worte hatten feurige Nüstern, sie wieherten und donnerten und stiegen wie Dampf in die Luft auf.

Halb im Schlaf spürte ich, wie mir die Augen zufielen,

erfüllt von üppigen Bildern: Schwestern feuerten ihre Pferde an, nackt in der Dunkelheit, und ritten sie mit seidigen Schenkeln; die Knospe einer Zulubrust füllte den Mund eines Kindes; Stuten wälzten sich unter den Hufen von Hengsten … Was hatte ich bisher gelesen? — ganze Wagenladungen klassischen Gefasels; dies hier, das fühlte ich jetzt, war das Richtige für mich.

Dann hörte er auf zu lesen und begann zu plaudern und zu tratschen, sich auf seinem Stuhl hin und her wiegend. Er sprach von seinen Freunden und Feinden und hängte den meisten von ihnen Skandale an, prahlte mit Streitereien, Fehden und Schlägereien. In einer Szene ging es um einen Südafrikaner von einem Meter achtzig, der sich verachtungsvoll unter Pygmäen bewegte. Berühmte Namen wurden genannt, um sofort darauf in der Luft zerrissen zu werden, was mich damals einigermaßen verwirrte — Eliot, A. E. Coppard, Wyndham Lewis, Marie Corelli, Jacob Epstein, T. E. Lawrence, die Sitwells. »Osbert Sitwell? — den habe ich in der, äh, Charlotte Street niedergeschlagen. Ihn und sein Krönchen … Coppard mochte ich nicht — hab ihm einen Arschtritt verpasst. Mary kann es Ihnen bestätigen. Ich sag doch die Wahrheit, oder?«

Kühl und weiß in ihrem Kleid saß Mary da, hörte zu und sagte gar nichts. Er gab zu, dass T. E. Lawrence die Kritiker auf seine ersten Bücher hingewiesen und ihm somit zu seinem Namen als Dichter verholfen hatte. Er war einer der wenigen unter seinen Freunden, für die er in jener Nacht ein gutes Wort fand — abgesehen von Augustus John.

Die Campbells waren, wie mir Roy erzählte, John zum ersten Mal begegnet, als sie, noch unverheiratet, in Südfrankreich lebten, in Martigues — einem Dorf an einer Lagune

nahe der Rhonemündung, das reich war an schlechtem Wasser und trunksüchtigen Fischern. John hatte sich der Liebenden angenommen — was man sich gut vorstellen konnte,
denn sie mussten ein ungewöhnlich schönes Paar abgegeben
haben — und ihnen dann schließlich auch dabei geholfen, die
Hochzeit vorzubereiten, die in der Camargue stattfand. Es
war ein wildes Fest geworden im Stil des frühen John, mit
Wohnwagen, Lagerfeuern, feierlichen Blutsbrüderschaften,
einem schweren Trinkgelage und Kraftproben; und es hatte
seinen Gipfel erreicht, als das Paar zwei Rösser bestieg und
über die mitternächtliche Ebene davongaloppierte. (Das war
eine typische Roy-Erfindung; in Wirklichkeit hatte er Mary in
London kennengelernt und bald darauf geheiratet; ihre Flitterwochen hatten sie bei den Johns in Dorset verlebt. Es hatte auch ein lautes »wildes« Fest gegeben — in einem Pub bei
Parkstone —, aber später waren sie tatsächlich nach Martigues gezogen.)

Freilich hätten der Dichter und sein schwarzhaariges
Mädchen John überall auffallen müssen, da sie seinen eigenen Schöpfungen so sehr glichen — Mary, die keltische
Schönheit mit den violetten Augen, und Roy, der tiefbraune
starkbärtige Riese, ein kraftvoller Yeats. Das alles lag nur
wenige Jahre zurück, aber der zitternde Roy wurde, während
er erzählte, wieder zum Helden von Martigues, der mit seiner
Stärke alle die kleinen blauen Fischer überragte, ihr angeberischer Champion an den Waffen, der sie alle niedersegelte,
niederruderte und niedertrank — und dann unerschöpfliche
Liebesnächte feierte.

»Wir sind dabei nie müde geworden, nicht wahr, mein
Mädchen? Wir müssen die Hälfte aller Betten in der Stadt
zerbrochen haben.«

»Roy, bitte«, murmelte seine Frau und berührte ihre Lavendellippen. »Ich bin sicher, er will das alles gar nicht hören.«

Sie baten mich, die Nacht über zu bleiben, und ich schlief in einem kleinen Zimmer am Patio auf einer Matratze, die auf Büchern lag; umgeben von weiteren Büchern und Stößen unvollendeter Gedichte. Ich erinnere mich, auf eines einen Blick geworfen zu haben, eine einzige Zeile im Kerzenlicht — etwas von Sturmhornissen, die im Wind schnarren ...

Am nächsten Morgen rührte sich niemand außer dem singenden Hausmädchen, das mir das Frühstück brachte und mein Hemd zum Waschen mitnahm. Ich stand auf und streifte in dem verlassenen Patio umher, wo ich ein Zettelchen fand mit dem Vorschlag, dazubleiben, sofern ich dazu Lust hätte; ich ging also ins Gasthaus zurück, holte mein Gepäck von den alten Damen und kehrte dankbar in das Zimmer mit den Büchern zurück.

Roy tauchte, noch vom Schlaf zerzaust, zum Mittagessen wieder auf und führte während des Essens seine abgehackten Reden weiter; er erging sich in nervösen Exkursen, bis er sich allmählich wieder auf seine Heldentaten besann. Er war auf Walfischfang gefahren, hatte den Hellespont durchschwommen, Pferde in der Camargue gebändigt, mit Stieren gekämpft und Haie mit bloßen Händen gefangen. Er hatte zwei Hemisphären durcheinandergebracht, und auch den Gürtel dazwischen, und hatte der Dichtung Blut und Muskeln zurückgegeben. Seine Stimme, die klang, als käme sie durch ein Muschelhorn, dröhnte fort, als spräche da ein alter Seemann; es schien ihm dabei aber nicht unbedingt darum zu gehen, mir diese Märchen glaubhaft zu machen, als mich vielmehr zu überzeugen, dass dies das rechte Männerleben sei.

Es lag etwas merkwürdig Harmloses in seiner Prahlerei; sie war warmherzig, ja kindlich, atemlos, vertraulich, als wünschte er, dass man sein Geheimnis mit ihm teile — dass nämlich jeder Mensch auf der Welt solche Taten hätte vollbringen können, wäre ihm nur das Glück so hold gewesen wie ihm selber.

Als nach dem Essen die Weinflut verebbt war, stolperte Roy vom Tisch, um noch einmal zu schlafen. Mary und ich blieben aber den ganzen heißen Nachmittag sitzen — sie hielt mir einen Vortrag über Religion. Erst jetzt bemerkte ich die mit Jasminsträußen geschmückten Kruzifixe im Haus, und machte mir Gedanken, wie die Campbells hier in dieser Straße lebten, eng an die Mauern der Kathedrale geschmiegt, eingehüllt in einen Mantel aus Glockenläuten und Weihrauch. Ich war natürlich ein Ketzer und Dickschädel, voller Übermut, weil ich an nichts glaubte. Mit sanfter Stimme und glänzenden Augen tadelte mich Mary Campbell in milder Gelassenheit. Und ich erlebte hier zum ersten Mal die geballte Wollust einer jungen, schönen Konvertitin, die sich an diese einzige Leidenschaft klammerte, in der alles Verlangen seine Befriedigung findet und jeder Zweifel beseitigt wird. Hier war die romantische Liebe auf Eis gelegt, von einer stetigen geistlichen Flamme versiegelt und mit einem Vokabular der Qual, der Verleugnung des Fleisches und der Verzückung ausgestattet, das eine Ewigkeit an sinnlicher Belohnung versprach.

Vielleicht war es auch die erste und gefährlichste Gelegenheit, bei der ich — während ich mit der Frau des Dichters jenen stillen Nachmittag verbrachte und sah, wie sie im luftlosen Schatten ihre Perlen durch die Finger gleiten ließ — die Anziehungskraft dieses verführerischen Glaubens spürte.

Aber ich brachte Gegenargumente vor — in jenem Alter verlangte es mich nach Taten, nicht nach der andächtigen Pause vor einer hinausgeschobenen Erfüllung; ich brauchte die Erregung des Zweifels, die Genugtuung, sterblich zu sein; die Freiheit, hier und jetzt auf Erden lieben zu dürfen. Die wunderschöne Mary jedoch wollte davon nichts wissen; sie saß still lächelnd zwischen ihren Ikonen, beherrscht und durch nichts zu erschüttern. »Verstehen Sie denn nicht?«, sagte sie immer wieder (andernfalls war man ja verdammt). »Sie können sich den unendlichen Frieden ja gar nicht vorstellen …«

Ich blieb etwa eine Woche bei den Campbells und wurde mit einer selbstverständlichen Güte behandelt, die mich überraschte und bezauberte. Sie wussten nicht, wo ich herkam, aber niemand belästigte mich mit Fragen; man nahm mich einfach hin und ich fügte mich in das Leben im Hause ein.

Untertags blieb Roy fast immer liegen und schlief, um dann bei Einbruch der Dunkelheit wie ein zerzauster Seevogel aufzutauchen — an einen Pfeiler gelehnt, die Arme weit ausgebreitet, als trockne er seine salzigfeuchten Schwingen. Man sah, wie er tief atmend zur Besinnung kam, und danach war er zu allem bereit.

Mary und die kleine Anna lebten ihr eigenes friedliches Leben und widmeten sich in aller Ruhe ihren geistlichen Verpflichtungen; man konnte sie des Morgens zur Messe gehen sehen, verschleiert und unscheinbar wie Schatten, den Einheimischen äußerlich so ähnlich, dass ich sie oft unüberlegt auf Spanisch ansprach, wenn ich ihnen auf der Straße begegnete. Nach Erledigung ihrer Andachtsübungen kehrten sie verwandelt, leichtfüßig und von Klatschgeschichten übersprudelnd zurück, das frühere Schweigen war jetzt wie weggewischt, und ihre Augen funkelten, als kämen sie von einer Party.

Eines Abends spielte ich, um nicht aus der Übung zu kommen, eine Stunde lang auf den Straßen und verdiente über sieben Peseten — in Kupfermünzen. Ich nahm sie mit heim und schüttete sie zum Entzücken der erstaunten Mädchen auf dem Tisch aus. Wir kauften ein paar Liter Wein und gingen hinauf aufs Dach, wo es eine Terrasse mit Blick auf die Stadt gab. Es war noch hell, und die kleinen buckligen Häuser, abgeblättert und geflickt, drängten sich mit ihren roten Ziegeldächern wie Krabben um uns.

Wir aßen zu Abend und tranken, und als es zu dunkeln begann, hustete Roy und fing an zu singen; er krächzte die sentimentalen Klagelieder und Balladen, die fest im Herzen des aus der Heimat Verbannten drin waren. Wie gewöhnlich war seine raue Seemannsstimme heiser, aber auch gefühlvoll, mehr noch, er sang mit der Hingabe des Dichters, der den abgegriffenen, vertrauten Worten neuen Sinn gibt. »Scots Wa Hae« und »The Bonnie Earl for Murray« klangen so, als wären sie eben erst geschrieben worden, als wäre das Blut der Gefallenen noch nicht getrocknet. Für mich waren es bis dahin Lieder aus der Schule gewesen; jetzt hörte ich sie frisch und bitter, während Roy mit gekrümmten Schultern dasaß, und oft den Tränen nahe war.

Plötzlich setzte irgendwo unten im Haus auch das Hausmädchen ein, das seinen Gesang gehört hatte — nicht frech dazwischenfahrend, sondern wie ein Nachtvogel, der dem heiseren Ruf eines anderen antwortet. Traurige kastilische Lieder klangen herb und geisterhaft aus dem Brunnenschacht der Treppe herauf. Jedes neue Lied Roys rief ein anderes des Mädchens hervor; wie Luftblasen des Leids stiegen sie in der Dunkelheit auf, ohne mit seinem Gesang zusammenzuprallen, vielmehr wie Arabesken, ein mitfühlendes Echo.

Später wurde die Nacht kalt, wir verkrochen uns unter Pelze und Decken und plauderten bis fast zum Morgengrauen. Sommerliche Blitze und Sternschnuppen erleuchteten den Himmel von Toledo in kleinen lautlosen Explosionen, sie flackerten über die Kathedrale und über das Gesicht des Dichters und das seiner Frau hinweg wie phosphoreszierende Wellen.

Roy trank, wie er sagte, täglich viereinhalb Liter Wein — eine dünne scharfe Flüssigkeit von hummerrosa Farbe, eine seiner Tröstungen für das Leben in Toledo. Ein weiterer Trost waren ihm die Gemälde El Grecos, die in der ganzen Stadt verstreut hingen. »Noch nichts von ihm gesehen? Das müssen Sie unbedingt. Wecken Sie mich morgen, ich werde sie Ihnen zeigen.«

Wir begannen mit dem Museo de San Vicente, um die »Verkündigung« zu sehen. Campbell stand schweigend davor, entblößten Hauptes, leicht gebeugt, mit Augen, die unter den sonnengebleichten Wimpern zwinkerten; und ich sah die Leinwand zuerst wie durch ihn hindurch, durch seine Körperhaltung und sein Schweigen. Dann erklärte er mir in murmelnder Ehrfurcht und ohne Fachausdrücke, was das Gemälde ihm bedeute. »Ein verdammtes Wunder, diese Hand. Und sehen Sie sich dieses Licht im Himmel an. Reines Toledo — nur war der Kerl der Erste, der's gesehen hat.«

Dann gingen wir weiter in die Stadt hinauf zu El Grecos Haus, das in seinem abschüssigen Garten noch gut erhalten ist; ein schönes, zottiges, kleines Landhaus, voll toter Blumen und idiotischer Führer. Drinnen hingen die Gemälde; Farben, wie ich sie nie zuvor gesehen hatte; weinendes Purpurrot, kalkiges Grün, bitteres Gelb; die langen Schädel der Heiligen und ihre tief hängenden Augenlider; die Augen, verschleiert von ekstatischer Versagung; Glieder und Gesichter in die Höhe gezogen wie aufstrebende Türme; Kleider, die flatterten wie züngelnde Flammen — verglichen mit der kräftigen Fleischmalerei, die ich in Madrid gesehen hatte, wirkten diese Gestalten wie auf fiebernde Skelette reduziert.

El Greco erschöpfte uns beide. Es war glühender Mittag, also verbrachten wir den Rest des Tages in den Bars. Roy hatte den Morgen in zitternder Melancholie begonnen, mit unsicherem Schritt, vor Schwäche taumelnd. Während wir tranken, wurde er stärker, größer und glücklich, zu Umarmungen und Gesang geneigt und überquellend von vertraulichen Bemerkungen. »Wunderbares Mädchen, diese Mary. Sie behält ihre Gedanken für sich. Sie hat mehr Heiligkeit im kleinen Finger als diese ganze gottverdammte Stadt.«

Aber es war klar, dass man ihn in Toldeo kannte und liebte — zumindest die Männer in den Bars. Ledrige Hände erhoben sich, um sich auf seine Schultern zu legen, Prozessionen von Zwergen brachten ihm Becher mit Wein. Köpfe reckten sich, schräg geneigt, um dem zu lauschen, was er verkündete. Dazwischen stellte er mich jedermann vor. »Ein Champion, der Junge hier. Ist den ganzen Weg von Vigo zu Fuß gegangen. Er läuft tausend Meilen die Woche. Das ist wahr, bei Gott …« Zwerge brachten auch mir Wein. Roy sagte immer wieder: »Das Komische ist bloß — er ist Engländer …«

Während des langen Nachmittags wurde Roy zwischen langen Wellen der Euphorie auch immer wieder von kurzen Augenblicken der Panik heimgesucht. Er sagte dann plötzlich, es sei Mitternacht, er müsse zur Messe, und suchte dabei in seinen Taschen nach Schlips und Kragen. Die Hirten führten ihn hinaus auf die Straße und zeigten ihm, wo die Sonne stand — er blinzelte hinauf, sagte: »Du meine Güte«, und kehrte erleichtert zum Wein zurück.

Am Abend tranken wir Branntwein. Ich weiß nicht, wo wir waren, aber wir saßen auf Fässern in einer Art Höhle. Der Schnaps war weich und warm, direkt vom Fass, und er schmeckte nach Muskatellertrauben. Roy erzählte von seinem Werdegang und wunderte sich selbst darüber. Von seiner Dichtkunst sprach er mit Bescheidenheit. Edith Sitwell hatte an eine Zeitung geschrieben, er eigne sich gut zum Poeta Laureatus; das hatte ihm gefallen und außerdem die Verkaufszahlen angehoben. Er erzählte mir, wie viel Geld ihm verschiedene Verleger schon für Bücher gezahlt hatten, die er niemals schreiben würde. Auch das gefiel ihm sehr. Und dasselbe galt von der Autobiographie, »Gebrochener Rekord«, die er kürzlich veröffentlicht hatte und von der er sagte, sie sei weitgehend fauler Zauber, um seine Feinde aufs Glatteis zu führen.

An jenem Abend mixte er seine Gefühle ebenso wie die Drinks, er schwankte zwischen Liebe und Hass — er sang und fluchte; bot mir an, mir Geld zu leihen, schüttelte sich vor Freude über einen Erfolg in seiner Jugend, pries Gott, die Jungfrau Maria und seine Frau Mary und warf mit satirischen Couplets um sich. Er liebte Afrikaans und schilderte dessen urwüchsige Kraft. Er hasste Amelia, weil sie sich wie eine Hure anzog, wenn sie zur Messe ging. Er hasste den Sozialismus, Hundefreunde und englische Professoren. Er liebte den Kampf, Heldentum und Schmerz.

Doch bei all seinen anmaßenden Worten, seinen Ruhmreden und der Prahlerei erwies er sich mir als seltsam feinfühliger Gefährte. »Hör mal, ich muss dir ein Paar Schuhe verschaffen. Das macht dir doch nichts aus, wie? Und ich habe einen Rasierapparat, den kannst du haben …« Gegenüber den Menschen, die er mochte, war er freundlich, bescheiden und oft fast unbeholfen und verlegen; und die Einheimischen, mit denen wir an jenem Abend tranken, behandelten ihn nicht als einen Fremden, mit dem man seinen Spaß hatte und den man ausnahm, sondern als Dichter und einen der ihren.

Meinen letzten Vormittag bei den Campbells verbrachte ich damit, mir die Schnapsfahne aus dem Kopf zu schütteln und noch ein letztes Mal die Köstlichkeiten des Hauses zu genießen. Das Mädchen putzte und sang. Mary trug Rosen in die Kirche. Die kleine Anna lief umher und goss die Blumen. Roy schlief, während Amela nähte und zornige Blicke auf seine Tür warf.

Mittags gab es eine Mahlzeit aus gefülltem Kürbis und Salat, dazu mehrere Flaschen Malaga. Ich hatte gepackt und war bereit. »Geh nicht in der Hitze«, sagten sie. Anna meinte: »Du sollst überhaupt nicht gehen.«

Ich vertrödelte also den Nachmittag mit einer weiteren metaphysischen Übung mit Mary, die bei Tee und Zuckergebäck endete. Geblümtes Porzellan und silberne Teelöffel — ein Hauch von England lag in der schweren spanischen Luft.

Roy erwachte rechtzeitig, dass er mich an die Brücke hinunterbringen konnte, über der ich die Schlucht des Tajo überqueren musste. Hier sagten wir uns Lebewohl. »Schreib uns, wenn dir das Geld ausgeht«, und blickte wie ein verwirrter und ängstlicher Vater auf mich herab. »Komm wieder, wenn du willst. Äh, vielleicht sind wir dann in Mexiko, aber wir werden uns immer freuen, dich zu sehen …« Er hustete und gab mir die Hand.

Als ich über die Brücke ging, blickte ich mich um und sah ihn noch immer auf der Straße stehen, mit gespreizten Beinen, hochgezogenen Schultern und hängendem Kopf. Er nahm seinen breitrandigen Hut ab und hielt ihn einen Augenblick in die Höhe, drehte sich dann um und stolperte zurück in die Stadt.

ANS MEER

Es war jetzt Ende September, und ich hatte das Meer erreicht, nachdem ich fast drei Monate gebraucht hatte, durch Spanien nach Süden zu wandern. Cádiz war, aus der Ferne betrachet, eine Stadt hellen Glühens, weißes Gekritzel auf einer Platte aus blauem Glas, es lag wie ein Krummsäbel an der Bucht und funkelte in afrikanischem Licht.

In Wirklichkeit war es eine abgesperrte Stadt, eine Art levantinisches Ghetto, das fast ganz vom Meer umgeben war — ein Haufen klotziger, kubistischer Hütten, von mittelalterlichen Wällen umgeben und nur durch einen schmutzigen Sandstreifen mit dem Festland verbunden.

Ich wohnte in einem üblen alten Gasthof, dessen Korridore mit Matrosen, Bettlern und Zuhältern vollgestopft waren, und man konnte den ganzen Tag über kaum etwas anderes tun, als im Staub herumsitzen, während die sengenden Winde vom Atlantik hereinbliesen.

Die Polizei sagte, es sei verboten, auf den Straßen für Geld Musik zu machen, also spielte ich manchmal umsonst. Oder ich machte die Runde durch die Cafés mit einem blinden Geschwisterpaar, das mein Geigenspiel mit zwei Ziegenfelltrommeln begleitete. Wenn wir Glück hatten, belohnte man uns mit ein paar Happen zu essen, andernfalls spielten wir zu unserem eigenen Vergnügen oder saßen einfach herum und unterhielten uns, tranken aus verbeulten Blechbechern und aßen Garnelen aus Papiertüten.

Mir kam vor, dass ich in Cádiz nur Blinden und Krüppeln, Kranken, Tauben und Stummen begegnete, deren Lage so hoffnungslos war, dass sie sich schon gar nicht mehr darüber beklagten, sondern alles wie einen perversen Scherz behandelten. Sie erzählten mir kichernd Geschichten von anderen, die noch elender daran waren als sie selber — von den Obdachlosen, die in den arabischen Abwässerkanälen hausten, sich nachts zwischen Ratten und Exkrementen niederlegten und zweimal im Jahr von der Flut ins Meer hinausgespült wurden. Sie erzählten mir von Familien, die in den Tavernen Fischreste von den Fußböden schabten und zu Haus Suppe daraus kochten; und von anderen, die davon lebten, dass sie Katzen und Hunde fingen und sie über Feuern aus Schwemmholz brieten. Sie führten mich eines Abends sogar zu einem Mietshaus an der Kathedrale und zeigten mir dort einen heulenden Mann auf dem Dach, der vorgab, ein Geist zu sein, um den Hausbesitzer in Angst und Schrecken zu versetzen und so zu bewirken, dass er die Mieten herabsetzte.

Ich war bisher von romantischen Vorstellungen vernebelt durch Spanien gereist, doch als ich in den Süden kam, wurde der Geschmack des Landes immer bitterer. Cádiz war damals nichts anderes als ein verrottendes Wrack am Rande eines von Krankheiten heimgesuchten tropischen Meeres; mit verzweifelten, halb wahnsinnigen Bewohnern; nur durch ihren Sarkasmus getröstet, mehr Gefangene als Bürger.

Seit ich die Campbells in Toledo verlassen hatte, war ich fast einen Monat auf der Landstraße gewesen; einen Monat

Septemberwetter zur Weinlesezeit; in bequemen Etappen war ich durch herbstliche Gegenden gekommen, die in feuchte Obstschalen gehüllt schienen. Ich war froh gewesen, wieder für mich allein marschieren zu können, unbekümmert von Dorf zu Stadt zu ziehen, unter Hecken zu schlafen, in Oasen aus Binsen und im hohen Schilf, wo es nach Wasser roch. Südlich von Toledo war das Land noch grün — die Bäume hoben sich von der ziegelroten Erde ab; Bäume von so vollem Grün, dass es noch den Schatten zu färben und den Staub ringsum in Gras zu verwandeln vermochte.

Es gab purpurne Abende, saftig wie Trauben, an denen der schmale Mond eine Wolke wie ein Messer durchschnitt, und Morgendämmerungen mit plötzlichem Donner, wo ich im Dunkeln erwachte, weil Regengüsse aus blitzhellen Rissen hervorstürzten, um dann in ein Dorf weiterzuwandern, wo ich einsam und frierend dasaß und darauf wartete, dass es erwachte und mir Brot verkaufte, und dabei zusah, wie das graue Licht sich hob, ein Mann den Stall öffnete und die ersten Mädchen zum Wasserholen auf den Dorfplatz kamen.

Draußen auf dem flachen Land wurde es früh dunkel, und dann konnte man nichts anderes tun als schlafen. Wenn die Sonne unterging, warf ich mich in ein Feld und rollte mich wie ein Vogel zusammen, um dann frühmorgens, von Tau durchweicht, aufzuwachen, noch ehe der erste Bauer oder die Sonne herausgekommen waren, und mich auf der Straße wieder aufzuwärmen, während es nach feuchtem Gras duftete und der gekrümmte Morgenmond noch schien.

Im Tal des Guadiana sah ich Herden schwarzer Stiere, die auf orangefarbenen Staubflächen grasten, und quadratische weiße Bauernhäuser wie Wüstenforts, beschützt von Rudeln wütender Hunde. Hier irgendwo in einer Scheune, unter einem von Schwalbennestern verkrusteten Dach, kochte mir eine Mutter mit ihrer Tochter ein Abendessen aus Eiern, während ein Pferd mir beim Essen zusah, Hühner auf dem Tisch umherstolzierten und ein alter Mann im Heu im Sterben lag.

Als ich dann in die Nähe von Valdepeñas kam, bot mir ein Fuhrmann an, mich mitzunehmen; kein Fremder solle zu Fuß gehen, wenn *er* fahre, rief er, und als ich ihm eine Zigarette schenkte, bot er mir dafür stolz eine kleine Gurke. Auf unserem Weg zur Stadt hielten wir bei einem Dorffest an und schauten den Vorführungen eines Freiluftzirkus zu, der aus einem Affen, einem Kamel, einem Araber, einer Schlange und zwei bunt geschminkten kleinen Jungen mit Trompeten bestand.

Valdepeñas war eine Überraschung; eine anmutige kleine Stadt, umgeben von fruchtbaren Weingärten und teuren Villen — eine Enklave des Glücks, die mühelos einige der mildesten Weine Spaniens hervorbrachte. Die Stadt hatte eine Aura privilegierten Wohlstands, wie eine Ölquelle in einer Wüste der Not; die alten Männer und die Kinder hatten mehr Fleisch auf den Knochen, und selbst die Hunde schienen vor Fett zu glänzen.

Es war auch eine freundliche Stadt, wo die Leute meine Geige willkommen hießen und mich zum Spielen ermunterten, als wäre ich auf eine Hochzeit gekommen; sie schlugen die Läden zurück, beugten sich über die Balkone und belohnten mich mit Essen und Geld. Ich erinnere mich, des Abends vor Häusern in Blau und Weiß gespielt zu haben, während Frauen mit Wein zu mir kamen und die wohlgenährten Ladenbesitzer davon abließen, ihre Kinder zu küssen, um mir Schinkenhappen und Oliven zu bringen.

Eines Abends dann, als ich auf dem Marktplatz mein Nachtmahl aß, luden mich drei junge Männer in ein Bordell ein. Sie redeten mich mit »Maestro« an und stellten sich selber förmlich vor: Antonio, Amistad und Julio. Es werde ihnen eine große Ehre sein, sagten sie, und führten mich durch die Stadt davon, mit den Armen schwingend und flott umhertänzelnd.

Irgendwo draußen am Stadtrand kamen wir an ein altes dunkles Haus ohne Fenster und mit einer massiven Tür. Die Burschen stießen leise mit ihren spitzen Schuhen daran und ließen gedämpfte Tierschreie hören. Ihre Zähne schimmerten, wie sie da warteten, und von der Erde stieg die Hitze auf. Das Haus war scheinbar leer. Dann wurde die Tür schließlich von einem Mädchen im Morgenrock geöffnet, das gelangweilt Chips kaute.

»Hallo, ihr Hübschen«, sagte sie mit einer matten Stimme und hielt den Arm vor die Türöffnung.

»Wir haben Musik mitgebracht«, sagte Julio. »Lass uns hinein, Consuelito.«

»Warum nicht?«, gähnte das Mädchen, und wir traten ein.

Drinnen war ein leerer kleiner Patio, dessen Dach ein Rebengitter bildete und in dem eine Schnur bunter elektrischer Birnen hing. »Wir sind immer willkommen, musst du wissen«, sagte Julio. »Aber sie werden sich freuen, wenn du ein bisschen spielst.«

Ein halb angezogenes junges Mädchen saß am Fuß der Treppe und polierte ihre Fußnägel mit einer Haarbürste. Zwei andere rekelten sich über einen Tisch und blätterten in einem Comic. Im Patio herrschte eine Atmosphäre wenig beleuchteter Langeweile.

Consuelito verriegelte das Tor, nahm sich noch eine Handvoll Chips, warf dann den Kopf zurück und kreischte »Großpapa?«, worauf sofort ein kichernder alter Graubart aus der Küche getrabt kam und ein Tablett mit Wein und Speisen brachte.

Er hieß uns munter willkommen, füllte aufgeregt unsere Gläser, jagte die Fliegen weg, als ob es Raben wären, nannte uns Meister, Herzöge, Fürsten, Könige und befahl seinen Enkelinnen, sich gerade zu halten.

Als wir es uns bequem gemacht hatten, nahm mir der alte Mann die Geige aus den Händen und gab sie mit einer kleinen Verbeugung wieder zurück. »Verzaubere uns«, sagte er und drückte mir Geld in die Hand. Die Mädchen erhoben sich langsam und gesellten sich zu uns.

Ich weiß noch, wie mir der Wein in die Glieder fuhr, wie mich das vertraute Feuer durchbrauste, als ich, die Füße auf dem Tisch gekreuzt, mit Walzern und Pasodobles loslegte. Julio schlug mit zwei Löffeln den Takt. Antonio klopfte sich mit dem Messer an die Zähne, während Amistad, der schon so rot war wie eine Garnele, in einem schwächlichen Tenor drauflossang.

Am späteren Abend ging das Geschäft plötzlich flotter; die Haustür wurde immer öfter mit Füßen aufgestoßen; es wurde geflüstert, schattenhafte Gestalten stolperten die Treppe hinauf, von oben hörte man das Geräusch von Schuhen und bloßen Füßen. Großpapa holte ein Akkordeon, das er Antonio gab, und wir setzten unser geräuschvolles Konzert gemeinsam fort. Inzwischen ertränkte uns der strahlende alte Mann fast im Wein und versicherte uns, dass wir eine Ehre für sein Haus wären.

In den kurzen Ruhepausen kamen die Mädchen wieder zu uns, gähnten und ordneten ihr Haar, kosteten von unserem Essen und plapperten miteinander mit schlafheiseren Stimmen. Es waren kernige Mädchen mit roten Händen und Gesichtern und kräftigen unbeteiligten Körpern, und wenn man nach ihrer äußeren Erscheinung urteilte, verdienten sie ihr Brot eher auf den Feldern als in diesem erstickenden und abgeschlossenen Haus. Zwei von ihnen waren Schwestern, die anderen beiden Cousinen, und keine viel älter als fünfzehn Jahre. Anscheinend waren wir die jüngsten Gäste an diesem Abend, von den anderen waren die meisten Bauern in mittleren Jahren.

Die vier Mädchen und Großpapa bildeten eine vertraute Gruppe, die für ein Bordell seltsam ruhig wirkte. Ich hatte Lärm erwartet, fahles Fleisch, trunkene Stimmen, Obszönitäten oder eine Art hündischer, gieriger Scham. Stattdessen herrschte hier eine zwanglose Atmosphäre nachbarlicher Besuche, bei denen diese gleichgültigen Mädchen die Gastgeber darstellten; gedämpfte Unterhaltung, ein wenig Musik, eine Aura entschärfter Erotik mit gelassenem Kommen und Gehen.

Schlussendlich zog Ruhe im Haus ein, und im Patio kündigte sich die Morgendämmerung an. Ich saß betrunken auf meinem Stuhl. Die Burschen waren am Tisch eingeschlafen, und auch Großpapa lag schlafend auf dem Fußboden, zusammengerollt wie ein runzliges Kind. Das jüngste der Mädchen im Baumwollkleid kam und schüttelte ihn am Arm. »Großpapa, die Bauern sind fort«, sagte sie. Der alte Mann erwachte, flüsterte ihr etwas ins Ohr, blinzelte mir zu und schlief wieder ein.

Das Mädchen zuckte mit den Achseln, gähnte und kam zu meinem Tisch herüber. Ich fühlte, wie sie sich sanft und schläfrig an mich lehnte. Sie griff mit einem langen braunen Finger an den Ausschnitt meines Hemds und zog es mir lang-

sam aus. Mich überliefen kleine Schauder, wogende Gefühls-
wallungen, warme Stöße des Behagens. Der wandernde Finger des Mädchens, frühreif und wissend, schien das einzige
zu sein, was in der ganzen Welt noch lebendig war; er streifte
abwesend über mich hin, löste Knoten in meinem Fleisch
und knüpfte sie wieder.

Wenige Tage später lief mir in einem Dorf südlich von Valdepeñas Romero über den Weg, ein junger Landstreicher wie
ich, der seine Habe in einem Bündel aus Segeltuch eingeschlagen hatte und mir erklärte, dass er aus gesundheitlichen
Gründen auf der Landstraße sei. Als er hörte, was ich machte,
warf er die Arme in die Luft und sagte, das sei genau das Richtige. Er sagte, er wolle in Zukunft überallhin mit mir gehen,
das Geld einsammeln, wenn ich spielte, mir Essen beschaffen
und das Land zeigen.

Da ich ohnehin schon eine Weile allein gewesen war,
leuchtete mir sein Vorschlag ein, und wir verließen das Dorf
miteinander; Romero stolzierte neben mir her, erzählte von
Mitteln und Wegen, zu Geld zu kommen, prahlte mit seinen
hervorragenden Kochkünsten und mit den vielen Tricks, die
er draufhabe, um Federvieh von Bauern wegzulocken und
Nonnen in Klöstern anzubetteln. Er war ein hübscher junger
Mann, witzig und ohne Skrupel, und ich fand, er könne mich
allerlei Nützliches lehren. Wir verbrachten die erste Nacht
auf einem Dreschboden — einem runden Platz mit Steinfliesen mitten in einem Feld —, lagen nebeneinander unter
einer einzigen Decke und sahen die rote Sonne untergehen.
Ich erinnere mich immer noch an diesen Augenblick: die
Sonne riesig am Horizont und die Silhouette eines Reiters,
der sie langsam durchquerte, während Romero flüsterte und

mir Zigaretten rollte, und daran, wie warm er war, als der Abend kühl wurde.

Meine Freude über seine Gesellschaft hielt ungefähr drei Tage an, dann wurde es schal und nahm rasch ab. Jetzt konnte ich mir nicht mehr einbilden, ich sei König der Landstraße, der einsame Wanderer, der ich in meiner Phantasie sein wollte. Bei mir hatte sich ein eingefleischter Geschmack an der Leere der Einsamkeit herausgebildet, und dem stand Romeros Gegenwart entschieden im Wege. Außerdem war er faul und lustlos, jammerte andauernd nach *vino* und über seine Füße. Das Laufen war ihm direkt verhasst, und nach ein, zwei Kilometern warf er sich zu Boden und strampelte mit den Füßen wie ein kleines Kind. Eines Tages nach dem Mittagessen steckte ich ihm, während er am Wegrand schlief, etwas Geld in den Schuh und verließ ihn.

Es war eine außerordentliche Erleichterung für mich, wieder allein zu sein, und ich strebte, so schnell ich konnte, den Bergen zu. Aber er musste bald danach aufgewacht sein, denn nach kurzer Zeit hörte ich in der Ferne einen Schrei, und da war er auch schon, in wilder Eile hinter mir her. Den ganzen Tag lang sah ich ihn hin und wieder in der Ferne, eine kleine Gestalt, die fest entschlossen und gesenkten Hauptes verärgert durch den Staub hastete. Da ich mich zwar schuldig, aber auch verfolgt fühlte, beschleunigte ich meine Schritte, und er fiel nach und nach zurück. Noch ein letzter Schrei, wie von einer verlassenen Ehefrau, und ich sah ihn niemals wieder.

Dann kam ich in die Sierra Morena — noch einen jener Ost-West-Wälle, die sich durch Spanien ziehen und seine Bevölkerung in verschiedene Rassen trennen. Hinter mir lag Altkastilien und der gotische Norden, jenseits der Sierra die würzige Weite Andalusiens.

In den Vorbergen hielt mich ein Bauer an (der schmerzhaft sein Gesicht verzog, als er meine wunden Füße sah) und lud mein Bündel auf seinen Maulesel; er gab mir einen Stock und sagte, er wolle mir den Weg ins Gebirge zeigen. Wir stiegen drei Stunden eine wahre Strickleiter von Ziegenpfaden hinauf, die uns durch eine Felsenwildnis führte — ein mächtiges Durcheinander haushoher Blöcke, die wie von Riesen geschleudert umherlagen. Das Maultier und ich stolperten dahin, aber mein Führer kletterte uns leichtfüßig voran und warf keinen Blick zurück. Manchmal deutete er zu den Felsenklippen hin und sagte etwas von Räubern. Gelegentlich sahen wir einen Ziegenhirten braun gebrannt und einsam dasitzen.

Schließlich stießen wir zwischen den Gipfeln durch und kamen auf eine neblige Hochebene, über die ein kühler Wind wehte. Hier lag das Dorf meines Begleiters — ein Haufen elender Bruchbuden aus Stein, urtümlich, rund und bewachsen von triefendem, dichtem Moos. Ein paar kränklich dreinschauende Schafe, deren Rippen wie die an Heizkörpern vorstanden, gingen in den Häusern ein und aus.

Sowie die Dorfbewohner uns kommen hörten, versammelten sie sich im Nebel und warteten darauf, dass mein Begleiter ihnen auseinandersetzte, wer ich sei. Als er das in knappen Worten getan hatte, speisten sie mich mit Brot und Quark. Mit einer stummen Gebärde der Entschuldigung nahm mein Führer dann die Geige aus ihrer Hülle und überreichte sie mir so behutsam, als wäre sie ein neugeborenes Lamm. An diesen Empfang war ich inzwischen gewöhnt — erst kam der Ritus der Speisung, dann folgten die Überreichung des Instruments und das erwartungsvolle Schweigen.

Ich weiß noch, wie die Dorfbewohner lauschten, bis an die Kehle in Decken gehüllt und Nebeltropfen in den Augenbrauen. Mir kam der Gedanke, dass ich so auch vor einem verschollenen Stammesüberrest aus dem Schottland des siebzehnten Jahrhunderts hätte stehen können, der gerade einmal weder von Hungersnot noch von Massakern heimgesucht war — mit den Kindern vor mir, die barfuß in Taupfützen standen, den alten, in ranzige Schaffelle gehüllten Weibern und den kleinen zottigen Männern, deren schielende Gesichter zwischen einem Lächeln und einem Zähnefletschen erstarrt war.

Als ich mein Spiel beendet hatte, füllten sie meine Flasche mit Wein und stopften mir steinharten Käse in die Tasche. Dann verabschiedeten wir uns voneinander, und ich ließ sie auf ihrer Hochebene zurück, wo sie sich wie eine Gruppe windschiefer Dornbüsche vom Horizont abhoben.

Im Süden der Sierra verzogen sich die Nebelschleier, und ich stieß auf eine neue Art Hitze, die den Geruch eines anderen Kontinents mit sich brachte, und unbarmherzig und brutal zuschlug. Während ich bergab stieg, blies mir der Sand ins Gesicht, dass ich halb blind weitergehen musste, die Zunge trocken wie Johannisbrot und wie so oft von wildem Durst gepeinigt. Das waren damals die unheilvollen Tage des nervenaufreibenden Schirokko; die Bauern waren bis an die Augen verhüllt, und ich wurde von einem Hund, der Augen hatte wie gelbes Gas, grausam gebissen. Die Südhänge der Sierras schuppten sich im Wind, ausgedörrt wie ein rostiger Ofen, aber tief unten im Tal erblickte ich nun endlich den dreigeteilten Guadalquivir, wie er in weiten grünen Windungen dahinströmte. Von den versengten Höhen aus gesehen, war es ein Fluss aus einer Fata Morgana, und ich erinnere mich, ein kurzes, ungelenkes Gedicht auf ihn gemacht zu haben:

Schweiß, heruntergespült von der kahlen Sierra,
zieht eine schlängelnde Furche im Staub,
ein sonnenbetäubter Wanderer,
der dem Meere zuwankt …

Als ich den Fluss bei Sonnenuntergang erreichte, fand ich ihn rot vor, nicht grün — seichtes rotes Wasser, das zwischen Ufern aus roter Erde unter einem schweren scharlachfarbenen Himmel hinfloss, mit Herden roter Ziegen, die in Wolken zinnoberroten Staubs zum Trinken herabstiegen. Nackte Jungen mit Körpern wie Kupfermünzen planschten in dem leuchtenden Schlamm umher, und rundherum erstreckte sich das fruchtbare und wassergespeiste Tal — schimmernder Eukalyptus, Gärten voller Feigen, Pfirsiche, Pflaumen und tropischer Kakteen, und am Straßenrand dicke Brombeeren, die ich pflückte und als Abendbrot aß.

Während ich durch Felder reifender Melonen in Andalusien einzog, sah ich die ersten Anzeichen der südlichen Bevölkerung: Männer in hohen Hüten aus Corduanleder, blauen Hemden, roten Schärpen, und Mädchen mit dunkel glühenden Arabergesichtern. Die Dörfer hatten maurische Namen — Andújar, Pedro Abad — und eine Aura stolzer, wenn auch lustloser Anarchie. Auf dem Hauptplatz eines solchen Dorfes sah ich zwei Gefangene in einem Eisenkäfig der Bevölkerung zur Schau gestellt; sie zogen munter an ihren Zigaretten, bliesen den Rauch durch das Gitter und riefen den Vorübergehenden Obszönitäten zu.

An diesem Punkt meiner Wanderung hätte ich südlich nach Granada weitergehen können, das nur zwei oder drei Tage entfernt lag. Stattdessen wandte ich mich nach Westen, folgte dem Laufe des Guadalquivir und verlängerte dadurch meine Reise um mehrere Monate; ich kam so auf einem Umweg ans Meer, und das war entscheidend für mein weiteres Leben.

Schon seit meiner Kindheit sah ich mich auf einer weißen staubigen Straße durch Orangenhaine auf eine Stadt zugehen, die Sevilla hieß. Vielleicht war das feuchte Klima von Cotswolds an dieser Phantasie schuld, oder irgendeine Geschichte, die meine Mutter erzählt hatte; jedenfalls gehörte es zu einem jener Klischees, die mich nach Spanien geführt hatten, und als ich mich nun an diesem Herbstmorgen der Stadt näherte, war es, als folgte ich einfach einer Anweisung von früher.

In Wirklichkeit gab es keine weiße Straße, ja nicht einmal einen goldbestückten Zitronenbaum, aber Sevilla selbst war überwältigend — eine elfenbeinfarbene Kruste in Blumen gebetteter Häuser fächerte sich von beiden Ufern des Flusses her auf. Die Liebe zum Wasser war ein Vermächtnis aus der Zeit der Maurenherrschaft; selbst von den ärmsten Behausungen waren sehr viele ums Wasser herumgebaut — tausend winzige Patios mit nie versiegenden Springbrunnen, die tröpfelnd auf Farne und Blätter herabfielen, jedes ein Nest aus frischem Grün, unendliche Variationen über das Thema der häuslichen Oase. Hier ersetzte das Rieseln des Wassers das Kohlenfeuer des Nordens als Symbol häuslichen Wohlbefindens, wenn seine flüsternde Gegenwart, durch Gitter und Türöffnungen sichtbar, den Eindruck eines ewigen Nachmittags vermittelte, wenn jedes Haus der flammenden Straße draußen den Rücken kehrte und sich um seinen moosgekühlten Mittelpunkt lagerte.

Trotzdem war Sevilla kein Paradies. Das übliche Elend lag gleich dahinter — Kinder und Bettler schliefen draußen im Rinnstein unter einer Schicht von Krankheit und Dreck. Tagsüber schien ihre Lage nicht ganz so unerträglich; sie zeigten der Welt ein munteres Gesicht. Alle waren sie Teil der Stadt — des angebeteten Sevilla —, zu dem selbst die Bettler sich mit Stolz bekannten und wo zerlumpte kleine Mädchen beim geringsten Anlass ihre dünnen braunen Arme erhoben und in Verzückung zu tanzen begannen. Es war eine Stadt der traditionellen Freude, wo Fröhlichkeit fast eine Bürgerpflicht war, von arm und reich mit überheblicher Routine praktiziert; einfach, weil das übrige Spanien das erwartete. Wie die Wiener lebten die Sevillaner unter der Bürde dieser Legende und wurden trotz häufiger Anfälle mürrischer Erschöpfung als Verkörperung Andalusiens gesehen und zu übersteigerter Sorglosigkeit getrieben.

Ich lebte in Sevilla von Obst und Dörrfisch und schlief nachts in einem Hof in Triana — jenem baufälligen Stadtviertel am Nordufer des Flusses, das früher einmal ein Zigeunerghetto gewesen war. Zu meiner Zeit zeigte es noch einen Rest von Lebenskraft mit seinen Ziegelbrennern und den freilaufenden Hühnern; seinen mittelalterlichen Stallungen, aus denen korbbehängte Esel, keifende Frauen und Kochtöpfe quollen. Stattliche Hähne mit leuchtenden Kämmen und Federn stolzierten wie Azteken über die Dächer, während ich von meinem Hof aus unablässiges Gitarrezupfen hörte, das in geschlossenen Räumen geübt wurde.

Sevilla am Morgen war weiß und golden, wenn der leuch-

tende Fluss den Torre del Oro widerspiegelte und Sonnenstrahlen die Giralda und die Turmspitzen der lang gestreck-
ten Kathedrale trafen. Das Innere der Kathedrale lag in bron-
zefarbenem Dämmerlicht, eine ungeheure Höhle heimlicher
Buße, in der gelegentlich eine alte Frau auf den Knien rutschte, während sie eine Reihe von Gebeten murmelte, oder ein
entrücktes Mädchen in einer Pose höchster Qual dastand und
die Arme dem blutenden Christus entgegenstreckte.

Auf dem Vormittagsmarkt kaufte ich Kaktusfrüchte, triefend von Saft und voller Samen, die ein geschwätziger alter
Mann feilbot; er unterhielt seinen Kunden daneben mit langen Geschichten über die Flüsse Spaniens. Doch da er Dialekt sprach, verstand ich ihn weniger gut als den taubstum-
men Jungen Alonso, dem ich ebenfalls auf dem Markt begegnete, und dessen Gesicht und Körper unablässig Bilder pro-
duzierten wie ein Stummfilm. Er schilderte pantomimisch
seine Familie, fuhr jedem zärtlich über den Kopf, und plötzlich sah man sie in einer Reihe neben ihm stehen — seinen
gut aussehenden Vater, seine hustende, schwindsüchtige
Mutter, einander prügelnde Brüder und die schlaue kleine
Schwester. Dann war da noch ein kränkliches Baby, das kraft-
los den Kopf hintenüberhängen ließ, und zwei tote, in kleine
Kisten verstaut — der Junge legte sie steif zurecht, über-
schüttete sie mit Gebeten, drückte ihnen die Augen zu und
legte sie mit einem Achselzucken beiseite.

Auf dem Markt traf ich auch Queipo, einen Bettler, dem
ein tollwütiger Hund in Madrid die Hand abgebissen hatte.
Manchmal hob er den roten runzeligen Stumpf hoch, fletsch-
te die Zähne und bellte ihn wütend an. Sonst war er aber ein
verständiger Gefährte, er führte mich durch die Stadt und
zeigte mir die billigsten Cafés. Wir aßen gewöhnlich mitein-

ander zu Mittag, zählten unser Geld nach und gaben es für Wein und Fischbällchen aus, um dann hinunter an den Kai zu gehen, in ein halb versunkenes Boot zu klettern und den Nachmittag zu verdösen.

Die Kais von Sevilla waren anspruchslos und schienen mit Seefahrt nicht mehr viel zu tun zu haben. Der Guadalquivir glich an dieser Stelle der Themse in Richmond und war etwa so belebt wie der Paddington Canal. Und doch war Columbus von diesem schmalen Fluss, fünfundsiebzig Kilometer vom Meer entfernt, aufgebrochen, um Amerika zu entdecken, und wenige Jahre später waren ihm die lecken Karavellen Magellans gefolgt, die als Erste die Welt umrunden sollten. Und tatsächlich war das Ufer des Guadalquivir in Sevilla mit seinen paddelnden Burschen und Orangenbooten und dem bemoosten Provinzpflaster fast fünfhundert Jahre lang die bedeutendste Abschussrampe der Geschichte — bis die Raketen kamen, die in den Weltraum zielten.

Queipo liebte die Kais. Er wollte gern nach Honolulu, sagte er. Er wies auf seinen Stumpf. »Aber ich kann nur im Kreis schwimmen.« Er hatte eine vierzehnköpfige Familie, die in einer Höhle auf dem Lande lebte, und ein weiteres Kind war unterwegs. Er sprach mit Achtung, aber auch Widerwillen von seiner Frau; sie machte alle seine Versuche, die Kinderzahl einzuschränken, zunichte. »Ich wusste, dass es nicht gut ausgehen würde«, knurrte er, »als sie diese Spitze an ihr Mieder nähte.« Sie war über fünfzig, aber noch von überquellender Fruchtbarkeit. Zwei seiner jüngeren Söhne kamen täglich in die Stadt; sie trugen einen Eimer, der mit Draht an einem Stab befestigt war, und Queipo füllte das Gefäß mit Fleischstücken, Orangenschalen und anderen Resten, die er in den Cafés erbettelt hatte. Nachts, wenn Queipo in seine Höhle heimgekehrt war, ging ich über die Brücke zurück nach Triana und saß auf dem kühlen flachen Dach des Café Faro, aß Chips und schaute auf den Fluss. Das schien die einzige Stelle in dem heißen Becken der Stadt zu sein, wo sich die Luft ein klein wenig bewegte. Die Lichter auf dem Fluss schlängelten sich darauf wie elektrische Aale. Geräusche stiegen aus den Straßen auf, die Schreie schlafloser Kinder, das Hämmern von Musik, ein gelegentliches Aufkreischen. Dies war eine Stadt, die ganz in ihrem eigenen Leben aufging; es gab nur wenig Fremde, und diese wurden kaum beachtetet. Sevilla war in zwei Hälften geteilt, und die eine ritt auf dem Buckel der anderen.

Bis jetzt hatte ich dieses Land hingenommen, ohne es groß zu hinterfragen, als ob ich Gast einer halb verrückten Familie wäre. Ich hatte die fetten Reichen mit ihren Knopfaugen gesehen, wenn sie mit glasigem Blick aus ihren Clubs starrten; Männer, die auf dem Markt nach Abfällen scharrten; zierliche Jungfrauen aus der Oberschicht, die in Kutschen zur Kirche fuhren; Bettlerinnen, die in Toreinfahrten Kinder gebaren. Naiv und kritiklos hatte ich gedacht, das gehöre eben dazu, hatte nicht hinterfragt, ob es gut war oder böse. Doch hier in Sevilla, als ich um Mitternacht von der Brücke auf den Fluss hinuntersah, bekam ich zum ersten Mal eine Vorahnung, dass Schlimmes bevorstand. Ein junger Matrose kam mit den Worten: »Hallo, Johnny«, auf mich zu und bat mich um eine Zigarette. Er sprach Englisch, wie er es auf einem Kohlendampfer in Cardiff gelernt hatte — er spuckte es aus, als brenne es ihn auf der Zunge. »Ich weiß nicht, wer du bist«, sagte er, »aber wenn du Blut sehen willst, dann bleib hier — und du wirst genug davon sehen.«

OSTWÄRTS NACH MÁLAGA

Das Leben in Cádiz war zu hart, als dass es mich lange hätte halten können, so kehrte ich ihm nach ein paar Tagen den Rücken und marschierte auf dem kahlen, felsigen Küstenstreifen Andalusiens nun doch nach Osten.

Hinter mir spießte die weiße, angelhakenförmige Bucht die letzten Gezeiten des Atlantik auf, es roch noch immer nach Heringsschwärmen, aber die milchgrünen Wogen schwappten stetig auf die Meerenge hin, durch die nun gleich das Mittelmeer erblühen sollte. Ich war so alt wie eine ganze Generation und doch noch immer nicht mit dem Meer vertraut, nicht gewöhnt an diese plötzliche unirdische Neutralität, und das wirbelnde Gleiten des Wassers machte mich schwindlig, sodass ich mich vorsichtig in der Straßenmitte hielt.

Zwischen den Bergen und dem Meer war das Land eine ausgetrocknete Prärie, von fahlem Braun, staubüberzogen. Dünne drahtige Grashalme neigten sich vor den nie ruhenden Winden, die sie mit einer gespenstischen Salzschicht überzogen, während man fern im Norden Stiere als schwarze Punkte wie Bisons über die Ebene ziehen sah.

Ich verbrachte fast eine Woche in dieser Landschaft, die an Arizona erinnerte. Sie wirkte komplett verlassen, und ich war fast immer allein. Manchmal begegnete mir ein einsamer Reiter, oder eine verschleierte Frau auf einem Esel erhob die Hand, um meinen bösen Blick von sich abzuwehren. Oder ich kam an Leuten aus einem Dorf vorbei, die am Straßenrand den letzten kümmerlichen Rest ihrer Trauben kelterten. Es war ein freudloses Bild — Männer und Mädchen barfuß im Kreise, wie in Trance unter halblauten Seufzern der Erschöpfung die schaumigen Bottiche mit ihren blau gefärbten Füßen stampfend.

Ich erinnere mich noch, dass ich eines Nachts in einem Friedhof oben auf einem Hügel schlief, während die Strahlen eines Leuchtturms über mein Gesicht liefen, und dann am Morgen in einem Dorf in einem Weinladen frühstückte, wo ich zum ersten Mal vom Krieg reden hörte. Die Gesichter der Fischer waren stumpf und grau, als sie das herbe raue Wort unter sich hin und her rollen ließen. Sie sprachen von Krieg in Abessinien; mir sagte das nichts, denn ich hatte seit fast drei Monaten keine Zeitung mehr gesehen.

Hinter Kap Trafalgar verengte sich die Straße von Gibraltar sichtlich, die Winde legten sich und das Meer wurde ruhiger. Dann tauchte Afrika auf, die Strömungen bündelten sich und es wimmelte nur so von kleinen Schiffen. Zwischen den Kiefern zweier Kontinente begegneten sie einander und vermischten sich, sickerten langsam ein und aus; manche strebten zurück in den stillen blauen Schoß des Mittelmeers, während andere in den grauen Atlantik ausbrachen.

Ich kam nach Tarifa, dem südlichsten Punkt Europas, und fand es noch immer hinter seinen arabischen Mauern verschanzt. Einst Berberfeste und Herrin der Meerenge, lag es jetzt gestrandet, ein Stück angespültes Afrika, verrottetes Abbild von Kasba-Gassen, die sich zwischen blinden und verschlossenen Häusern hinzogen. Ich fand ein Café am Strand, wo ich die Sonne fast hörbar in einen purpurnen Schlund untergehen sah. Die Kneipe war voll mürrischer und schweigsamer Fischer, die alle über die Meerenge hinüberstarrten. In der fernen Dämmerung sah man den orangefarbenen Fleck von Tanger sich in kleine Lichter auflösen, dann brach die drückende Hitze der Nacht über uns herein.

Der junge Fischer an meinem Tisch ließ sich zu einem Glas einladen, und ich fragte ihn über die Stadt aus. Zuerst war er sehr förmlich. »Sie ist sehr hübsch«, sagte er, »sehr historisch, wie Sie ja sehen.« Aber er hielt das nicht durch und fiel bald in Verbissenheit zurück. »Es ist wie überall. Wir haben keine Arbeit, keine Boote. Die Frauen gehen auf die Straße.«

Sehr bald gesellte sich ein geheimnisvoller Dandy zu uns, der uns einlud, eine Flasche Whisky mit ihm zu teilen. Er hatte Ringe an den Fingern, trug ein weißes Seidenhemd und sprach Englisch mit amerikanischem Akzent. »Ich bin Kubaner«, sagte er. »Sie kennen den Typ. Wir sind sehr wilde Männer. Uns interessieren bloß Weiber und Revolution. OK?« Er wiegte sich selbstgefällig.

Plötzlich wandte er sich an den jungen Fischer, übergab ihm eine Packung Zigaretten und sprach flüsternd auf ihn ein. Der Fischer hörte zu, spuckte aus, zuckte mit den Achseln, stand dann auf und ging zur Tür. Er pfiff zweimal, da löste sich aus dem Schatten eines umgedrehten Bootes ein zweiter Schatten. Der Kubaner ließ die halbe Flasche Whisky stehen und ging zu dem wartenden Mädchen am Strand.

Das Land im Osten von Tarifa war hoch, kahl und braun wie ein räudiger Löwe, und darüber kreisten langsam Milane und Geier, die Schwingen wie Ventilatoren ausgebreitet. Es war eine gestrüppüberwucherte Wildnis, vom Wind bewegt, aber herzlos, bar jeden Lebens, gelegentliche Jäger ausgenommen, die plötzlich mit Gewehren auftauchten, in die leere Luft schossen und wieder verschwanden.

Den ganzen Tag über hörte ich, während ich die gewundene Straße hinaufstieg, die Explosionen um die Hügel rollen; jedem widerhallenden Knall einer Büchse folgte langes leeres Schweigen, wie wenn ein Krieg in den letzten Zuckungen liegt. Am Ende des Anstiegs lief das Land in einer Art Plattform aus — einer luftigen Galerie über der Meerenge —, von der aus man die langsamen blauen Strömungen des Mittelmeers auf die grün gespaltene Zunge des Atlantik sich hinschlängeln sah. Afrika war jetzt so nahe, dass man die Risse in den Felsen erkennen konnte, aus denen sich das gewaltige Antlitz Marokkos formte, während die Nachmittagssonne die Schatten wegschälte und tiefe, geheimnisvolle Felsspalten bloßlegte. Von Tanger führte das Panorama im Osten bis Ceuta und zurück zu den minzegrünen Hügeln des Rifs — die Berberküste, unergründliche Schwelle zur Gewalttätigkeit, die mir das Gefühl gab, wildeste Abenteuer bestehen zu können.

Stattdessen schlief ich eine Stunde im ausgedörrten Ginster, und als ich erwachte, blickte einer von den Schützen auf mich herab.

»Wie geht's denn so?«, fragte ich albern und verwirrt in meiner Muttersprache. Der Mann kicherte und schlich sich davon.

Später senkte sich die Gebirgsstraße in ein enges Tal voller Meeresdunst und verkrüppelter Korkeichen, wo Herden nasser Schafe mit langen Cotswoldsgesichtern zwischen glitzernden Spinnweben umherstreiften. Ein grünes und stilles Stück

Landschaft, seltsam vertraut wie ein Stück Westengland. Und tatsächlich lag, als ich den nächsten hohen Gipfel erklomm, weit unten in der Ferne Gibraltar.

Afrika, Spanien und die weite Fläche des Golfes, alles schimmerte in einem dunklen, bronzefarbenen Licht. Nur Gibraltar nicht; es lag abseits wie ein Eindringling, als hätte man es von Portsmouth hierhergeschleppt und vor der Küste verankert, zusammen mit seinem eigenen trüben Wolkenhimmel. Schieferfarben und stolz inmitten verstreuter Kriegsschiffe und umsäumt von seinen Werftkranen, lag der Fels von einer Wolke beschattet, in einen ganz privaten Regenguss getaucht.

Ich wanderte an jenem Abend nicht mehr weiter, sondern übernachtete unter freiem Himmel auf dem Gipfel, zufrieden damit, wo ich war. Das Panorama unter mir breitete sich von Ronda bis zum Rif aus, Meer und Fels in klassischer Verteilung, die Mündung des Mittelmeers durchbohrt vom Kielwasser der Schiffe, die einen Weg verfolgten, der so alt war wie Homer. Milane und Turmfalken schwebten schweigend über mir, leuchtend in der Abendsonne; und als die Dämmerung kam, färbten sich die Säulen des Herkules purpurn und das Meer ergoss sich zwischen ihnen in einer lavendelfarbenen Sturzflut. Allein, mit dem Rücken an einem sonnendurchwärmten Fels, aß ich meine letzten Vorräte auf, den Blick dorthin gerichtet, wo Afrika und Europa sich in diesem Übergang von Tag zu Nacht mit ihren Fingerspitzen berührten.

Plötzlich war es finster, Gibraltar verwandelte sich in einen Haufen Diamanten, und Algeciras streckte seine Lichtkrallen aus. Dann stieg ein riesiger Mond aus dem Meer und hing reglos am Himmel wie eine Eisblume. Der Wind erhob sich ebenfalls vom Atlantik her, und ich wickelte mich, zitternd vor Kälte, in meine Decke.

Der Hafen von Algeciras übte einen Reiz auf mich aus, wie ich es bis dahin noch nie erlebt hatte. Es war eine dreckige kleine Stadt, die um einen offenen Abzugskanal herumgebaut war und nach Obstschalen und verdorbenem Fisch roch. Es gab ein paar lärmende Bars und billige Bordelle; im Übrigen beschäftigte man sich hauptsächlich mit Schmuggel. An den meisten Straßenecken wurden exotische Waren angeboten, die man sonst in Spanien nirgends bekam — muffige Schokolade, Strümpfe mit Laufmaschen, feuchte amerikanische Zigaretten, lecke Füllhalter und unechte Schweizer Uhren.

Doch bei all ihren anrüchigen Unternehmungen und Gaunereien schien es eine Stadt bar jeder Bosheit zu sein, und selbst ihre schlimmsten Schufte waren das Bösesein so ungewohnt, dass keiner von ihnen erwartete, auch wirklich ernst genommen zu werden. Aufgrund seiner Lage zwischen Europa und Marokko hätte der Hafen ein ebenso übles Pflaster sein können wie Marseille, aber man war hier trotz aller günstigen Gelegenheiten nicht so recht bei der Sache und zog leichtere Vergehen vor, die weniger einbrachten.

Algeciras war eine Börse für alles Mögliche, und ich hielt mich zwei Wochen dort auf. Ich erinnere mich an die Fischerboote, die in der Morgendämmerung Thunfisch von den Azoren hereinbrachten; an die Märkte voller Melonen und Schmetterlinge; an die Käuze aller Nationen, die sich vielsprachige Räusche antranken; an die Yachten, die Gold nach Tanger führten … Einen Teil meiner Zeit verbrachte ich mit einer Gruppe junger Leute, die sich ihren Lebensunterhalt damit verdienten, dass sie mit Angelhaken nach Handtaschen fischten, ihre Beute in Kneipen und Bordellen ausgaben und sich das Essen im Kloster der Stadt erbettelten. Der Anführer der Gruppe war ein »Globetrotter« aus Lissabon, der behauptete, er sei auf einer Reise rund um die Welt. Aber er müsse dauernd nach Hause zurückkehren, weil er irgendetwas vergessen habe, und war auf diese Weise im Laufe von zwei Jahren noch nicht weiter gekommen als bis hierher.

Was mich betraf, so fand ich es am besten, mich weiterhin an meine Geige zu halten, und damit kam ich in der Stadt recht gut durch. Ich hatte Kunden aller Art, und sie machten keine Umschweife. Man nahm mich oft beiseite und bat um eine Lieblingsmelodie. Aus irgendeinem Grund war Schubert hier besonders beliebt, dann kamen heimische Balladen voll mystischer Erotik. Eines Abends wurde ich auf einen Dampfer geholt, um einem chinesischen Koch vorzuspielen, der mir dafür eine Tüte voll Gebäck schenkte. Ein Makler aus Cardiff bat mich um »On with the Motley«, und eine Gesellschaft betrunkener Priester um das »Ave Maria«. An einem anderen Abend forderte mich ein junger Schmuggler auf, seiner kranken Geliebten ein Ständchen zu bringen; danach erhielt ich zur Belohnung eine Armbanduhr, die eine Stunde lang wie verrückt tickte, um dann in einem Sprühregen von Rädchen zu explodieren.

Ich hatte mich in Algeciras und seine Mini-Schurkereien halb verliebt; mir war, als könne ich hier ewig leben. Aber mein Plan sah damals vor, dass ich der ganzen spanischen Küste folgte, also musste ich die Stadt verlassen und mich nach Málaga aufmachen.

Doch zuallererst ging es um Gibraltar, das nur zwanzig Minuten entfernt jenseits der Bucht lag. Da es nun schon so nah war, konnte ich nicht widerstehen und dachte, ich würde dort nachmittags einmal vorbeischauen, meinen Pass vorzeigen und irgendwo Tee trinken. Die alte Schaufelradfähre trug mich über das Wasser, das glatt war wie Öl und von Delphinen quirlte, während ich bei einigen Brandys — das Glas zu einem Penny — das steuerfreie Trinken während der kurzen Überfahrt genoss.

Für Reisende aus England ist Gibraltar ein orientalischer Basar, aber da ich aus Spanien kam, erschien es mir eher wie eine kleine englische Hafenstadt — dieselbe behelmte Polizei, große hagere Frauen und ein angenehmer Geruch nach ländlichen Gemischtwarenläden. Ich hatte ganz vergessen, wie sehr die Atmosphäre zuhause von weißem Brot, Seife und Suppenwürfeln bestimmt wurde. Selbst in diesem maltesisch-genuesisch-indischen Konklave spürte man den Druck des Kochtopfdampfes.

Mein Empfang in der Kolonie war anders, als ich ihn mir vorgestellt hatte. Die Hafenbeamten musterten mich voller Zweifel. Die übrigen Passagiere wurden schnell durch die Schranke geschleust, während man mich wie einen faulen Apfel auf die Seite schob. Man führte wortkarge Telefongespräche mit entfernten Behörden, um sich für alle Fälle zu vergewissern. »Oh, sein Pass ist in Ordnung. Nein, pleite ist er eigentlich nicht. Na ja, wissen Sie … Ja, irgendwie … Ja.«

Schließlich wurde ich in einem Lastwagen zum Polizeichef gebracht, einem besorgten, aber freundlichen Mann. »Aber wer sind Sie denn eigentlich?«, sagte er immer wieder. »Es ist ziemlich schwierig hier. Sie müssen sich unsere Lage klarmachen. Das geht einfach nicht, wissen Sie, wenn Sie mir diesen Ausdruck gestatten. Nichts gegen Sie persönlich, nicht wahr …«

Jedenfalls entschied man, dass ich einen oder zwei Tage bleiben dürfe, wenn ich auf der Polizeistation schliefe, wo sie mich im Auge behalten konnten. Ich bekam also eine saubere kleine Zelle und ein Stück Seife, und abends spielte ich Domino mit den Gefangenen. Ich war nicht wirklich eingesperrt, tagsüber durfte ich ausgehen, musste mich abends jedoch zurückmelden. Diese Einschränkungen waren aber lästig, und nach ein paar Tagen mit Speck und Eiern führte mich ein Polizist an die Grenze zurück.

Der Abschied von Gibraltar war, wie wenn man sich vor einem älteren Bruder davonmacht, der die Leitung eines offenen Gefängnisses übernommen hat. Ich überquerte die Landzunge bei La Línea und stieg nach San Roque hinauf — wo die spanischen Bürgermeister von Gibraltar ihr Exil haben. Wenn ich zurückblickte, konnte ich den Felsen noch immer unter seiner Wolkenkappe sehen, grau wie ein Geschützturm, von Nebel triefend — während das Festland ringsherum unter der prallen Sonne lag, von Bergen ausgezackt, die so blau wie Klinker waren. Spanien umgab mich abermals mit seiner anarchischen Gleichgültigkeit — es verlangte nichts als gutes Benehmen. Ich war wieder auf der Landstraße, im Schutze ihres ewigen Staubes und meiner Anonymität, derentwegen hier niemand die Augenbrauen hochzog.

Ich brauchte fünf Tage bis Málaga, in denen ich dem Zickzack der Straße zwischen Gebirge und Meer folgte, fünf Tage, in denen ich in strahlendem Sonnenschein dahinzog, vom Geruch des heißen Seetangs, des Thymians und der Muscheln begleitet. Ab und zu kam ich durch Korkwälder, in denen Lagerfeuer von Zigeunern rauchten, die an Bächlein hockten — durch duftende Bohnenfelder, die milchiges Wasser durcheilte, und Dörfer, die sich hinter Schleiern aus Fischnetzen verbargen. Verfallene Wachttürme, manchmal von trägen Raben umflattert, markierten die Landzungen am Wege, während unter ihnen die Felsen und das Meer unbewegt dalagen, im Dunst der Hitze verbunden.

Landeinwärts regte sich nichts außer den dahinfließenden Kanälen, die die Mauren vor achthundert Jahren angelegt hatten. Der Weg vor mir verlief in ständigem Auf und Ab, und in den Bergen schimmerten ferne Dörfer wie Salzhäufchen auf Seide. Manchmal verließ ich die Straße, schritt hinaus ins Meer und stülpte es mir lustvoll über den Kopf, um dann in kühlem blinden Schweigen dazustehen, in einem scharf-salzigen neutralen Nirgendwo.

Wenn die Dämmerung einfiel, legte ich mich zum Schlafen nieder, wo ich gerade war, am Strand oder auf einem steinübersäten Vorgebirge, und erwachte, wenn die kupferne Glut der Sonne langsam über das Meer heraufzog. Die frühen Morgen waren pure Wiederauferstehung; ich konnte sie im Sitzen, wie eine Leiche noch in meine Decke gewickelt, beobachten und zusehen, wie das blutwarme Licht wieder in die Sierra einsickerte, ihre aschgrauen Wangen allmählich neu mit Leben füllte, und fühlte dabei, wie die Kälte des Bodens unter mir zurückwich, sobald der Sonnenaufgang meinen Körper erreichte.

Weit draußen auf dem Meer in dem schmelzenden Nebel tauchte dann eine Fischerflotte mit weißen Segeln auf, die — zeitlos und still wie Luft — gleich Papierfetzen auf die Küste zutrieb. Doch oft waren es Schiffe der Verzweiflung, denn sie brachten wenig Beute; vielleicht ein paar Körbe armseliger Sardinen. Ihre Frauen warteten, drehten sich dann fort und gingen schweigend heim. Mit geröteten Augen warfen sich die Fischer auf den Sand.

Die Straße nach Málaga folgte einer wunderschönen, aber ausgedörrten Küste, die von der Welt vergessen schien. Ich erinnere mich noch an die Namen — San Pedro, Estepona, Marbella und Fuengirola ... Das waren ausgemergelte Fischerdörfer, die das Meer hassten und ihre Sonnenlage verfluchten. Man hätte damals die ganze Küste für einen Shilling kaufen können. Kein König könnte sie heute bezahlen.

Von seinem Namen her hatte ich mir Málaga als eine Art Festung mit Türmen vorgestellt, halb sarazenisch, halb korsisches Seeräubernest. Stattdessen fand ich eine unsaubere Stadt an den Ufern eines ausgetrockneten Flusses, die auf einen modernen Handelshafen blickte, mit Straßen voller Cafés und elender Kneipen; ihr stattlichstes Gebäude war das Postamt.

Ich wohnte in einem Gasthaus an dem ausgetrockneten Fluss und teilte dort den Hof mit etwa einem Dutzend Familien. Den ganzen Tag über wurde an getrennten Feuerstellen gekocht, in Töpfen, die auf kleinen Steinen standen. Stets hatte man den Geruch von Fett und Holzkohle in der Nase, der einem ein beißendes Gefühl des Wohlbehagens vermittelte — wozu das Vorhandensein des Feuers sicherlich mehr beitrug als das Essen, das gewöhnlich ein Brei aus unaussprechlichen Abfällen war.

Doch das Gasthaus bot Zuflucht, und ich schlug mein Lager bei den Maultieren, Frauen und Kindern auf. Ehre, nicht Bescheidenheit war hier die Devise, und dazu kam ein wachsames Gefühl der Geborgenheit. Essen und Trinken wurden jederzeit geteilt, das jeweilige Hab und Gut war aber heilig —

man konnte es den ganzen Tag über liegen lassen, und niemand, nicht einmal ein Hund, würde es anrühren. Der Hof beherbergte zum größten Teil Leute aus den Bergen, die in die Stadt heruntergekommen waren, um Körbe und Tücher zu verkaufen — die herrlichen handgewebten Decken aus den Alpujarras, halb arabisch, halb mexikanisch, mit kühnen abstrakten Mustern in Scharlachrot und Schwarz verziert oder über und über mit geometrischen Pfauen durchsetzt.

Die Männer aus den Alpujarras waren drahtig wie Bulgaren, aber ihre Augen blickten verschleiert und unfokussiert, als hätten sie, in der Stadt eingesperrt und vorübergehend der gewohnten Weite beraubt, ihre Sehkraft verloren. Die Frauen trugen steife Gewänder in Schwarz und Braun, die ihnen das Aussehen homerischer Griechinnen verliehen, während die jungen Mädchen eine mir bis dahin unbekannte Anmut besaßen; sie waren leichtfüßig und flink wie Rehe, hatten lange graziöse Arme und ausdrucksvolle Körper, die jede Bewegung in einen rituellen Tanz verwandelten. In Augenblicken der Ruhe standen sie, die schmalen Hüften seitlich ausgestellt — der natürliche Platz für Kind oder Wasserkrug —, und die Augen mit einer laubbraunen Hand leicht beschattend, als ob der Schnee der Sierra sie noch immer blendete.

Wenn wir im Hof auf den von Dung bedeckten Kopfsteinen beieinanderhockten, glichen wir einem wandernden Stamm bei der Rast. Da gab es Aufschreie, Rufe, Knurren und Gelächter, vermischt mit den formelhaften Obszönitäten und Segenssprüchen. »Carmencita! Komm! — Ich schände deine Mutter ...« »Eine Prise Salz? — welche Gnade und Barmherzigkeit.« »Die Eier sollen mir abfallen, wenn ich nicht deiner Meinung bin, Mann ...« »Schwanz Gottes, Sie sind sehr gütig ...«

Alte Frauen, verschrumpelt wie Johannisbrot, fielen mit rasiermesserscharfen Zungen in das Geschrei ein, oder sie saßen da und kauten bedächtig in zeitlos greisenhaftem Rhythmus, die Gesichter faltig wie alte Filzhüte. Die Kinder liefen unbeaufsichtigt umher und schlängelten sich unter den Pferden hindurch, halb nackt in ihren schmutzigen Hemden. Die Männer saßen für sich, sie rauchten und tranken, flickten eine Sandale oder ein Stück Zaumzeug und unterhielten sich unaufhörlich mit dem trockenen kehligen Rasseln von Kieseln, die einen Rinnstein entlanggespült werden. Wenn es regnete, verbrachte ich den ganzen Tag in ihrer Gesellschaft, wir saßen unter der Galerie und betrachteten den düsteren Himmel. Von den Maultieren stieg ein leichter Dampf auf, die Balkone trieften. Wir rückten enger zusammen, gelangweilt, aber geborgen. Eine Frau besserte mir mein Hemd aus und faltete es zu meinen Füßen zusammen. Eine andere fragte mich über meine Schwester aus. Ein achtjähriges Kind kniete neben mir nieder und guckte mir in die Ohren. »Maria, verdammt, lass den Franzosen in Ruhe!« Manchmal stand ein halb verrücktes Mädchen weinend im Regen, während die Männer es neckten und verspotteten. Die riesengroßen Augen verengten sich und verschwammen in langsamen, trägen Tränen. Sie machte keinen Versuch, sich dem zu entziehen.

Wenn die Nacht kam, wirkten die elektrischen Birnen trüb und gespenstisch. Die Menschen sanken in ihre Schatten zurück. Nur Augen sah man noch, vom Rot der Feuer getroffen, schläfrig blinzelnd wie Fledermausaugen. Decken wurden auf den Steinen ausgebreitet, Familien streckten sich nebeneinander aus — die Mädchen in der Mitte bei den kleinen Kindern. Man seufzte und rückte sich zurecht, gekrümmt auf die Seite gerollt, und das Schwatzen erlosch mit den sterbenden Feuern. Dann hörte man nichts mehr außer dem gelegentlichen Erzittern eines Maultiers oder dem plötzlichen Ringen von Mann und Frau.

Der Regen hörte auf, ich ging wieder mit der Geige hinaus und begann unter den tropfenden Palmen zu spielen. Málaga war voll von Fremden — femininen Holländern, strohblonden Deutschen, Franzosen in Regenmänteln und englischen Debütantinnen. Ich streifte träge unter ihnen umher, spielte Lieder aller Nationen und erntete Drinks und Geld. Es war deutlich, dass die meisten Besucher einander bereits kannten, sie bildeten eine gemütliche Kolonie von Verbannten, in der man sich in ständig wechselnden Verhältnissen von Tisch zu Tisch und von Bar zu Bar bewegte.

Alle — nur nicht die englischen Debütantinnen, die mit ihren Hütchen auf dem Kopf für sich saßen, den Consul nicht aus den Augen ließen und melodisch von Mammi sprachen, während sie ein Glas faden Tee nach dem anderen schlürften. Sah man sie dort unter den Palmen im warmen Herbstdunst, kühl wie Tauben in ihrem Tennisweiß, welche Sehnsüchte erregten sie dann nach ihrer hellen Zartheit, dem Zahnpastaduft um die Lippen, und jenem eigenen regenverwaschenen Grau ihrer Augen, das nur im Ausland auffällt.

Doch die Mehrzahl in der Kolonie bestand aus jungen Deutschen, einer vielschichtigen und geheimnisvollen Schar. Die meisten schienen von unerklärlichen Aufträgen in Anspruch genommen, und nur wenige von ihnen waren wirklich so arm, wie sie aussahen. Aber sie waren freundlich, und ich war recht viel mit ihnen zusammen in ihren Schlupfwinkeln hinter der Kathedrale. Da war Karl aus Hamburg, für den ich Liebesbriefe schrieb. (Er liebte Mrs. Lucas, eine englische

Witwe.) Und Heinz, ein Lehrer (von dem es hieß, er sei ein Lockvogel oder Agent, aber ich erfuhr nie, für wen). Weiter gab es da drei Bayern, die in Sackleinen und Sandalen durch die Straßen paradierten, als wären sie auf dem Weg zum Schafott. Und Walter und Sulamith, zwei jüdische Flüchtlinge, die mit ihrem einjährigen Kind von Berlin fortgegangen waren. Ich sehe sie heute als Bestandteile der damaligen dunklen Zeiten, und die meisten von ihnen führten offenbar ein Doppelleben. Sie traten mir genauso misstrauisch gegenüber, versuchten immer wieder, mir hinter die Schliche zu kommen und machten Anspielungen auf Rollen, die ich ihrer Meinung nach spielte. Doch bei all ihrer scheinbaren Fröhlichkeit und Gruppensolidarität galt ihr Argwohn in erster Linie den eigenen Leuten.

Die feuchten heißen Tage erfüllten die Stadt allmählich mit einer Art liebenswerter Trägheit. Zigeuner vom Fluss begannen auf den Märkten zu stehlen, aber niemand machte den Versuch, sie daran zu hindern. Kinder schwärmten in den Türmen umher, läuteten wie verrückt die Glocken, und niemand unternahm etwas dagegen. Selbst die Maultiere hörten auf zu arbeiten und streiften ziellos durch die Straßen wie Touristen, die vom Lande hereingekommen waren.

Eines schwülen Mittags beschloss ich zur Burg hinaufzusteigen, um etwas Luft zu schnappen und vielleicht einen Blick aufs Meer zu erhaschen. Am Abhang lagen Hütten verstreut, übereinandergeschachtelt, und Frauen saßen auf den Türstufen und fächelten sich mit Pappstücken Luft zu. Sie ließen, wenn sie mich kommen sahen, funkelnde Goldzähne aufblitzen, und riefen mir freundliche Einladungen zu. Dann winkte mich eine von ihnen nach drinnen und bot mir ihre riesige Tochter an, die sich auf einem ungeheuren Messingbett räkelte. Der Anblick des Mädchens und des Betts wirkte in der winzigen Stube wie ein wohlbekannter Albtraum aus »Alice im Wunderland«. Ich konnte nur lächeln und stottern, mich am Türpfosten festhalten und so tun, als ob ich nichts verstünde. »Liebe!«, schrie die Mutter und rüttelte am Bett, bis es klapperte, während das Mädchen sich wie ein Walfisch in der Sonne träge wälzte. Ich gratulierte der Frau und redete mich heraus, indem ich sagte, es sei noch zu früh am Tage. »Gütiger Himmel!«, rief sie, »was kann man denn sonst machen?«

Ein großer Teil des besitzlosen Málaga lebte — wie diese Elendsviertel am Berghang — unmittelbar vom Hafen. Tagsüber gingen die Armen um Essen an die Schiffe, und nachts kamen die Matrosen in die Stadt. Eines Abends traf ich eine Gruppe, die eben von einem britischen Tanker kam, vier kleine, abgerackerte Männer, die im Gänsemarsch eine Straße entlangzogen, wobei sie einander wie Schiffe im Nebel zuriefen. »Wo gehen wir denn hin, Geordie?« — »Weiß nich', Jock, mach hinne.« Sie trugen mehrere Stangen Karbolseife. Ich führte sie in eine Taverne hinter dem Markt, wo wir die Seife gegen Flaschen voll Branntwein eintauschten. Die einheimische Seife war damals wie Sand, und die Karbolseife vom Schiff galt mehr als Geld.

Mit einem Glas in der Hand fühlten sich die Matrosen wohler, sie knöpften ihre Hemden auf und begannen zu strahlen und zu schwitzen. Ihre Gespräche bestanden aus Dialektfetzen, kraftvoll, knapp und witzig; Salven von Phantasie, Schmutz und Beleidigungen, die sie eindeutig als britische Landsleute erkennen ließen.

Jock, Geordie, Lenny und Bill; zwei kamen aus Liverpool, zwei aus Glasgow. Sie waren alle älter als ich, sprachen betont höflich mit mir und milderten ihre Flüche. Ihre Hauptsorge bestand darin, dass sie genug zu trinken hätten, nachdem sie endlich sicher an Land gegangen waren. Sie tranken also wie die Verrückten, Entschlossenheit leuchtete aus ihren Gesichtern, sie packten die Flaschen, stießen Gläser um, mischten Schnaps, Anis, Wein und Bier — alles in einem einzigen irren bewusstseinslöschenden Fest.

Betäubung war das Ziel, und da gab es keine Zwischenstadien, keine Lieder, Tränen oder Streitereien. Geordie, der Heizer, ging als Erster hinüber; er rutschte langsam von seinem Stuhl. »Weißte, ich hab diese Frau geliebt«, sagte er vom Fußboden her. »Ich hab die Frau geliebt, musst du wissen. Verstehste?« Er packte das Bein eines vorübergehenden Fischers. »Ist wirklich wahr, ich hab die Frau geliebt …« Jock und Bill folgten ihm alsbald, sanken schweigend und mit leeren Augen zusammen und fielen übereinander. Dann war Lenny an der Reihe. »Ich hab noch Dienst!«, sagte er, stand auf und lief gegen die Wand.

Mitternacht war längst vorbei, als ich sie auf ihr Schiff brachte und in ihren Kojen verstaute. Ich war selbst schon weit drüber, und die Wache ließ mich an Bord schlafen — das heißt, sofern er überhaupt etwas davon merkte. Am nächsten Morgen waren die Seeleute heiter wie die Lerchen und tauchten die Köpfe in Eimer voll Wasser. »Waren wir hinüber, alle miteinander.« Zum Frühstück gab es Hammelkoteletts.

Der Regen kam wieder, und große schwarze Gewitter wälzten sich täglich vom Meer herein. Ich vertauschte deshalb das ausgesetzte Dasein im offenen Hof der Schenke mit einem Sechsbettzimmer im Obergeschoß, wo man für eine Peseta die Nacht in feuchten grauen Laken unter einem krummen undichten Dach schlafen konnte. Meine Gefährten waren Artisten von einem durchreisenden Zirkus, die des Wetters wegen vorübergehend gestrandet waren; zu ihnen gehörten ein asthmatischer Bauchredner, der in seinem (und unserem) Schlaf redete; vier Zwerge, die ein Bett miteinander teilten; und ein Mann mit einer Vogelnummer, der einen weißen Backenbart hatte und allein schlief — völlig angekleidet, mit Zylinder und Stiefeln. Ein weiterer Hausgenosse war Avelino, ein Student aus Ronda, der ein dunkles kleines Zimmer unten im Gang bewohnte. Er war ein verkrampfter junger Mann mit den sanften Augen eines Lemuren und einem gequälten blau schimmernden Gesicht. Er schlich immer ängstlich auf seinen Fußspitzen umher und ließ dabei einen Rosenkranz aus Pflaumenkernen durch die Finger gleiten. Vielleicht erblick-te er in mir ein verlorenes Schäfchen, einen traurigen Verbannten ohne Gott und ohne Heimat; jedenfalls wurde ich bald Gegenstand seiner nie ermüdenden Aufmerksamkeit, ihm eigens zur Übung der Nächstenliebe aufgebürdet.

Unermüdlich, stumm und zurückhaltend verfolgte er mich eine Woche lang tagsüber wie ein Schatten. Wenn ich in einem Café beim Essen saß, sah ich, wie er mich von der Tür her beobachtete, und wenn ich wegging, stellte ich fest, dass er die Rechnung bezahlt hatte. Wenn ich auf der Straße Geige spielte, marschierte er schweigend auf und ab und ließ beim Vorübergehen Münzen in meinen Hut fallen. Wenn ich in meinem Zimmer schrieb, tauchte er plötzlich hinter mir auf und steckte mir eine angezündete Zigarette zwischen die Lippen.

Da waren dann auch noch die heimlichen kleinen Geschenke, die ich auf meinem Bett vorfand: ein Blumenstrauß,

Tabak, ein Hemd; und dann eines Morgens ein Gedicht, das sorgfältig ans Kissen gesteckt war, in schöner Handschrift, wie gestochen und frisch zu Papier gebracht: »Er schläft, der junge Mann, fern seiner Heimat und seiner Familie, er vergisst sein trauriges Dasein und weiß nicht, dass seine Musik morgen vom Winde zerstreut und über die Dächer verweht sein wird.«

Am Ende der Woche brach Avelino sein Schweigen und sagte, er habe einen Plan für unsere Zukunft gemacht. Er werde eine Schule gründen, und ich würde mich ihm dabei anschließen. Er werde Ethik und Philosophie lehren, und ich Englisch und Kunst — so fände auch ich eine angemessene Stellung in der Welt. »Du wirst dann Anzug und Krawatte tragen und stolz durch die Straßen gehen, dich vor deinen Freunden verneigen und ›Adiós‹ sagen. Und man wird dir ›Adiós‹ antworten, und du wärst ein geachteter Mann. Alles wäre kultiviert und sehr würdig …« Seine Stimme erstarb plötzlich. Er zog ein Kruzifix aus dem Hemd, bedeckte es mit Küssen und floh aus dem Zimmer. Am nächsten Morgen sagte man mir, er sei wieder nach Ronda zurückgekehrt, nachdem er sein Geld und seine Kleider dem Pförtner geschenkt habe.

Während meiner letzten Tage in Málaga stand ich fast vor einer Katastrophe — meine Geige zerfiel mir plötzlich in den Händen. Die allzu starke Sonneneinwirkung hatte anscheinend die Verleimung gelöst, und das Instrument ging einfach in Stücke. Freunde im Gasthaus taten ihr Möglichstes, um mir zu helfen; sie lösten Leim in ihren Kochtöpfen auf. Die Geige, die inzwischen wie ein Haufen Hühnerknochen aussah, wurde wieder zusammengesetzt und neu verleimt. Mehrere Tage lang lag sie fest verschnürt unter meinem Bett, in Sackleinen gehüllt und mit Steinen beschwert. Aber die Verleimung wollte nicht halten, und sobald ich die Saiten anzog, fiel das ganze Ding wieder auseinander.

Ich machte mir Sorgen. Ohne die Geige sah ich keine Möglichkeit, mir meinen Lebensunterhalt zu verdienen, und bald würde ich ohne Geld dastehen. Es war alles gar zu leicht gewesen; wo immer ich hingekommen war, hatte ich mir mit ein paar Melodien eine Mahlzeit verdient. Nun streifte ich wie betäubt in Málaga umher, als hätte ich verlernt, meine Hände zu gebrauchen. Es blieb mir vermutlich nur eines übrig — mich einer Schiffsmannschaft anzuschließen, Spanien zu verlassen und heimzukehren.

Glücklicherweise war das nicht notwendig. Ein Dampfer lief die Bucht an, mit fünfhundert britischen Touristen an Bord, und ich etablierte mich als Führer, organisierte verbilligte Taxis, englische Tees und Ausflüge ins Gebirge. Es ging mir recht gut dabei, und ich glaubte schon, auf diese Weise über den Winter zu kommen, als die einheimischen Führer sich gegen mich zusammentaten. Wenn ich nicht wieder zu meiner Geige zurückkehrte, würden sie mich ins Wasser werfen, sagten sie.

So saß ich wieder in der Klemme. Doch mich rettete ein weiterer glücklicher Zufall. Ich traf einen jungen Deutschen aus der Sprachschule. Ob ich wohl zufällig jemanden kenne, der eine Geige brauche? Er habe eine übrig. Sie gehörte seiner Freundin, und die war ihm mit einem Schweden durchgebrannt. Er gab sie mir umsonst.

ALMUÑÉCAR

Als der Dezember hereinbrach, beschloss ich, mich den Winter über nach Almuñécar zurückzuziehen, das neunzig Kilometer östlich von Málaga liegt. Es war ein verfallenes kleines Dorf inmitten eines kieseligen Deltas, auf einem einzeln stehenden Felsen errichtet, mit einer Zickzacksilhouette von Bergen im Rücken und einem grauen Sandstreifen vor sich, von dem manche Leute hofften, dass er Touristen anlocken werde.

Es gab zwei Hotels; das eine betrieb ein Schweizer, der mir freie Logis anbot, wenn ich dafür einige Pflichten übernähme wie Hilfe in der Küche, das Ausbessern von Türen und Fenstern und abendliches Geigespielen im Restaurant. Das Hotel war neu, aber am Strand errichtet, sodass die Wellen durch die Fenster hereinbrachen; die schönen Betonmauern fingen schon an abzubröckeln, und der Besitzer war von Sorgen geplagt.

Herr Brandt muss so etwas wie ein Pionier an dieser Küste gewesen sein, aber er war zwanzig Jahre zu früh gekommen; ich fand ihn schon am Rande eines Nervenzusammenbruchs vor, er war überzeugt, dass alles, was er hineingesteckt hatte, bald den Anarchisten zufallen würde. Er wusch sich andauernd die Hände und anschließend auch die Seife und wechselte regelmäßig alle Türschlösser. Bei der Führung seines Geschäfts war er einfallsreich auf eine nahezu verzweifelte Weise, und während das Nachbarhotel den Winter über zusperrte, hatte er sich vorgenommen, das seine offen zu halten, indem er die hallenden Räume zu einem Treffpunkt der einheimischen guten Gesellschaft machte und musikalische Tees, kalte Buffets und Tanzabende veranstaltete.

Ich wurde also unter sein Personal aufgenommen und sollte mir ein paar neue Sachen zum Anziehen kaufen. Dann bekam ich ein Mansardenzimmer gemeinsam mit einem jungen Juden aus Köln, den die Hausmädchen »Don Jacobo« nannten.

Jacobo war zwischen zwanzig und dreißig, klein und rundlich, trug ein Hitlerbärtchen und war beweglich wie ein Gummiball. Oben auf dem Kopf schon kahl, hatte er über der Stirn ein Haarbüschel, das sich je nach Gemütsverfassung hob und senkte und mit beachtlichen Portionen Öl, ja bisweilen sogar mit Schweinefett gebändigt werden musste. Für Herrn Brandt war er ein Segen, da er als Dolmetscher, Schlepper, Empfangschef, Schuhputzer und Gigolo tätig sein konnte. Er konnte auch Akkordeon spielen, welches zusammen mit meiner Geige das Hotelorchester bildete.

Jacobo sprach schludrig und ohne alle Hemmungen Englisch. Als ich ihm zum ersten Mal begegnete, durchwühlte er verzweifelt auf allen vieren einen Haufen Wäsche.

»Heute morgen«, sagte er, »ich habe viele Ärger mit Waschweib — sie hat verloren mein neues Hemd. Und heute abends, wissen Sie, habe ich ein Mädchen aus dem Dorf — sie soll kommen nach Abendbrot.«

Er kannte jeden in Almuñécar, und jeder mochte ihn. Er wirkte in mehreren Sprachen überzeugend. Sein Charme hatte etwas Schmelzendes, nachgiebig und elastisch, und trotz seines Äußeren galt Jacobo als schöner Mann.

Ich weiß noch, dass ich kurz nach meiner Ankunft einmal tief in der Nacht aufwachte und ihn dabei ertappte, wie er sich vor dem Spiegel den Kopf puderte. Er trug ein langes blaues Gewand wie ein Chinese und duftete stark nach exotischen Ölen. Als er sah, dass er mich aufgeweckt hatte, kicherte er und legte einen Finger auf die Lippen. »Sagen Sie nichts, mein Freund. Ich bin unten erwartet. Jemand auf mich wartet in dieses Hotel.«

Der Jemand war eine Witwe aus Paris, die für eine Nacht gekommen war und dann drei Wochen blieb, in denen wir eine lange Abfolge gestörter Nächte hatten, mit Jacobo auf Abruf wie ein Leibarzt. Jeden Vormittag übten wir miteinander auf dem Dach, wo wir eine Auswahl musikalischer Leckerbissen zusammenstellten. Jacobo war ein geschickter Akkordeonspieler, der sein Instrument mit stürmischem Vergnügen handhabte; offenbar passte es recht gut zu seinen luftigen Leidenschaften. Sehr bald hatten wir ein brauchbares Repertoire beisammen, das Herrn Brandts Ansprüchen genügte — Opernarien für den Fünf-Uhr-Tee, Serenaden für den Abend, Pasodobles und Tangos zum Tanzen.

Am Sonntag vor Weihnachten gaben wir unser erstes Grand Concert, das aber leider durch explodierende Weinflaschen verdorben wurde, eine Serie laut hallender Impromptus, die auf fehlerhafte Lieferungen zurückzuführen waren und unser Publikum in Verwirrung stürzten. Etwas mehr Erfolg hatten wir mit unseren Tanzabenden am Wochenende, die in einer Art weiß gefliestem Waschhaus im Souterrain abgehalten wurden. Das waren sehr förmliche Veranstaltungen, voll von unterdrückter Sexualität, die durch die steife andalusische Etikette gebändigt wurde. Die Mädchen erschienen in Begleitung und saßen hübsch wie Buntpapier rings an den Wänden aufgereiht; ihr schmetterlingshaftes Beben zum Klang der Musik zog rasch die jungen Männer aus dem nächtlichen Dunkel herbei. Kontakt war nur über wachsame Dritte — Mütter, Brüder oder Tanten — möglich, doch die Tanzabende verbargen unter all ihrer Geziertheit heftige Emotionen und waren eine Zeit lang die große Mode.

Das aus Steinen des Flussdeltas erbaute Almuñécar war grau, fast düster walisisch. Die Straßen waren steil, ungleichmäßig gepflastert und von rohen kleinen Bögen überspannt, während der Hauptplatz einem Gutshof mit Kopfsteinpflaster glich. Ein Teil der Burg diente jetzt als Friedhof, ein Teil des Rathauses als Gefängnis, aber Glanz und Ruhm der Vergangenheit waren sichtlich im Schwinden begriffen.

Zur Zeit der Mauren war Almuñécar eine Festung der vordersten Linie gewesen, die sich hoch über der Flussmündung erhob und das reiche Flusstal bewachte, das sich durch die Sierra dem islamischen Paradiese Granadas entgegenwand. Ein paar hundert Jahre später war es auch die Stätte des Abschieds der besiegten Kalifen, als sie aus Spanien vertrieben wurden; ein wogenumtostes Kreuz auf einem Felsen vor der Küste zeigte die Stelle an, wo sie davongesegelt waren.

Sah man von einigen wenigen Kaufleuten, Grundbesitzern und Beamten aus Granada ab, so gab es in dem Dorf heute nur arme Leute, und die verfallene Burg auf dem Hügel war wie eine ständige Erinnerung daran, dass nicht die Bewohner von Almuñécar, sondern jemand anders Sieger geblieben war. Die Bauern hatten nur zwei Möglichkeiten, sich ihren

Lebensunterhalt zu verdienen — das Zuckerrohr und die Küstenfischerei, und beides war mit schwerer Mühsal verbunden.

Der Streifen schmutzig-grauen Sandes, der das Land vom Meer trennte, war eine Grenze zwischen zwei Formen der Armut. Das Zuckerrohr im Delta, das trocken im Winde raschelte, erwies sich selbst zur Zeit der Ernte als trügerisch, denn es konnte im besten Fall Arbeit für ein paar Wochen bieten; in der Zwischenzeit waren die Männer im Leerlauf.

Im Vergleich mit dem Meer jedoch, das nur eine geringe Beute an kümmerlichen Sardinen hergab, war das Land noch reich. Es gab weder Schiffe noch Ausrüstung für Tiefseefischerei, das Dorf war an die öden Küstenwasser gekettet, seicht und ausgeplündert, verzweifelt befischt, um mehr als steten Vorwurf zu erbringen.

Ich erinnere mich noch an die kalten roten Morgenstunden, wenn die Fischer unmittelbar vor Sonnenaufgang herunter an den Strand kamen, leisen Schrittes in ihren Espadrilles durch den Nebel trabend, oder auch barfuß, mit tintenschwarzen Füßen. Zwei Boote fuhren dann jeweils hinaus in die trübe See, indigofarbene Schatten vor der Morgendämmerung, während die Männer wild ruderten und einander mit heiserer Stimme zuriefen.

Mindestens dreißig Männer blieben dann wartend am Ufer stehen und sahen den Ruderern mit zusammengekniffenen Augen nach. Die Boote jagten die Fische und entrollten flink das Netz, um die wenigen einzukreisen, die noch da waren. Mühevoll breiteten sie es über das Meer aus, in einer langen, hüpfenden Linie, kehrten dann um und ruderten zurück, wobei sie die beiden losen Enden schleppten — und jetzt gingen die Männer am Strand an die Arbeit.

In zwei Mannschaften liefen sie mit aufgekrempelten Hosen in die spritzenden Wellen und packten jeweils ein Ende des sinkenden Netzes. Eine Stunde lang holten sie es ein, legten keuchend den Weg strandaufwärts zurück, tief gebückt, die Zehen in den Sand gebohrt, während die vordersten zurückrannten, um sich am Ende wieder anzuschließen, einer wie der andere schweigend das Gesicht dem Erdboden zugekehrt. Die beiden langen Reihen von Fischern, die aus dem Wasser gestapft kamen, hätten auch Kulis sein können oder ägyptische Sklaven, wie sie langsam das Gewicht eines Netzes hinter sich herzogen, das einen halben Kilometer Meer umfasste.

Es war eine Arbeit, die weder Gnade noch Würde oder Lohn kannte, und die Männer zerrten ohne Hoffnung am Netz, ein jeder ächzend und sich abrackernd in der gebückten Haltung eines Tiers, das Gesicht dem Hinterteil des Vordermannes zugekehrt. Es war eine quälende Stunde der Kraftvergeudung, zu geistlos, um Kameradschaft entstehen zu lassen. Wenn das Netzende schließlich an die Küste gezogen war, versammelten sich die Männer schweigend im Kreis, während die wenigen Kilo Sardinen, ein Haufen schmutzigen Silbers, aufblitzend im Sand starben.

Dann erschien der Versteigerer, im Schlafanzug und unrasiert, und setzte einen kümmerlichen Preis fest. Vielleicht fünfzig Peseten — die Hälfte für den Besitzer der Boote und der Rest für vierzig Männer. Manchmal war der Preis so niedrig, dass es nicht zum Verkauf kam; dann teilten die Männer die Fische unter sich auf, indem sie sie langsam in vierzig Häufchen auszählten, eine sandige Faustvoll für die Familie eines jeden.

Vor diesem Hintergrund war das Hotel am Strand eine aufgedonnerte Protzerei, völlig unangemessen und geschmacklos. Ich arbeitete und schlief weiterhin dort und nahm auch meine Mahlzeiten darin ein, verbrachte aber so viel Zeit wie möglich im Dorf.

Es hatte wenig zu bieten, außer für Leute, die alle Zeit dieser Welt hatten. Die kleinen höhlenartigen Läden hatten fast nichts zu verkaufen als Sandalen und Sonnenblumenkerne — seltsamerweise gab es eine Buchhandlung, die allerdings nur vier Bücher führte — Milton, Homer, Andréjew und Machado.

In ihrer äußeren Erscheinung zeigten die Dorfbewohner den starken arabischen Einschlag, den die katholische Eroberung nicht hatte austreiben können — die alten Frauen starr und schwarz wie Matriarchinnen der Wüste, die Körper mit ungesundem Fett beladen; die Männer klein und knochig wie vertrocknete Vögel, mürrisch am Rand des Meeres aufgereiht. Die Männer verbrachten einen großen Teil des Tages damit, einfach auf ihre Hände zu starren und an Zigaretten aus Buchenlaub zu ziehen — einen zungenätzenden Rauch, dem der Saft des Zuckerrohrs und eine scharfe herbe Wurzel aus den Bergen das Aroma gaben. Die Einzigen, die Arbeit hatten, waren offenbar die Dorfmädchen, die fast alle bei den besseren Familien in Dienst standen, wo man — für ein Schrankbett und ein paar Pfund pro Jahr — von ihnen erwartete, dass sie den gesamten Haushalt führten und die Männer von den Bordellen fernhielten.

Wie auch anderswo an der Küste, waren die Dorfbewohner Fatalisten, von einer gedämpften und gewollten Apathie angekränkelt. Nur selten konnte man in den Augen der jüngeren Männer die verzweifelte Hoffnung erkennen, für die sie lebten. Die Kinder dagegen waren ein anderer Menschenschlag, sie bewegten sich in einer Welt kurzlebiger, unbekümmerter Heiterkeit — wunderschöne verlauste Geschöpfe mit starken weißen Zähnen und kranken, rotentzündeten Augen. Sie tollten in ihren Lumpen umher, grapschten nach allem Essbaren, und nie hörte man sie jammern; sie lebten von ihrer Anmut, wurden verhätschelt, verwöhnt und mit unbefangener Liebe überschüttet; man strafte sie nur, wenn sie sich Fremden gegenüber schlecht benahmen.

Das schlechte Wetter setzte ein, die Berge verschwanden im Nebel und das Dorf sah walisischer aus als je zuvor. Die Rinnsteine sprudelten und gurgelten, die Leute krochen in Sackleinen gehüllt umher, und der Regen fiel unentwegt, wie kaltes nasses Blei.

Es gab weder Gäste im Hotel noch Schiffe auf dem Meer, so ging ich wie alle anderen in die Bars. Hier traf ich dann Manolo, den Kellner; Felipe, den Koch; und »Gambas«, den verkrüppelten Portier, und immer eine Gruppe junger Fischer mit nassem Sand an den Füßen sowie ein paar Landarbeiter von den Bauernhöfen drunten. Wir tranken schlechten Branntwein mit kochendem Wasser vermischt, der oft billiger war als Wein, und aßen Morunos — kleine Stücke heißes Schweinefleisch, aus den fetten Teilen geschnitten und in einer Sauce gedünstet.

Meist unterhielten wir uns, während der Regen gegen die Fenster schlug und die Getränke auf der Schank dampften. Die Gespräche waren doppeldeutig, voller Anspielungen und Sprichwörter, in gewohnter Vorsicht gut abgesichert. Personen in öffentlichen Ämtern wurden nie beim Namen genannt, sondern stets unter einem Geheimcode, gewöhnlich ihren Geschlechtsteilen. Auch Meinungen und Urteile wurden in Metaphern gekleidet, in volkstümliche Redewendungen, die aus einer gemeinsamen Quelle stammten.

»Wer mit Hunden schläft, steht mit Flöhen auf.«

»Hörner sieht nur der nicht, der sie trägt.«

Oder wenn die Kellnerin mit einem Stapel Wäsche stolperte und einem alten Mann auf den Schoß fiel: »Gott gibt die Nüsse immer den Zahnlosen.«

Während dieser kalten feuchten Tage traf man, wenn man in einer Bar nach der anderen untertauchte, die üblichen einheimischen Originale. Da war Manolos Bruder, der immer einen Kieselstein im Mund hatte, weil man so den Schnaps länger schmeckte. Und Jorge, der einen Spatz darauf dressiert hatte, dass er bei anderen Leuten aus dem Glas nippte und ihm dann den vollen Schnabel an den Mund brachte. Wenn der Vogel einmal stirbt, sagte Georgio, werde ich weinen, weinen, weinen! Jeder in der Bar stimmte ihm zu. Da war auch noch Pau, ein junger Fischer, der sich selbst das Schreiben beibrachte, indem er die Tavernenwand als Schreibheft benutzte, manchmal aber vor Frustration zornig wurde und die Wand mit Fäusten schlug, bis ihm das Blut über die Knöchel rann.

Gelegentlich, wenn Nichtstun und Langeweile zu einem Auflodern freudloser Zügellosigkeit führten, nahmen die Dinge eine gefährliche Wendung. Dann packte man den Dorftrottel, fesselte ihn an einen Stuhl und quälte ihn, bis er schrie. Man goss ihm Wein auf den Kopf, oder ein Mann hielt ihn an den Ohren fest, während ein anderer ihm das Gesicht mit Senf beschmierte. War die Versammlung vorüber, hatten alle rote Gesichter und fühlten sich erleichtert. Sogar der Gendarm kam herein und schaute zu.

Andere Male wurden die Männer still und sanft, sie standen da, legten einander die Arme um die Schultern, und einer sang ein gedämpftes Klagelied im Falsett. Obwohl wir stundenlang in den Lokalen saßen, war fast niemals jemand betrunken, was vielleicht auf die großen Abstände zurückzuführen war, in denen wir tranken. Doch da ich an den Schnaps nicht gewöhnt war, setzte er mir manchmal schwer zu, und ich merkte dann plötzlich, dass ich meine Umgebung verwundert anstarrte. Ich sah dann etwa einen Zigeuner hereinkommen, mit einem großen roten Mund, als hätte er in einen Septembermond gebissen. Das waren Augenblicke jener reinen, fast jungfräulichen Berauschtheit, zu denen jedes spätere Trinken vergeblich zurückzufinden sucht.

Manolo, der Kellner, gab auf mich Acht, wenn ich betrunken war, und versuchte mich aufzuheitern wie ein Großvater. Ich weiß noch, dass er eines Abends während eines besonders blitzreichen Gewitters, bei dem der Himmel elektrische Funken spie, beim Leuchtturm anrief und den Leuten dort sagte, sie sollten doch den Unsinn lassen, der Engländer möge das nicht …

Manolo war etwa dreißig Jahre alt, hübsch wie ein Playboy, aber mürrisch und ein Idealist. Er war der Anführer einer Gruppe von Fischern und Arbeitern, die mich allmählich auch akzeptierten. Wir trafen uns in einem rosa getünchten Zimmer hinten im Lokal und unterhielten uns über die Zukunft — eine Welt ohne Kirche und Regierung und Armee, in der jeder Mensch seine eigene Regierung darstellen würde.

Es war eine einfache, unkomplizierte Ansicht vom Leben, schwarz-weiß wie die Kindheit, und während Manolo redete, hörten die Fischer zu und ließen die Köpfe auf und nieder schaukeln wie Korken. Ihre Väter hatten von solchen Versprechungen nie etwas gehört oder gewusst. Jahrhunderte der Finsternis lagen hinter ihnen. Jetzt hatten wir Januar 1936, und diese Dinge waren plötzlich denkbar und möglich, ja sogar in Reichweite gerückt.

Doch zuvor, sagte Manolo, musste Tod und Auflösung kommen; vieles musste zerstört und beseitigt werden. Felipe, der Koch, der Essen und Mädchen liebte, war der Besänftiger, er predigte Liebe und Vernunft. Keine Gewehre, sagte er, sie entwürdigen das Fleisch, und keine Zerstörung, die den Geist entwürdigt. Trotzdem wusste jeder, dass sich jetzt Gewehre im Dorf befanden, die früher nicht dagewesen waren.

Das Leben müsse rein beginnen, sagte Manolo, schon um der Kinder willen. Erst wenn die Tyrannen vernichtet und dieser Bazillus von Grund auf ausgetilgt sei, könnten Liebe und Freiheit und so weiter … Seine apokalyptischen Worte fielen wie Hammerschläge — aber wie so oft verließ ihn der Mut. Dann krümmte er sich am Tisch wie in plötzlichem Schmerz und schlug die Fäuste gegeneinander. »Sie werden uns daran hindern«, stöhnte er dann. »Sie werden das Militär einschalten. Wir haben keine Chance.«

Hinter den strahlenden Plänen und den Ausbrüchen von Optimismus lauerte diese verzehrende und verzweifelte Sorge. Sie alle wurden offenbar von Zeit zu Zeit von ihr befallen, und sie machte die Zusammenkünfte nur noch tragischer. Trotz der naiven Vereinfachungen handelte es sich hier um einen Kriegsrat, der sich gegen den allseits bekannten örtlichen Gegner richtete. Manchmal kam Manolo und hatte die Taschen mit Flugschriften vollgestopft, die er sorgfältig auf dem Tisch auslegte. Sie waren schlecht und auf aschgraues Papier gedruckt, aber sie hätten auch Tafeln aus der Zeit der

Propheten sein können. Jeder saß grübelnd davor, fuhr mit dem Finger die Zeilen nach und buchstabierte sich langsam die Worte zusammen. Die brüderlichen Grüße in roter Farbe, die Zeichnungen — heldenhafte Arbeiter mit Fahnen — stellten seltsame neue Mythen in ihrem Leben dar. So auch die kühnen Ratschläge für die Neuordnung der Landgüter und Fischereibetriebe, sobald der Sieg errungen wäre. Doch sie wussten schon beim Lesen, dass dies kein leicht errungenes Paradies sein würde. Zuerst musste das Dorf um seinetwillen brennen.

»Lorenzo«, sagte Manolo mit einem Anflug von Scham in der Stimme, »wir werden die Hilfe der ganzen Welt brauchen.«

Der Winter schloss mit dem »Küssen der Füße Christi«, dem eine feierliche Prozession mit Fackeln voranging. Überall im Dorf sah man die schwarz geränderten Bekanntmachungen angeschlagen, dicht neben den Mauerinschriften, die zur Revolution aufriefen. »Besapiés al Santíssimo Cristo de la Buena Muerte en su Capilla de la Patrona.« Küssen der Füße des Heiligsten Christus vom Guten Tod in der Kapelle auf dem Hügel, in einer Felsspalte unmittelbar unter der Burg.

Klagend kamen die Frauen und Mädchen durch die Straßen gezogen; barfuß stolperten sie über die schieferfarbenen Kopfsteine und trugen das furchtbare Bildnis auf den Schultern wie einen Ertrunkenen, den man aus dem Meer gezogen hatte. Der Christus war aus altem Holz von der Farbe des Mondlichts geschnitzt, erstarrt in der Härte eines hässlichen Todes, die Wunden feucht schimmernd von frischer roter Farbe, das Gesicht ausgehöhlt und schon in Verwesung begriffen.

Die Frauen trugen es abwechselnd; gekrümmt wie alte Weiber und ächzend unter der Last, zerrten sie die sperrige Gestalt durch die engen Gassen, wo die nageldurchbohrten Arme die Mauern entlangkratzten. Die meisten Männer schienen sich an diesem Abend fernzuhalten: Dies war ein Anlass für weibliche Trauer. Die Kiefernfackeln tropften und knisterten, und Reisigfeuer sprenkelten den Hügel. Ein Klagen hoher Stimmen durchdrang das ganze Dorf, wand sich schwermütig zwischen den Häusern hindurch, während die Flammen der Fackeln urweltliche Schatten warfen und riesenhafte Fetzen grellen Lichts, die die Gesichter der Frauen mit zuckenden Masken bedeckten, halb trauervoll, halb teuflisch grinsend.

Ich folgte der Prozession, bis sie die Kapelle erreichte, wo ein strenger junger Priester sie erwartete. Das Kruzifix wurde zwischen Steinen aufgerichtet und mit brennenden Fackeln umgeben. Die Frauen sanken auf die Knie. Dann wandte sich der Priester zu uns und sprach davon, wie großartig die Gläubigen seien und wie verflucht die Materialisten von heute. Man hörte sie »Hab Erbarmen!«, »Herr!« und »Errette mich!« rufen, und Lilien wurden an die Füße Christi gebunden. Er thronte hölzern über uns im Licht der Fackeln, und seine Zehen glänzten schon von den Lippen der Frauen.

Im Februar kamen die Wahlen, sie endeten mit einem Sieg der Sozialisten. Das bedeutete keine Befreiung, sondern nur ein Nachlassen der Verwirrung. Ein Ende jahrelangen Lauschens und Wartens darauf, dass sich etwas ereignen möge. Plötzlich war alles offenkundig.

Eine Volksfront, hieß es, endlich eine Volksregierung! Manolo ging mit strahlendem Gesicht umher. Die Bauern und Fischer standen den ganzen Tag auf der Plaza; sie sprachen jetzt offener, warteten aber ab. Das Ergebnis der Wahl hatte ihnen Macht gegeben, aber sie war noch zu heiß zum Anfassen. Die Neuigkeit war in Wirklichkeit für niemanden ein Sieg, sondern eher eine Kriegserklärung.

Almuñécar war wie ganz Spanien in sich gespalten, und die beiden Seiten rückten voneinander ab und waren auf der Hut. Zunächst geschah nicht viel — die Fischer ergriffen Besitz von einem Boot, die Bauern eigneten sich ein Stück Land an. Die Eigentümer verhielten sich indessen still, saßen flüsternd im Casino, spähten durch die vorgezogenen Vorhänge und warteten.

Der Frühling kam mit einem Schwall Schneewasser aus der Sierra, das einen langen roten Flecken ins Meer hinaustrug. Ein junges Mädchen starb und wurde im offenen Sarg zu einem letzten Besuch von Haus zu Haus getragen. Ich sehe noch ihr stilles, glattes Gesicht vor mir, so grün wie Moos, und die Baumwolle in ihren Nasenlöchern wie Wölkchen gefrorenen Atems.

Mit einem Schlag breitete sich eine leuchtende grüne Decke über die Felder, Laken wilder Blumen überzogen die ausgetrockneten Hügel — Orchideen durchbrachen den Staub, Anemonen bekränzten die Felsen, und Mandelblüten sprangen auf wie gerösteter Mais. Die Unruhe im Dorf war Teil dieses Frühlings, es war, wie wenn einem das Blut zu Kopf steigt, und sie brachte eine seltsame Auflockerung im Verhalten und Benehmen mit sich, eine neue Freiheit zwischen den Geschlechtern.

Immer noch arrangierten Jacobo und ich die Tanzabende im Hotel, aber sie hatten jetzt eine andere Färbung. Mit den steifen und schmachtenden kleinen Heiratsmärkten, mit den

Aufpassern und pomadisierten Freiern war es vorbei; nun beherrschten junge Fischer und Arbeiter den Tanzboden, die salopp in himmelblauen Hemden kamen, ihre Mädchen in den Baumwollkleidern mit ruhigem Besitzerstolz umarmten und den Foxtrott stampften.

Herr Brandt, der unruhiger und nervöser war denn je, erkannte die Zeichen und ließ die jungen Leute ohne Eintrittsgeld herein. Sie tranken lieber das billige schäumende Bier als den vornehmen Sherry, und Manolo bediente sie mit kameradschaftlichem Stolz. Zusammen mit dem Koch und dem Portier war er jetzt der eigentliche Leiter des Hotels und behandelte Herrn Brandt mit penibler Unverschämtheit; er war zu stolz, ihn zu bestehlen, machte ihm aber trotzdem klar, dass diese neuen Gäste die Einzigen waren, auf die es ankam.

Die Burschen und Mädchen von Almuñécar nutzten also unsere lärmenden Tanzabende dazu, ihre neu eroberten Freiheiten zu erproben. An den warmen Frühlingsabenden klammerten sie sich inbrünstig aneinander, als wäre solch ein vertrauter Umgang eine neue Erfindung, sie tanzten, hielten Händchen oder gingen paarweise mit verschlungenen Armen am Strand spazieren und sahen einander aufmerksam ins Gesicht.

Es gab auch noch andere Freiheiten. Bücher und Filme tauchten auf, die nicht von Kirche oder Staat verstümmelt waren und den Bauern an der Küste zum ersten Mal seit Generationen den Duft der weiten Welt da draußen brachten. Eine Zeit lang war die Zensur auch in Zeitungen und Zeitschriften vollständig aufgehoben. Doch mehr als alles andere schien das Dorf von einer Woge der Sinnlichkeit erfasst zu sein, der rasch entschlossenen Beseitigung von

Tabus — einem plötzlichen freimütigen, ja wilden Trachten nach Lust, das dem Gefühl drohender Gefahr entsprang.

Eines Morgens gab mir Manolo schon früh Bescheid, dass er mich in einer Bar treffen wolle. Ich fand ihn mit gesenktem Kopf in einer Ecke bei zwei Genossen aus Málaga sitzend, winzigen Männern vom Typ des kleinen Angestellten.

»Lorenzo«, sagte Manolo. »Wir möchten, dass du etwas für uns tust.«

Die Fremden betrachteten mich kritisch.

»Wenn er es *kann*, heißt das.«

»Natürlich kann er es«, sagte Manolo. »Er hat Beine wie ein Stier. Berge sind nichts für ihn.«

Es war recht einfach, sie wollten, dass ich einem Bauern in den Bergen oben eine scheinbar harmlose Nachricht überbrächte; ich sollte ihm sagen, wann eine Sendung Saatkartoffeln zu erwarten sei — das hieß mit anderen Worten: Handgranaten.

»Du läufst doch dauernd herum«, sagte Manolo sachlich. »Natürlich wird man dich sehen, aber niemand wird sich wundern.«

Ich erklärte mich bereit, und sie zeichneten mir eine Skizze auf, in der es von Felsen, Bächen und Heuschobern wimmelte und eine Reihe von Pfeilen durch Wälder zu dem einsamen Bauernhof auf dem Berg führte. Er lag etwa zwölf Kilometer landeinwärts am Fuße der Sierra — dort, wo ich schon immer einmal hatte hingehen wollen. Manolo gab mir eine halbe Flasche Cognac, und ich machte mich auf in die frische Frühlingslandschaft, die erfüllt war vom Plätschern strömenden Wassers.

Für den Weg brauchte ich ungefähr drei Stunden, und ich

begegnete keiner Menschenseele, nur Ansammlungen zerzauster Störche, die immer wieder wie vom Wind verwehte Regenschirme aus dem Himmel fielen und kreuz und quer einherstolzierten. Die Karte war, soweit sie reichte, in Ordnung, aber plötzlich endete der Pfad in einem Sumpf. Ich konnte den Bauernhof schon vor mir sehen, stellte aber fest, dass sich zwischen ihm und mir ein Fluss befand, den zu erwähnen Manolo sich nicht die Mühe gemacht hatte.

In diesem Augenblick kroch ein junger Mann aus dem brusthohen Schilf, als ob er mich schon erwartet hätte. Er warf mir einen kurzen scharfen Blick zu und schrie dann über den Fluss: »Aus Almuñécar! Schickt Ignacio!«

Ich sah, wie im Bauernhof die Tür aufging und eine Frau herauslief. Dann erschien ein Reiter und galoppierte ohne Zügel den Abhang herunter. Als er das Flussufer erreichte, tauchte er ins Wasser und schwamm auf mich zu.

Einen Augenblick waren Ross und Reiter aus unserem Blickfeld verschwunden, doch das Pferd schwamm tief und schnell, sein klaffendes nasses Maul entblößte ungeheure Zähne, und die Nüstern sogen tief die Luft ein. Als es auf unserer Seite ankam, stieg es majestätisch aus dem Wasser auf und watete durch das Schilf heran, während der Reiter langsam aus dem Sattel glitt und schmunzelnd im Schlamm stand.

»Ignacio«, sagte er. »Zu Ihren Diensten. Tun Sie, was ich sage, dann werden Sie nicht nass.«

Er ließ das Pferd umkehren, half mir hinauf und sagte mir, ich solle mich auf den hölzernen Sattel knien. Dann sprang er vor mir hinauf, nahm den Pferdehals zwischen die Beine und riet mir, mich an seinem Gürtel festzuhalten.

Das Pferd kämpfte sich stolpernd durch die Binsen und schien dann in ein bodenloses Loch hineinzusteigen. Wir sanken tief in den Fluss, der mir so breit wie der Kongo vorkam, und strebten dem anderen Ufer zu. Die Flut umbrauste uns, sie wirbelte bleichen grünen Schaum empor, und kleine Wellen sprangen über den Sattel. Meine Schuhe füllten sich mit Wasser, und ich spürte meine Knie kalt werden — es war, als würde ich oben auf einem Schrank treiben.

Die Bäuerin stand am gegenüberliegenden Ufer, sie gab mir ihre Schürze zum Abtrocknen. Dann gingen wir zum Haus, wo der Bauer schon wartete, ein steifer alter Mann in einem hohen Hut. »Blasco Vallegas«, sagte er und setzte kurz den Hut ab. Ich richtete ihm Manolos Botschaft aus, die er mit kurzem Nicken entgegennahm; er bat mich, zum Mittagessen zu bleiben.

Zuerst zeigte er mir den Hof — ein Gebäude aus unbehauenen Steinen, mit Lehm verschmiert und mit Binsen gedeckt.

»Ich habe es selbst gebaut«, sagte der Bauer, »mit diesen meinen Händen — vor vierzig Jahren, als ich heiratete. Meine Frau hat die Steine von der Sierra auf dem Kopf herbeigetragen. Sonst hat sie nur sich selber mitgebracht.«

Er führte mich in die Küche, wo wir auf kleinen Stühlen saßen und Wein aus Lederbechern tranken. Der Raum brach mit starkem Licht und Schatten wirr über mich herein, doch allmählich setzte sich das Mosaik zusammen und die Einzelheiten enthüllten sich. Der Fußboden bestand aus gestampfter Erde, die Möbel waren mit der Axt gehauen, und auf den Stuhllehnen hockten blinzelnde Hühner. In einer Ecke schlief ein Schwein, und in einer anderen kniete ein Mädchen, das sich den Kopf mit einer brennenden Kerze sengte.

»Meine Tochter«, sagte Blasco. »Sie quält sich selber.«

Das Mädchen stöhnte »Ach!«, als wolle sie ihre Zustimmung ausdrücken.

»Sie kuriert Kopfschmerzen oder irgend so ein Übel. Sie ist eine schwere Last für uns alle.«

Mit einem Achselzucken tat er sie ab und schenkte mir noch einen Becher Wein ein, dann ging er zu einer hölzernen Truhe an der Wand. Er kramte einen Augenblick darin herum und kam mit einem Beutel aus Schweinsleder zurück, den er auf den Tisch leerte. »Schauen Sie!«, sagte er, indem er die Gegenstände mit den Fingern sortierte und zwei davon heraussuchte. Einer war die kleine Bronzefigur einer nackten Göttin, der andere ein rostiges eisernes Armband. Das, sagte er, sei beim Pflügen aufgetaucht, zusammen mit anderen Sachen, die inzwischen verloren gegangen seien; darunter auch ein mit Edelsteinen verzierter Zahn einer »marokkanischen Prinzessin«.

»Wissen Sie denn, wie lange wir schon hier in den Bergen leben?«, fragte er. »Seit die Sonne erschaffen wurde. Schon bevor es Könige gab und Altäre, bevor die Heilige Jungfrau Mutter wurde. Als es noch Leoparden in den Höhlen gab …«

Vallegas sah nicht aus wie ein Patriarch, dazu war er zu mager und ausgetrocknet, aber er redete wie einer. »Alles, was Sie hier sehen, kommt von denen hier«, sagte er, hielt die Hände hoch und klopfte sich dann auf die Lenden. Der Hof und seine fünf erwachsenen Söhne, die draußen arbeiteten — wenn es Zeit zum Essen sei, würde ich sie sehen, Ignacio bei den Pferden, Currón unten am Fluss und drei andere oben auf dem Berg. Auch seine Töchter seien gut geraten — »außer der einen mit Kopfweh«. Seine Frau bezeichnete er als sein Brustbein.

Doch obwohl er alles selbst gemacht hatte, gehörte ihm hier nichts — vierzig Jahre Landarbeit für andere. Morgen kann das anders werden, sagte er mit einem schrägen Blick aus dem Fenster. Morgen, wenn die »Kartoffeln« kämen. Still in seinem Stuhl wippend, schien der alte Mann mit sich selber zu sprechen, in Erinnerung an Aufstände, die die Vergangenheit bewegt hatten — an das Pflügen von Brachland in Hungerszeiten; an Soldaten, die kamen, um die Ernte zu vernichten; an Gendarmen auf Pferden so groß wie Elefanten, die Frauen und Kinder niederritten. Hunger, Martyrium, Gefängnis, Massaker, das Abschlachten von Tieren, brennende Hütten … Die Soldaten, meinte er, würden jetzt zu ihnen halten, und die Gendarmen zum Teufel, wie üblich.

Während er sprach, saß er da und strich über ein Stück farbiges Glas, ein Miniaturbild der Heiligen Familie, das ihm, wie er sagte, am Tag seiner Geburt um den Hals gebunden worden sei, und das er seither stets getragen habe.

Als die Söhne heimkamen, setzten wir uns zum Essen nieder, und die kleine Küche war vollgestopft wie zum Pferdetransport. Die Mutter brachte einen Topf *migas* — einen dicken Brei aus Mais, mit getrockneten Sardinen bestreut —, er stopfte, schmeckte aber wie Sackleinen. Blasco aß schweigend, bedächtig und zahnlos, wobei sein Gesicht arbeitete wie ein Zelt im Wind, während die Söhne tief die Köpfe hinunterbeugten, gierig schlangen und sich den Mund mit Brot vollstopften. Es war eine ernste Mahlzeit ohne Unterhaltung, bei der ein Weinkrug zeremoniell von Hand zu Hand ging. Die Frauen warteten einstweilen im Hintergrund; die Mutter kauerte am Herd und warf dem Schwein Speiseabfälle zu; das Mädchen stand hinter dem Vater und sah geduldig auf seinen Teller; ihre Stirn war schwarz von Kerzenrauch.

Sobald die Mahlzeit vorüber war, entspannten sich die Männer, sie ächzten und streckten die Beine aus. Ignacio spuckte in die Hände und wischte seiner Schwester das

Gesicht ab. Ein anderer nahm sein Gewehr und ging hinaus, um Rebhühner zu schießen. »Es gibt hier viele Rebhühner«, sagte der jüngste Sohn zu mir. »Auch Hasen, Wildschweine und Rotwild. Aber an das Rotwild dürfen wir nicht heran. Es gehört dem Herzog.«

»Wem?«, bellte der Vater.

Der Junge stutzte mit offenem Mund, schluckte und setzte von Neuem an. »Wir dürfen auch an das Rotwild heran — wenn wir es sehen können«, sagte er. »Es gehört jetzt allen, denke ich.«

Die Wochen, die den Sommer einleiteten, waren heiß und stählern, und von den Radios in den Bars abgesehen, in denen es von politischen Ansprachen knisterte, schien das Dorf völlig von der Welt abgeschnitten. Die Küstenstraße nach Málaga lag verlassen in der Sonne. Nur wenige Leute waren unterwegs, man begann wieder die Ohren zu spitzen, und die Berge rückten dichter heran wie ein Ring von Bajonetten. Leise schwelende Erwartung brütete über den Häusern, und giftige Blasen stiegen daraus auf, die immer wieder in kleinen Ausbrüchen zielloser Gewalttätigkeit platzten.

Zuerst kam es zur Sabotage in der Eisfabrik, und das Kraftwerk wurde in die Luft gesprengt — beides Anlagen, die einem Marquis gehörten. Trotz der Unannehmlichkeiten schien sich jeder über diese Gesten zu freuen; der Geruch von Dynamit galt als Stärkungsmittel. Einige Läden wurde geplündert, man schlug deren Fenster ein und malte das Wort BOYKOTT quer über die Türen; ein paar vereinzelte Priester wurden auf der Straße angepöbelt und ein Lager mit Weinfässern ins Meer gerollt. Weiter zog eine Schar alter Frauen zum Haus des Steuereintreibers und warf seine

Möbel auf die Straße; danach setzten sie ihn und seine Frau oben auf einen Karren und fuhren sie zum Ort hinaus.

Eines Morgens wurde dann die Kirche angezündet. »Endlich haben sie's geschafft!«, schrie Manolo. Wir eilten durch die Straßen, die voll waren vom süßen Duft des Holzrauchs, und gesellten uns zu den Dorfbewohnern, die sich auf dem Hauptplatz drängten. Der Kirchturm loderte wie eine Pappschachtel, und die meisten Zuschauer befanden sich in einem Zustand der Verzückung.

Ich erinnere mich an die Gesichter der Fischer, voller Ehrfurcht, aber strahlend, und an ihr befriedigtes Stöhnen bei jedem neuen Auflodern der Flammen. Die Kinder, die spürten, wie ihren Vätern zumute war, rannten ungehindert umher und ließen Steine auf die Kirche hageln. Nur die Frauen standen schweigend, blickten aus den Augenwinkeln auf ihre Männer und warteten auf ein Strafgericht Gottes.

Die Woche darauf brachte das Kirchenfest und damit einen schnellen Stimmungsumschwung. Die rauchgeschwärzte Kirche füllte sich mit Lilien. Die Christus- und Madonnenstatuen wurden ans Tageslicht geholt und wie üblich den Fischern auf den Rücken geladen. Namenlos, unsichtbar, verborgen unter den bestickten Tüchern, schlurften diese wieder die Straßen hinauf und hinunter, schwitzend und gebeugt unter Bürde und Baldachin, Diener der Kirche wie eh und je.

Als die Prozession vorüberzog, riss sich ein Bauer die Mütze vom Kopf und warf sich mit ausgebreiteten Armen auf die Knie. »Heilige Mutter Maria, bitte für mich bei deinem Sohn! Himmelskönigin, schlage mich tot! Gelobt sei die Jungfrau von Almuñécar, Mutter der Meere. Verlass uns nicht. Lebe ewig.«

Es war ein Tag der Tränen und der Schläge an die Brust, ein Tag der Reue. Der unbesiegbare Christus war wieder auferstanden — der Christus von Almuñécar war, versengt und entweiht, dennoch wiedergekommen, um seinen Söhnen zu vergeben. Schaukelnd, schwankend, auf Schichten wilder Iris getragen, zogen die heiligen Bilder im Triumph vorüber, angeführt von den dicken Priestern in Chorhemden und roten Kappen und den jungen Mädchen mit ihren Schalen voller Blütenblätter.

Alles war wieder wie immer. Eine Blechkapelle spielte. Die Zurufe von Arm und Reich gingen ineinander über. Die Bauern knieten mit gebeugtem Haupt oder hoben ihre verzerrte Gesichter zum Himmel. »María, rette mich!«

Weltlichkeit und Sakrileg waren ein Anfall von Wahnsinn gewesen. Das hier war der Glaube wie von altersher. Dann wurde ein paar Tage später die Kirche wieder angezündet, und diesmal brannte sie aus.

Es war jetzt Mitte Mai, und die Spannung im Dorf steigerte sich in dem Maße, in dem die Nachrichten aus Madrid bedrohlicher und unbestimmter wurden. Den Bauern von Almuñécar war es, als wären die visionären Versprechungen vom Februar in der Hitze vertrocknet. Es gab Streiks, Aufmärsche, Darbietungen der proletarischen Stärke, bei denen Jungen und Mädchen in bunten Hemden aufmarschierten, die Arme zum Gruß erhoben, geballte Fäuste und Sprüche, bemalte Fahnen und herausfordernde Reden.

Wenn es einen Streik gab, so war er total, von der Polizei angeordnet, und die Fischer stellten Streikposten am Meer auf. Man sah reiche alte Frauen ihre Wäsche an den Fluss schleppen oder an den Dorfbrunnen Schlange stehen. Im

Hotel saßen die Stubenmädchen tratschend in der Sonne, während der Koch mit seiner Frau zu Haus blieb; Herr Brandt kochte, in Manolos Schürze gehüllt, und die Gäste schliefen in ungemachten Betten.

Jeden Tag kamen mehr Bauern vom Land herein, sie drängten sich auf dem Markt, um gleich da zu sein, wenn etwas passierte. Viele hatten Waffen über die Schulter gehängt, in die Gürtel gesteckt oder den Eseln an die Sättel gebunden — Steinschlossgewehre, Pistolen und alte rostige Musketen, die sie wahrscheinlich aus den Napoleonischen Kriegen herübergerettet hatten.

Das gespaltene Dorf gewann nun klarere Umrisse, seine beiden Parteien erklärten sich und entschieden sich politisch für ein deutliches Schwarz und Weiß: der Einfachheit halber mit dem Etikett »Faschist« oder »Kommunist« versehen. Die »Faschisten« schienen den Namen bereitwillig anzunehmen, da er ganz offenbar mit ihren Bestrebungen übereinstimmte, nachdem die Falangisten bereits als Kampfgruppe organisiert waren, als prahlerische Vorhut einer Oberklassenrache, deren rohe, italienisch inspirierte Faschistensymbole jetzt immer mehr auf Mauern und in Einfahrten auftauchten.

Das Etikett »Kommunisten« aber war zu grob, plumpe Konfektion, die niemandem recht passte. Die Landarbeiter, die Fischer und die wenigen Industriearbeiter hatten zwar alle lokale, aber doch getrennte Interessen. Jeder hielt seinen Kampf für viel älter als den Kommunismus, für etwas rein spanisches, Teil einer sozialen Verirrung, die nur er allein aufgrund seiner Verwurzelung in dieser Landschaft in Ordnung bringen könne.

Ich kann mich tatsächlich nicht erinnern, offiziell einem Kommunisten in Almuñécar begegnet zu sein, obwohl das

Wort »Kommunismus« in den Bars oft in den Mund genommen wurde. Manolo, einer der Führer, hatte überhaupt keinen politischen Status, sondern war ein romantischer Anarchist eigener Prägung. Die örtliche Revolutionsfahne war die republikanische Fahne, die Fahne der gewählten Regierung. Die Bauern spannten sie wie ein Banner über den Balkon des Rathauses und malten in roten Buchstaben ihr Treuegelöbnis darunter: »Wir schwören, diese Fahne bis zum letzten Blutstropfen zu verteidigen.« Düstere, unheilverkündende Worte.

Und doch muss die Regierung, die sie unterstützten, manchen fremd erschienen sein, da sie sich ausschließlich aus Politikern der Mittelklasse zusammensetzte — ohne dass ein Kommunist, ein Anarchist oder auch nur ein Sozialist im Kabinett saß. Die Bauern blickten auf diese Regierung, weil sie ihre Hoffnungen in sie setzten; Hoffnungen, deren Verwirklichung ihnen zum ersten Mal seit Hunderten von Jahren zum Greifen nahe schien — und damit auch die Gelegenheit, die Ungerechtigkeit zu ihren Gunsten zu verschieben, die so lange bestanden hatte, länger als sonst wo in Europa.

Spanien war ein unausgenutztes Land voll brachliegender Gebiete — ein großer Teil davon gehörte einer Handvoll Menschen; es waren riesige Ländereien, von denen manche seit der Zeit des Heiligen Römischen Reiches kaum kleiner geworden oder gar umverteilt worden waren. Bauern konnten dieses Land für einen kümmerlichen Tagelohn etwa ein Drittel des Jahres hindurch bearbeiten, dann mussten sie hungern. Ebendieses auf der Hand liegende Missverhältnis hofften sie zu korrigieren; dann sollten noch weitere Veränderungen folgen, vielleicht ein wenig Würde wiederkehren, sollten die Mauern der Unwissenheit ein wenig abgetragen werden, die sich so hoch erhoben wie die Pyrenäen.

Ein spanischer Schullehrer wusste damals weniger von der Welt draußen als ein Schäfer zur Zeit des Columbus. Jetzt hoffte man, dass diese unerträgliche Finsternis sich lichten würde, dass es die Freiheit zu lesen, zu schreiben und zu reden geben würde. Die Männer hofften, dass ihre Frauen von den drei inhaltlosen Wahrheiten der Kirche — blinde Frömmigkeit, Schuld und Beichte — frei würden; dass ihre Söhne ein Handwerk erlernten und nicht Sklaven blieben, ihre Töchter Bürgerinnen würden und nicht im Hause angestellte Huren, und dass ihre Kinder abends aus neu erbauten Schulen heimkommen könnten, mit neuem Wissen, das sie überraschen würde.

Alles das ließ sich jetzt durch einen Eingriff ihrer Regierung und auf friedlich-legalem Wege erreichen. Nichts konnte es aufhalten. Nur jene mächtige Minorität, der es lieber war, wenn das Land verblutete.

Der Juni kam mit aller Gewalt, und die Hitze prallte vom Meer ab wie von einem gewölbten Stück Blech. Den ganzen Tag spuckten und krächzten die Radiogeräte in den Bars — Gewalttaten in Madrid, Demonstrationen in Valencia, Streiks und Aufstände in Barcelona.

Ich begegnete Manolo auf der Straße, als er aus einer Sitzung kam, und er legte mir eine zitternde Hand auf die Schulter. »Gehst du?«

»Wohin?«

»Heim in dein Land.«

»Nein.«

»Die Straßen sind noch offen, falls du gehen willst.«

An jenem Morgen drang ein Trupp Falangisten im Nachbardorf in eine Bar ein und erschoss fünf Fischer. Die Mörder, die Armbinden trugen, entkamen in einem Auto nach Granada. Almuñécar lag schweigend da wie ein verschlossenes Lager ...

Am Nachmittag ging ich mit Jacobo hinaus aufs Land. Tagnachtigallen sangen am Fluss. Die Luft war gewitterschwül, und nur ein Faden braunen Wassers rieselte das Flussbett herab. Ein paar Mädchen, die wir kannten, hatten auf den Feldern Mohnblumen gesucht und kamen uns auf unserem Weg entgegen, langsamen Schrittes in der Hitze; die roten Blumen welkten ihnen an der Brust, es sah aus, als wären ihre Körper von Messern gezeichnet.

Etwa eine Stunde später kehrten wir auf einem anderen Weg zurück und sahen zwei Kinder unter der Brücke. Sie standen regungslos da, hielten sich bei der Hand und starrten auf den Körper eines Mannes, der auf der Uferböschung hingestreckt lag. Wir erkannten in ihm einen Falangisten aus dem Ort, einen Burschen um die zwanzig, dessen Vater einst Bürgermeister gewesen war. Man hatte ihm in den Kopf geschossen, und er lag da und gab den Kindern den starren Blick zurück, während sich Fliegen um seinen Mund sammelten.

KRIEG

Er begann Mitte Juli. Es gab keine Bekanntmachungen, keine Zeitungen, nur ein Flüstern auf der Straße und das Schluchzen einer Frau.

Ich wohnte jetzt in der Nähe der Kirche im Hause eines emigrierten englischen Schriftstellers; er hatte mir ein Zimmer überlassen, das auf die Bucht hinausging, und als ich an jenem Morgen ins Freie trat, sah ich eine Frau mit dem Gesicht nach unten auf der Straße liegen und mit den Händen auf die Erde schlagen. Ein paar Nachbarn standen dabei und — eher Wärter als Tröster — machten keinen Versuch, sie aufzuheben. Sie sagten, sie weine um ihren Sohn, einen jungen Rekruten in Marokko, der für sie schon tot war.

Unten in der Bar erzählte mir Manolo, was er wusste, ein Hin und Her aus Tatsachen und Phantasie. In Spanisch-Marokko hatten sich die Garnisonen gegen die Regierung erhoben — in Melilla, Tetuan und Larache. Andererseits gebe es, sagte Manolo, keinen Grund zur Sorge, man habe die Dinge fest in der Hand … General Francisco Franco, der »Schlächter der asturischen Bergleute«, sei von den Kanarischen Inseln abgeflogen, um die Führung der Rebellen zu übernehmen. Es lägen Berichte über andere Revolten in Saragossa, Madrid und Sevilla vor … Doch nein, die Regierung habe sie niedergeschlagen ... Franco selbst sei tot, man habe ihn über dem Meer heruntergeholt, er sei verhaftet, einem Attentat zum Opfer gefallen, erschossen worden ... trotz allem strömten Marokkanereinheiten nach Südspanien herein ... Aber sie würden abgeschlachtet werden, noch ehe sie einen Zentimeter vorrücken könnten ...

Es gab keine wirklich verlässlichen Nachrichten. Die Radios in den Cafés waren blockiert oder wurden gestört, oder sie widersprachen einander kreischend. Die Leute rotteten sich auf den Straßen zusammen, sie starrten hinauf in den Himmel, als erwarteten sie, dass quer darüber eine große Bekanntmachung erscheinen würde. Und vom ältesten Instinkt des Landbewohners getrieben, leerten sich auch jetzt die Felder, und die Bauern strömten ins Dorf, brachten ihre Frauen und Kinder, ihre Schafe und Ziegen mit und ließen sich unter den Mauern der Burg nieder. Manche Männer führten Gewehre bei sich, aber die meisten waren unbewaffnet. Sie bevölkerten die Plaza und warteten darauf, dass sie gebraucht würden; sie standen mit dem Rücken zum Rathaus, Schulter an Schulter mit den Fischern; bereit, es mit ihrem Leben zu verteidigen. Noch gab es keine herrschende Obrigkeit; es war einfach eine verteidigende Wagenburg, spontan errichtet angesichts der ungewissen Zukunft. Inzwischen begannen Manolo und El Gato (der Führer einer neu gebildeten Vereinigung) eine Art Miliz aufzustellen.

Die Polizei war plötzlich verschwunden, und das Dorf blieb sich selbst überlassen: Regierungstreue, die sich dem inneren Feind gegenübersahen. Es gab Hausdurchsuchungen bei jenen, die als Faschisten galten. Manolo schnappte sich einige Männer, um auf der Küstenstraße Barrikaden zu errichten. Am Nachmittag kam dann der erste Wagen aus

Málaga, er fuhr schnell und war mit Staub bedeckt. Er wurde an der Straßensperre aufgehalten, Manolos Bajonette umringten ihn und zerstachen Türen und Fenster. Zwei bleiche junge Männer wurden ins Gefängnis getrieben, während man aus dem Kofferraum Gewehre und Granaten holte. Später fuhr ein Franzose in einem verbeulten Fiat vor, der eine weiße Fahne auf dem Dach befestigt hatte. Er sagte, halb Málaga stehe in Flammen und in den Straßen werde gekämpft. Er wusste nicht, welche Partei die Oberhand habe, ja nicht einmal, wohin er selbst wollte, zeigte uns aber eine Menge Einschusslöcher hinten in seinem Wagen.

Der Abend brachte noch mehr Gerüchte, die in der Dunkelheit längs der Küstenstraße und vom Gebirge herunter eingeschmuggelt wurden. Granada wurde von den Rebellen gehalten, und das Gleiche galt für unseren Nachbarort Altofaro. Das Schicksal Málagas war noch ungewiss. Vorerst schien unsere verwirrte kleine Festung zwischen Meer und Gebirge in der Falle zu stecken, während sich zu beiden Seiten das Feuer ausbreitete.

Die Miliz war in jener Nacht sehr beschäftigt, man war entschlossen, es in Almuñécar nicht zu einer Revolte kommen zu lassen. Die Hausdurchsuchungen bei den Verdächtigen brachten allmählich die mageren Waffenbestände zutage, die man monatelang so sorgfältig verborgen gehalten hatte — in Weinfässern im Keller versteckt, in Körben in Brunnen gehängt, in Schränken, in Uhren und Schornsteinen. Die Beute wurde auf dem Marktplatz gestapelt und von El Gatos Miliz bewacht — die besten Waffen, die sie in diesem Krieg erhalten sollten.

Eine Welle schlagartiger Verhaftungen setzte ebenfalls an jenem Abend ein. Elegant und ihrem Schicksal ergeben saßen die jungen »señoritos« in ihren frischen weißen Hemden wartend auf der Promenade. Wenn die Posten sich näherten, standen sie gleichmütig auf, drückten die Zigaretten aus und schlenderten unter Bewachung davon. Auch der Priester wurde herausgeholt, und ich sah, wie er mit rotem Kopf aus seinem Haus kam und mit den anderen ins Gefängnis geführt wurde. Nur wenige der ortsansässigen Faschisten versuchten zu entfliehen oder sich zu verstecken, Es war schon zu spät dafür.

»Es gab eine Verschwörung«, sagte Manolo an jenem Abend in der Bar. »Jetzt haben wir sie an der Leine wie Maulesel.« Er sah erschöpft und blass aus, sein Gesicht war wie ausgebrannt. Er wusste, dass Blutvergießen bevorstand. El Gato schenkte ihm Branntwein ein und sagte, er werde das für die Exekutionen brauchen, aber Manolo schüttelte nur den Kopf. El Gato war ein großer, lauter und ziemlich lästiger Mann, der an diesem Abend sehr viel trank. »Du brauchst Feuer«, sagte er. »Deine Rache tröpfelt ja wie Schmelzwasser.« Manolo wandte sich mit einem entsetzten Lächeln ab.

Diese beiden grundverschiedenen Männer hatten jetzt die Macht im Dorf, und die Bar war ihr Hauptquartier — mit Männern, die kamen und gingen, die Arme zum Gruß erhoben, Bericht erstatteten und Botschaften überbrachten. Málaga werde sich halten, sagte El Gato, und wenn Granada von Norden her angreife, werde man in Almuñécar in ein Nest von Schwertern gelangen. Ihre Hauptsorge galt Altofaro, das nur fünfzehn Kilometer küstenabwärts lag und Afrika nahe genug war, um als Brückenkopf zu dienen. Falls die Rebellen dort landeten, konnten sie Málaga von Osten her umfassen, und dann würde in Almuñécar möglicherweise die Entscheidung des Krieges fallen. Manolo und El Gato, die sich durch diese Tatsachen nicht eingeschränkt sahen, wuchsen zu ungeahnter Größe an, sie schwollen zu Generälen, zu Feldherren ganzer Heere an und, wer weiß, zu Befreiern der gesamten Halbinsel.

Als ich nach Mitternacht nach Hause ging, sah ich rund um das Gefängnis eine dichte Postenkette und eine weitere rings um das erbeutete Waffenlager. Die Miliz biwakierte auf der Straße, die Männer beugten sich über flackernde Lagerfeuer, die ihre Gesichter stark betonten — hohe Backenknochen, tief liegende Augen, hungrige, eingefallene Wangen — die Soldaten Goyas wurden hier wieder zum Leben erweckt.

Früh am nächsten Morgen fuhren vier Lastwagen mit Miliz nach Altofaro ab, um dort die Rebellen anzugreifen. Sie schwankten in ihren leuchtend blauen Hemden singend durch die Straßen und winkten mit ihren Mützen, als würden sie auf einen Jahrmarkt fahren. El Gato hatte das Kommando und den Gürtel voll Dynamit, bei den anderen kam auf drei Mann eine Muskete. Sobald sie über den Hügel waren, erwarteten wir Kriegslärm zu hören, aber der Vormittag verging in Schweigen.

Gegen Mittag schwebte ein weißes Flugzeug übers Meer herein, kreiste über dem Dorf und flog wieder davon; es hinterließ — über vielen emporgewandten Gesichtern — in dem klaren blauen Himmel die Narbe einer neuen düsteren Vorahnung. Viele hatten das Gefühl, dass ihr Dorf bis zu diesem Augenblick sicher gewesen und vergessen war; jetzt hatte das Auge des Krieges sie ausgespäht.

Den ganzen Nachmittag hindurch geschah nichts. Familien nahmen ihre Mahlzeiten auf der Straße ein, weil sie die Sicherheit der Gesellschaft anderer suchten. Wieder löschte das glühende Sonnenlicht alles aus, was es traf, und verbrannte alle Farben zu aschfahlem Glanz. Wenn Leute aus den Häusern traten, war es für einen kurzen Augenblick, als lösten sie sich in Luft auf, als hätte das Licht sie verdampfen lassen, und wenn sie in den Schatten traten, verschwanden sie wieder, als kröchen sie in ein Loch im Erdboden. Dieser Nachmittag des Wartens war der heißeste, den ich bisher erlebt hatte. Furcht lag keuchend auf der Straße wie ein Hund. Es war, als wären El Gato und seine Männer vom Schweigen verschlungen worden, oder als wären sie dem Krieg in ein anderes Land gefolgt.

Doch der Krieg war nicht weit, und nach Einbruch der Dunkelheit stattete er Almuñécar unvermutet seinen ersten verrückten Besuch ab. Von niemandem gesehen, schlich ein Zerstörer in die Bucht und begann plötzlich die Küste mit seinem Scheinwerfer abzuleuchten. Der Strahl strich über die Hügel, an der Küste hinauf und hinunter, um schließlich das Dorf auszumachen und es in der Finsternis festzunageln. Von diesem Flammenauge, das sich so unheilvoll vom Meer her öffnete, festgehalten, erlebten die Leute einen Moment panischen Schreckens. Es schien, als gäbe es nichts mehr, wo man hinlaufen, wo man sich verstecken könne, deshalb eilten sie an den Strand hinunter und standen regungslos und mit erhobenen Armen im grellen Licht, im Angesicht des unsichtbaren Kriegsschiffs. Als das Licht des Scheinwerfers über sie hinwegzog, blieben sie stehen und rührten sich nicht — sie wollten nur gesehen werden. Aug in Auge mit dem Unbekannten vermochten sie nichts anderes, als sich in dieser Haltung sprachloser Fügsamkeit darzubieten. Eine so erbarmungslose Helligkeit hatte ihre Nacht noch nie zuvor erleuchtet: Freund oder Feind, es war ein Licht des Schreckens.

Eine Weile geschah gar nichts. Das Kriegsschiff lag einfach im Dunkeln und ließ seinen Scheinwerfer die Küste hinauf und hinunter gleiten. Um eine bessere Übersicht zu gewinnen, gesellte ich mich zu einer Gruppe Jungen, die schon auf die Burgmauern geklettert waren. Wir konnten ganz Almuñécar unter uns liegen sehen — die Leute am Strand und die Lichtspeiche, die sich um ihre unsichtbare Nabe drehte. Während wir schauten, begann der Strahl über die nahen Hügel zu streichen und sich wieder längs der Küstenstraße zu bewegen. Plötzlich erhaschte er einen Lastwagen, der auf das Dorf zufuhr, dann noch drei weitere, alle mit Männern bepackt. Er folgte ihnen träge, als wolle er sie heimbegleiten, und ließ ihre Gewehre aufleuchten wie kleine Dornen. Durch das Geräusch der Motoren konnte man ihr fernes Schreien hören — es war El Gatos Miliz, die endlich heimkehrte.

Die Lastwagen dröhnten ins Dorf, ließen schrille Hupen ertönen und hielten in dem Lichtkegel des Kriegsschiffes an. Plötzlich wurde der Strahl ausgeschaltet, und es folgte ein Augenblick vollständiger Dunkelheit. Dann kam ein blendender Blitz vom Meer her.

Schweigen. Es war, als ob eine große Sicherung durchgebrannt wäre. Dann donnerten die Berge hinter uns, ein Donner, der von Gipfel zu Gipfel dröhnte und wie Steinschlag in die Täler prasselte. Dann kam noch ein Blitz, noch eine Explosion, noch ein plötzlicher Schwall heißer Luft. Einen Augenblick bildeten wir uns ein, es könne eine Art Salut für die Miliz sein. Dann hörten wir das reißende Aufheulen einer Granate. Der Scheinwerfer leuchtete wieder auf. Wir konnten sehen, wie die Massen am Strand gleich einer Schlammwoge landeinwärts brandeten. Der Zerstörer feuerte noch einmal, wobei er seinen Scheinwerfer durch Rauch verschleierte, und wir konnten an seinen Absichten nun nicht mehr zweifeln. Ein Haus zu unserer Rechten erzitterte plötzlich, hob einen Fuß in die Luft und sank langsam in sich zusammen. Ein Bündel aus Steinen und Bäumen sprang neben dem Fluss empor. Eine Wolke aus Staub schwebte über dem Dorf.

Nach einem weiteren halben Dutzend Salven hörte das Feuer auf; unerklärlicherweise, da wir ihnen ja ausgeliefert waren. Dann begann sich das erschrockene Schweigen im Dorf mit einem seltsamen Rascheln und Wispern zu erfüllen, dem Geräusch einer Menge, die in Bewegung war. Im nackten Strahl der Scheinwerfer sahen wir, wie sie die Straßen entlangtaumelten, verkrampft und gebückt, weinend und stöhnend, Mütter und Väter, die ihre Kinder hinter sich herzogen, alte Leute, die stolperten und hinfielen.

Als das Dorf auf die Berge zulief und nach dunklen Stellen suchte, sahen wir ein kleines Boot von der Küste ablegen; zwei eckige Gestalten saßen darin über die Riemen gebeugt und ruderten mit aller Kraft auf das Schiff zu.

Und das war das Ende des Bombardements. Es stellte sich heraus, dass der Zerstörer freundlich gesinnt war. Alles war ein unglückseliger Irrtum gewesen — wie er im Krieg vorkommt —, eine Verwechslung; der Kapitän entschuldigte sich, lichtete die Anker und fuhr in aller Ruhe davon; zurück blieben ein paar Lücken in den Häuserreihen, ein paar Tote auf den Straßen und eine Bevölkerung, von der der größte Teil auf den Berghängen umherirrte.

Als am nächsten Morgen die Sonne aufging, hatte sich Almuñécar verwandelt: Fahnen wehten von allen Dächern. Jedes Stück alten Stoffs, das nur irgendwie rot aussah — von Orange über Zinnober bis zu Purpur — hatte man hektisch in Vierecke geschnitten und an Stangen hochgezogen, um deutlich zu machen, auf wessen Seite wir standen. Selbst die Häuser der »Faschisten« trugen an jenem Morgen Scharlachrot, desgleichen das Casino, die Bank und die Kirche. Im Hinblick auf weitere schießwütige Attacken vorüberfahrender Freunde hielt man es für richtig, nichts dem Zufall zu überlassen.

Doch das Dorf ging seltsamerweise geläutert aus dieser Feuernacht hervor. Man hörte nichts davon, dass dem Kriegsschiff Vorwürfe gemacht wurden. Trotz der Trümmer und der Toten nahm man den barbarischen Widersinn der Beschießung als einen der üblichen Schicksalsschläge hin. Almuñécar fühlte sich allenfalls erhöht durch diesen Schicksalsschlag; es hatte nun Wunden, deren es sich rühmen konnte, es hatte den heißen Pulvergestank verspürt, hatte in die Mündungen von Kanonen gestarrt und — überlebt. Genugtuung brachte auch die Tatsache, dass der Zerstörer zu den ihren gehörte, und dass er hervorragend seine Stärke gezeigt hatte.

Wir erfuhren, dass El Gato und der Bürgermeister diejenigen waren, die der Beschießung ein Ende gemacht hatten — sie als Einzige hatten den Kopf nicht verloren. Sie waren allein auf der Lichtbahn des Scheinwerfers hinausgerudert und hatten gefragt, was zum Teufel da vorgehe. Der Kapitän hatte ihnen erklärt, er habe einfach die Dörfer verwechselt und uns für das von den Rebellen besetzte Altofaro gehalten. Außerdem hatte er geglaubt, die Miliz kehre nicht heim, sondern sei im Angriff, und er hatte sie nur unterstützen wollen. (Es stellte sich übrigens heraus, dass El Gatos Expedition auch ein Fiasko gewesen war: Die Männer hatten ihre Munition vergessen.)

Nachdem Almuñécar nun die Rote Fahne gehisst hatte, begann ein Vormittag reger Tätigkeit. Dies war der Tag, an dem die Bauern und Fischer sich ganz offen des Dorfes bemächtigten, die Häuser der Verdächtigen und die leeren Villen der Reichen beschlagnahmten und ihnen ihre Pläne für ein neues Jahrtausend aufmalten. »Das wird der Kindergarten.« »Das wird das Haus der Kultur.« »Das wird ein Erholungsheim für Frauen.« »Arbeiter, achtet dieses Haus für Landwirtschaftslehre.« »Das wird ein Lehrerinnenseminar.« Jedes einzelne der großen kühnen Worte war akribisch in roter Farbe geschrieben — Zeugnisse einer kurzen und unschuldigen Euphorie. Denn wer von den Menschen, die sich auf den Straßen zusammenfanden und die Aufschriften lasen, hätte ahnen können, dass diese naiven Hoffnungen später als Verbrechen geahndet werden würden?

Inzwischen sammelte sich die Miliz zu einem neuen Angriff auf Altofaro; der Fehlschlag vom Vortag hatte sie nicht entmutigt. In ihren Lumpen traten sie auf dem Markt an, polierten ihre Gewehre an den Hosen und wurden von umherstreifenden Hunden und Buben mit großen Augen bestaunt. Manolo und El Gato schritten in langen blauen Overalls die Reihen ab; Manolo bleich und streng, El Gato laut und lustig, voller makabrer Witze, mit denen er die Männer neckte. Die Miliz war gemischt, es gab alte, ergraute Männer und junge Aufschneider mit strahlendem Gesicht. Auch ein Zug junger Mädchen mit Handgranaten war dabei. Sie neckte niemand.

Gegen Mittag stieg die Miliz auf ihre offenen Lastwägen und ratterte auf der Küstenstraße davon; sie standen steif aufgerichtet, die Arme zum Gruß erhoben, unbewegt, aber jetzt sangen sie nicht. Wir sahen, wie der weiße Staub am Berghang emporstieg und über dem Grat in der stillen heißen Luft schwebte. Nachdem sie fort waren, verharrte das Dorf in einer Art Verlassenheit und wusste nicht, was es tun sollte.

Ich ging in eine Bar — in dem Gefühl des Zurückgesetzt-seins und der Unfähigkeit, als habe man mich einer großartigen Gelegenheit beraubt. Ich hatte diese schweigenden Männer, diese kraftvollen Mädchen mit zusammengepressten Lippen eben die Straße hinunter in den Krieg fahren sehen, in eine heiße Schlacht unter glühendem Himmel, die den ganzen Prunk eines heroischen Blutbades bot. Dieses spezielle Adrenalin in jungen Menschen, das dem Krieg seinen Schrecken nimmt, ja ihn willkommen heißt, zog mich wollüstig nach Altofaro. Warum war ich dann nicht mitgegangen? Es wäre nicht schwierig gewesen. Manolo hätte es im Handumdrehen geregelt. Und nun hielt ich mich doch zurück, als handle es sich um eine Familienangelegenheit, in die ich mich nicht recht einzumischen wagte.

Auf dem Heimweg begegnete ich Emilia, einer unserer Nachbarinnen, die auf der Straße wütend auf und ab rannte. Ihr Bruder war eben als Spion verhaftet worden, und sie erging sich in aller Öffentlichkeit in einer Ekstase der Wut — die sich gegen ihn und nicht gegen die Behörden richtete. Sie zweifelte nicht an seiner Schuld, er hatte es für Geld getan, er war immer schon eine Bestie, ein Gauner gewesen! Hier war endlich jemand, dem sie die Schuld am Krieg geben konnte, jemand Greifbares, ganz in ihrer Nähe.

»Gebt mir meinen Bruder!«, schrie sie, spreizte ihre Finger wie Krallen und machte Würgebewegungen in der Luft. »Gebt ihn mir nur für einen Augenblick, lasst mich ihm sein bisschen Leben ausquetschen!« Zerzaust und zornig lief sie zum Gefängnis hinunter und schlug mit den Fäusten gegen die Gitterstäbe. »Natterngezücht!«, kreischte sie. »Mutterschänder! Gebt mir ein Gewehr, dann erschieße ich ihn eigenhändig!« Die Wachen lachten über ihr närrisches Getue, schickten sie aber nicht fort, sondern öffneten stillschweigend die Tore. Emilia verschwand nach drinnen, und als wir sie eine Stunde später wiedersahen, rauchte sie gelassen eine Pfeife auf ihrer Türschwelle.

Später am Nachmittag hörten wir den Lärm entfernten Gewehrfeuers. An diesem Tag war es windstill, man spürte die Schüsse regelrecht im Ohr. Dann erschienen gegen vier Uhr noch zwei Kriegsschiffe, die langsam nach Osten zogen. El Gato hatte damit geprahlt, dass sie kommen würden; er hatte es, wie er sagte, über Funk veranlasst, aber niemand hatte ihm geglaubt. Jetzt bewegten sich die Schiffe lautlos an der Küste entlang und gingen etwa neun Kilometer entfernt vor Anker, in Kiellinie dem Rebellenhafen gegenüber, der unmittelbar hinter dem Vorgebirge verborgen lag.

Wieder drängte sich das Volk am Strand, um alles zu beobachten. Der Abend war dunstig und trug die Farben von Pfauenfedern, zarte Farbstreifen liefen langsam über Meer und Himmel und verschmolzen miteinander wie Öl. Die Zerstörer lagen niedrig am Horizont, schlank wie treibende Blätter, substanzlos wie die Luft um sie herum. Lichter flimmerten, Sonne funkelte auf Metall, dann liefen kleine Blitze die Schiffe entlang, funkelnde Eruptionen von Feuer, die plötzlich die Luft mit Sternen erfüllten und dann lautlos verschwanden …

Die Beschießung von Altofaro hatte begonnen; seltsam stumm zuerst, da Hitze und Entfernung ihre Gewalt dämpften. Dann erreichte uns das Geräusch der Explosionen, rund und hohl, als es dumpf über das Wasser prallte.

Die Dorfbewohner sahen schweigend zu und zeigten keinerlei Erregung, sondern eher morbides Mitgefühl. Undeutliche, gedämpfte Erschütterungen kamen hinter dem Vorgebirge her, als die ersten Granaten einschlugen. Die Beschießung dauerte etwa eine Stunde, dann dampften die Schiffe wieder davon; sie hinterließen eine Rauchsäule in der Luft, eine schwarze fettige Wolke, die langsam zum Himmel stieg und sich schmierig über die Hügel im Zwielicht legte.

Schon lange nachdem das Feuer erstorben und Dunkelheit eingefallen war, waren die Dorfbewohner noch immer unten am Strand, sie standen wie in Trance, erstarrt, seltsam taub, und starrten nach Osten. Sie schienen noch einmal den Rauch und den Schwefel zu schmecken, die Wut der Geschütze zu spüren, die sie schon kennengelernt hatten; doch diesmal hatten die Salven anderswo eingeschlagen und Schrecken in ihrem Namen verbreitet.

Aber es war kein Sieg; an jenem Abend gab es keinen Sieg an der Küste. Altofaro war nicht zerstört, ja es hatte sich nicht einmal ergeben. Als die Miliz gegen Mitternacht zurückkehrte, wurde sie nicht mit Gesang und Freudenrufen begrüßt. Die Verwundeten, die Verstörten, die Sterbenden und die Toten wurden in bitterem Schweigen ausgeladen. Manolo wurde vermisst, und El Gato ging wortlos davon und schleifte sein Gewehr wie ein gebrochenes Bein hinter sich her. Irgendetwas war schiefgegangen, irgendetwas, das man nicht für möglich gehalten hatte, als die Miliz sich bewaffnet hatte.

Unter den bleichen Straßenlampen inmitten von Tränen und Flüchen trat die schlichte Wahrheit ans Licht. Nach dem Massaker in Altofaro und der plumpen Unfähigkeit der Kriegsschiffe — deren Granaten anscheinend auf unbewohntes Land gefallen waren und keinen Schaden angerichtet hatten — lernte man wieder einmal, dass es mehr brauchte als

Mut, Zorn, Parolen und Überzeugungen, ja selbst mehr als eine gerechte Sache, wenn Männer in den Krieg ziehen. Dem Dorf wurde in jener Nacht — nicht zum ersten Mal in seiner Geschichte — bewusst, dass ein Volksheer besiegt werden konnte.

Am nächsten Morgen sprengten sie die Brücken auf den Küstenstraßen, und nun waren wir abgeschnitten. In Almuñécar war dies ein Tag der Angst und der Scham, die zu weiteren Ausbrüchen unüberlegter Gewalttätigkeit führten. Als ich zum Café hinunterging, um etwas über Manolo in Erfahrung zu bringen, sah ich, dass das Casino geplündert und niedergebrannt worden war.

Es war ein geschmackloses, überladenes Gebäude in pseudomaurischem Stil gewesen, dabei aber doch ein Symbol des Bürgerstolzes. Jetzt waren die Dorfbewohner darauf losgegangen und hatten es, obwohl sie seine protzige Großartigkeit liebten, auf rigorose Weise zerstört. Als ich hinkam, war es schon eine wüste Ruine, ein schwarzer, würdeloser Dreckhaufen. Männer und Frauen standen ringsherum, sogen den hochsteigenden Rauch ein, und traten nach zerbrochenen Möbelstücken; draußen auf der Straße lag ein Flügel, streckte die Beine in die Luft und schwelte wie ein gebratener Ochse; der Schauplatz atmete wollüstige Melancholie, eine bittere und trostlose Traurigkeit.

Die Miliz war völlig demoralisiert. Niemand sprach mehr davon, die Offensive wieder aufzunehmen oder einen neuen Angriff gegen Altofaro durchzuführen. Die Lastwagen rösteten in der Sonne, und den ganzen Nachmittag hindurch stritten sich die Männer herum oder schliefen einfach.

Später am Abend kam Manolo heim, er war den ganzen

Weg der Küste entlang zu Fuß gegangen. Er betrat die Bar so leise wie ein Gespenst, mit von Meerwasser triefenden Kleidern. El Gato, der den ganzen Nachmittag über getrunken und gedöst hatte, stand ächzend auf und umarmte ihn.

Da standen sie, die beiden Führer, der große und der kleine, und hielten einander steif umschlungen.

»Wo warst du?«, fragte El Gato. »Wir wollten dich nicht dortlassen, Mann. Wir mussten raus, das verstehst du doch.«

Manolo nickte. »Ich habe euch fortfahren sehen«, sagte er. »Ich hab mich versteckt. Isidro lag gleich auf der anderen Seite der Gasse. Er hat noch gelebt, als sie ihn fanden. Sie haben ihm den Hals durchgeschnitten. Als es stiller wurde, bin ich ins Meer gegangen.«

»Ist die Brücke kaputt?«

»Ja. Ich bin zum Leuchtturm geschwommen — dann bin ich über die Klippe herauf.«

»Was ist mit den Schiffen?«

»Du hast sie ja gesehen. Du hast doch gesehen, was sie gemacht haben.«

»Können wir noch mal hin?«

»Mit diesem Haufen nicht, niemals.«

El Gato gab Manolo Branntwein, streifte ihm dann seinen Patronengürtel ab und warf ihn in eine Ecke. Eine Atmosphäre vollständiger Erschöpfung breitete sich über der Bar aus.

»Wir sind erledigt, noch bevor wir überhaupt angefangen haben«, sagte Manolo.

Seine Gefährten saßen schweigend ringsum und starrten die kahlen weißen Wände an. El Gato schlief wieder ein.

Gegen Mitternacht bekamen wir Radio Sevilla herein und hörten, wie Queipo de Llano über den Fall der Stadt triumphierte. Der Rebellengeneral war betrunken, und jeder einzelne undeutliche, von Rülpsern unterbrochene Satz war ein Schlag ins Gesicht der Miliz. Christus habe durch Gottes Heer in Spanien gesiegt, prahlte er, und Generalissimo Franco sei ein geheiligter Führer. Die verbrecherischen Streitkräfte des Sozialismus, die das Land mit ihrem Schlamm überzogen hätten, würden jetzt von den Soldaten der Gerechtigkeit in die Flucht geschlagen. Er befahl den Arbeitern, sich zu unterwerfen und wieder an ihre Arbeit zu gehen, andernfalls würden sie und ihre Familien erschossen. Gottes Heer sei barmherzig, aber im Notfall werde man Spanien entvölkern. »Viva España! Es lebe die Jungfrau Maria!«

»Es ist wahr«, sagte Manolo, der vom Fieber geschüttelt wurde und sich nur mit Mühe wachhalten konnte. Die Rebellen füllten ihre Einheiten ständig aus Afrika auf, sagte er; jeden Tag würden Marokkaner zu Tausenden eingeflogen. »Die katholischen Könige waren die Ersten, die die Mauren aus Spanien vertrieben. Jetzt bringen die katholischen Generäle sie wieder herein. Was können wir machen? Nichts kann sie aufhalten. Der Krieg ist vorbei, glaube ich.«

Als ich an diesem Abend nach Hause ging, konnte ich nicht wissen, dass Manolo sich irrte, und dass der lange Krieg jetzt erst begann. Und ebenso wenig wusste ich, als ich zu Bett ging, dass mir nur noch ein paar Stunden in Spanien blieben.

Als ich am nächsten Morgen erwachte, lag wieder ein anderes Kriegsschiff in der Bucht und wiegte sich vor Anker in der Sonne. Es schwamm schläfrig auf den Wellen, die Sonnensegel an Ort und Stelle und die Geschütze unter beruhigenden Hüllen. Während mein englischer Freund und ich auf der Terrasse frühstückten, betrachteten wir es träge über die Wipfel der Palmen hinweg. An Bord schien sich nichts zu rühren, und auch das Dorf lag unter der Decke eines Schweigens, das einen weiteren heißen und bedeckten Tag verhieß.

Dann hörten wir hastige Schritte auf der Straße, ein lautes Hämmern an der Tür, gefolgt von einer Invasion von Frauen und Kindern, die die Treppe heraufgestolpert kamen und aufgeregt unsere Namen riefen, mit einer aufgeregten Emilia an der Spitze.

»Los!«, schrie sie. »Lass alles liegen und stehen! Du bist gerettet, dein König hat ein Schiff geschickt. Sie warten am Strand auf dich, sie sind da, um dich heimzubringen. Bei Gott, was hast du für ein Glück!«

Sie schleppten mich aus dem Haus und trieben mich hinunter an den Strand, wobei sie mich mit ungeduldigen Rufen anfeuerten. »Lauf, lauf, Lorenzo! Dein Freund, der Admiral, wartet …« Die Frauen hüpften wie die Frösche um mich herum.

Tatsächlich war ein Kutter auf den Sand gezogen worden, den rotwangige britische Matrosen bewachten. Ein eleganter Offizier in Weiß, der im Hotel nachgefragt hatte, kam die Stufen herabgeschlendert und stellte sich vor.

Keine Panik, sagte er, aber die Flotte habe von Gibraltar einen Zerstörer geschickt, der alle britischen Untertanen aufnehmen solle, die vielleicht hilflos an der Küste säßen. Ob wir in einer Stunde fertig sein könnten. Die Lage sei gespannt. An Gepäck nur das notwendigste, leider …

So war es gekommen — das plötzliche Ende meines abenteuerlichen Jahres, die Heimat streckte ihren langen Arm nach mir aus, der Zerstörer tanzte in der Bucht wie ein Kindermädchen mit weißer Schürze; der Offizier war wie ein geduldiger älterer Bruder. Verantwortungsbewusst, tolerant, aber ein wenig gelangweilt stand er hier, um uns vor fremden

Gefahren in Sicherheit zu bringen, dem Geburtsrecht Geltung zu verschaffen, das in unseren Pässen verzeichnet war, und zu verhindern, dass wir uns noch länger zum Narren machten.

Natürlich liege es ganz bei uns, sagte er. Wir könnten bleiben und uns alles reiflich überlegen, falls wir das wollten. Aber er könne nicht garantieren, dass sie noch einmal kämen, und der Bürgerkrieg breite sich aus. Sein Kapitän rate uns, jetzt wegzugehen.

Ich wusste, dass ich gehen musste. Ich konnte der Verlockung dieser Gelegenheit nicht widerstehen — dem ganzen Drum und Dran einer offiziellen Rettungsaktion, einem so großzügigen Aufgebot, einer solchen Dienstwilligkeit, und auch den Erwartungen der Dorfbewohner, die sich um uns drängten. Nicht zuletzt waren es ihre Gesichter, die mich überzeugten — Gesichter, die schon bereit waren für ein großartiges Lebewohl. Der König von England hatte für den Hotelgeiger und seinen Freund ein Schiff geschickt — unsere Abreise war jetzt eine dramaturgische Notwendigkeit.

Almuñécar war ohnehin eine Falle, und ich hatte schon nach anderen Auswegen gesucht; hatte vorgehabt, mich einem Fischdampfer nach Málaga oder Afrika anzuschließen. Aber jetzt wurden alle Pläne für eine selbstständige Aktion durch die mildtätige Gegenwart der Flotte hinweggeschwemmt. Ich ging wieder nach Haus und begann meine Sachen zusammenzusuchen.

Der Schriftsteller hatte bereits eine Kiste Bücher und Manuskripte, ein paar Affodillwurzeln und ein Fässchen Cognac zusammengepackt. Emilia und ihre Nachbarinnen waren damit beschäftigt, sich durch das Haus zu kämpfen und Laken und Möbelstücke beiseitezuschaffen, wobei sie weinten und uns gelegentlich in die Arme schlossen mit der Beteuerung, wir würden eine große Lücke in ihrem Leben hinterlassen.

Schließlich begleitete uns eine große glückliche Menge, die unsere Abreise laut beklagte, hinunter an den Strand, ließ unser Gepäck ins Wasser plumpsen, bat uns, sie doch nicht zu verlassen und hob uns buchstäblich in das Boot. Die Matrosen sprangen nach uns hinein, keinen Augenblick zu früh, und wir legten ab, von hundert Händen angeschoben. Ein junger Freund des Schriftstellers warf sich, ein schluchzender Verfolger, mit einem verzweifelten Schrei hinter uns ins Meer, machte ein paar ungestüme Schwimmbewegungen und ließ sich dann von seinen Gefährten wieder an Land ziehen.

Es war vorbei, zu Ende — das raue Echo Spaniens erstarb langsam in der Ferne. Wir hielten Kurs auf den Zerstörer, der sich bald immer höher vor uns auftürmte, eine neue und beherrschende Gegenwart; doch als wir auf Almuñécar, das im harten blauen Licht immer weiter zurückwich, zurückblickten, zeigte es eine verwandelte Silhouette. Die weißen Häuser, grauen Sandflächen, die silbernen und orangefarbenen Felsen waren schwarz von Menschen, die uns nachschauten. Das ganze Dorf war gekommen, um Zeuge unserer Abreise zu sein, und stand nun in einem langen dunklen Fries rund um die Bucht; sie winkten und riefen über das Wasser, und manche von ihnen liefen am Strand auf und ab. Es lag auch etwas Verzweifeltes, fast etwas Unheilvolles in der Art, wie sie sich dort zusammendrängten, als fürchteten sie sich vor dem Land, das hinter ihnen lag.

Wir erreichten den Zerstörer und wurden unverzüglich an Bord gepfiffen, wo eine Reihe grüßender Offiziere stand —

ein liebenswürdiger, feierlicher und unerwarteter kleiner Ritus, der freundlich über unser abgerissenes Äußeres hinwegging. Ich sah, wie meine bescheidenen Gepäckstücke von Hand zu Hand die Gangway entlangwanderten und höflich auf dem Achterdeck gestapelt wurden. Der Kapitän begrüßte uns mit Handschlag wie ein Gutsbesitzer bei einem Picknick. In den Kabinen der jüngeren Offiziere wurde für uns Platz gemacht.

Sowie wir sicher an Bord waren, erwachte das Schiff zu neuem Leben und glitt in einer raschen scharfen Kurve hinaus ins Meer — ein Multimillionenfahrzeug, von Energie durchpulst, mit hundertdreißig Leuten bemannt, dessen Maschinen jede Minute für wer weiß wie viele Pfund Treibstoff verbrauchten, und das alles für zwei englische Landstreicher. Es war jetzt Mittag, die Sonnensegel schlugen, die kobaltblaue See rauschte vorüber, die Offiziere gingen hinunter und nahmen ihre Drinks vor dem Lunch, und der Schriftsteller saß schon an der Schreibmaschine …

Doch ich blieb an Deck, sah Almuñécar klein werden und Spanien sich zusammenfalten — sein ganzer Glanz war dahin, mir so unverhofft entrissen — ein Jahr Leben in wenigen Stunden beendet. Ich sah, wie die lange harte Küste, die ich Meter für Meter abgeschritten hatte, am Horizont zu einer bronzenen Backsteinmasse wurde. Dahinter krochen die Gipfel der Sierra zackig hervor, hingen schwebend darüber, um dann dahinzuschwinden — und in dem Augenblick, in dem ich sie verließ, spürte ich sie wie nie zuvor, und sie griffen wie mit knöchernen Händen nach meinen Sinnen. Es war, als würde ich erst jetzt, aus der Entfernung über das Meer hin, abgeschnitten und in Sicherheit, damit beginnen, dieses Land zu erkennen; ich roch seine staubtrockenen Rinnsale, die tote Asche seiner Felder, die Dünste sauren Weins und verrotteter Abfälle, den Weihrauch, das beizende Fell seiner Tiere, die pfefferige Haut seiner Menschen und den kränklichen Geruch seiner fiebernden Kinder.

Während sie mir entschwanden, sah ich noch einmal die herrlichen goldenen Ebenen, die öden und geheimnisvollen Weiten, über denen sich die Sonne jeden Morgen wie ein Metzger erhob und jeden Abend blutige Vorhänge zurückließ. Ich hörte die Gespräche, die Schreie, die spanisch-arabischen Stimmen, so hoch, dass es sie von Sierra zu Sierra trug; den tropfenden Klang der Gitarren, der wie Wasser auf Wasser fiel und die öde Langeweile der Nachmittage zernagte; und die Lieder, metallisch, ins Ohr schneidend, geschärft von verlorenen und unerreichbaren Lüsten; die erwürgte Poesie der Knaben, die erstickte Keuschheit der Mädchen und die orgiastischen Ausbrüche gefesselter Tiere.

Alles, was ich in diesem Land erfahren — oder was ich gefühlt hatte, ohne es zu wissen —, schien jetzt über mich zu kommen; jetzt, da es für mich verloren war, und zu spät, als dass es irgendeine Bedeutung hätte haben können, nachdem die zwölf Monate meiner Reise verronnen waren. Spanien trieb von mir weg; gewitterhell am Horizont, und ich ließ es zurück, dort unter seinen Kupferwolken.

Ein Offizier kam an Deck und reichte mir einen Drink. »Ein Jammer, dass Ihre Ferien so enden mussten«, sagte er. Später flog ein deutsches Flugzeug über uns weg, das neugierig die Küste absuchte; mit einem Hakenkreuz auf dem schimmernden Rumpf. In Spanien, dem rückständigen und so lange übersehenen Land, sammelten sich in aller Stille die Völker Europas.

EPILOG

Daheim in England war es Ende August, und das Land ganz
und gar in Lethargie verfallen, wie sie für die Mitte der dreißiger Jahre typisch war — es hielt ein Schläfchen unter alten
Zeitungen und Sonnenhütchen aus geknoteten Taschentü-
chern.

Ich kehrte in mein Dorf in Gloucestershire zurück und
staunte, als ich wieder das hohe Gras und das schwere Laub
an den Bäumen sah. Doch das Vergnügen, wieder zu Haus
zu sein und als verlorener Sohn verhätschelt zu werden,
wich schnell trüben Gedanken. Ich war zwei Jahre fortgewe-
sen, aber kaum klüger geworden. Ich war zweiundzwanzig
Jahre alt, ein Wirrkopf und noch in jeder Hinsicht naiv, aber
ich erkannte doch, dass ich zu früh nach Hause gekommen
war.

Der Krieg in Spanien, den ich in nächster Nähe aus der
begrenzten Sicht eines andalusischen Dorfes erlebt hatte,
war anders, als er mir dort erschienen war. Als ich aus den Zeitungen mehr darüber erfuhr — über seine Ausmaße und seine Zusammenhänge —, konnte ich mich des Gefühls nicht
erwehren, Verrat begangen zu haben. Anders als viele Gleich-
altrige, für die Spanien in den dreißiger Jahren einen der letzten Schauplätze politischer Romantik darstellte, hatte ich es

mir nicht etwa bewusst als ein Anliegen ausgesucht, sondern mir waren zufällig die Augen aufgegangen, einfach dadurch, dass ich dort war. Jetzt meldeten sich allmählich Scham und Zweifel, weil ich den Ereignissen gerade in dem Augenblick so leichtfertig den Rücken gekehrt hatte, in dem sie sich auf uns alle auszuwirken begannen. Das Mindeste, was ich tun konnte, bestand meiner Meinung nach darin, mir selbst noch einmal eine Chance zu geben und so bald wie möglich nach Spanien zurückzukehren.

Es war ein unruhiger Sommer. Ich hatte keinen Pfennig Geld, keine Beziehungen und keine Ahnung, wie ich es anfangen sollte. Spanien war mehr als fünfzehnhundert Kilometer entfernt und infolge der Heuchelei der Nichteinmischung schon abgeschlossen. Vielleicht wäre ich von meiner Idee abgekommen, wenn ich mich nicht plötzlich verliebt hätte, aber die Folgen dieses Erlebnisses, das mich tiefer berührte als irgendeines je zuvor, machten meine Lage nur noch unerträglicher.

Für mich wurde das Vorhaben eine Art Ehrensache; es kam zweifellos eigenen Wünschen entgegen und hatte nichts mit den Ereignissen und ganz sicher nichts mit meiner Freundin zu tun. Ich erzählte ihr eines Abends von meinen Plänen, als sie dasaß, eine Locke um die Finger wickelte und mir mit ihrem starren Katzenblick in die Augen sah. Es ließ sie ganz kalt. Andere brauchen vielleicht einen Krieg, sagte sie, aber du nicht, du hast deinen Krieg hier. Sie entblößte ihre wunderschönen kleinen Zähne und zeigte mir die Krallen. Pathetische Gesten konnten ihr nicht imponieren. Wenn ich mir ihre Bewunderung dadurch sichern wollte, dass ich mich für eine gute Sache opferte, so könne sie mir jederzeit eine liefern.

Natürlich versuchte ich, sie davon zu überzeugen, dass ich es für sie tun würde, aber das entsprach nicht der Wahrheit, und das wusste sie. Trotz allem war unser Verhältnis mit ein Grund, der mich forttrieb; das Gefühl der Übersättigung und eines Übermaßes an Lust, dadurch erzeugt, dass mir meine Freuden zu leicht und unverdient in den Schoß fielen. Dazu kamen Schuldgefühle: Sie war verheiratet und hatte zwei kleine Kinder, sie war reich und von aufreizender Schönheit, grenzenlos freigiebig mit ihren Gefühlen, aber leidenschaftlich eifersüchtig; eine Frau, die in der Liebe mehr gab, als sie empfing. Tage und Nächte hindurch wogten unsere Auseinandersetzungen auf und ab, unterbrochen von verzweifelten Umarmungen, endend in erpresserischen Drohungen und bitteren Tränen, mit Aufschreien wie: »Wenn du gehst, siehst du mich niemals wieder ...«

Mit Hilfe einer anderen Freundin verließ ich London im Herbst und kämpfte mich durch Frankreich hinunter; mein Ziel waren die Pyrenäen, und mein Plan war, über die Berge zu gehen und mich bei Gelegenheit allein über die Grenze zu stehlen.

Als ich hinkam, waren die Pyrenäen schon schneebedeckt, sie sahen grau und undurchdringlich aus. Trotzdem war ich sicher, dass ich hinüberkäme. Bald würde sie der Winter wie ein Mantel einhüllen.

Während ich nahe der Küste wartete und höchst schlampige Vorbereitungen traf, tauchte plötzlich meine Freundin wieder auf; sie war aus England gekommen, nicht mit der Absicht, mich weiterhin davon abzuhalten, sondern um mir eine Woche leidenschaftlichen Abschieds zu schenken. Daneben war es eine Woche der Hysterie — Umarmungen in verfallenen Hütten, auf dem salzigen Gras am Meeresstrand, mit dem Blick hinaus auf den windgepeitschten Ozean, während gigantische Gewitter langsam um die fernen Berge kreisen.

Es gab keine Fragen und Auseinandersetzungen mehr; die Berge waren immer in Sicht, und die Frau machte keinen Hehl daraus, dass sie mich für einen Todgeweihten hielt. Unsere Liebe war ungestümer denn je, als ob wir ihr baldiges Ende akzeptiert hätten und wünschten, einander vernichtet zurückzulassen.

Nachdem wir uns getrennt hatten, begab ich mich in das Städtchen Perpignan, das nur achtzehn Kilometer vom Fuß der Pyrenäen entfernt liegt. Man hatte mir gesagt, in Perpignan wimmle es von Spionen der spanischen Regierung, die nur zu gern Freiwillige anwarben und über das Gebirge schmuggelten. Die Spione waren auch wirklich da, aber sie müssen mich für einen zweifelhaften Fall gehalten haben, denn meine Annäherungsversuche wurden entweder vereitelt oder ausweichend beantwortet. Als ich die Internationale Brigade erwähnte, sagte der spanische Konsul mir höflich, er wisse nichts von einer solchen Gruppe. Er wisse meinen guten Willen zu schätzen, könne mir aber versichern, dass er keine Exkursionen über die Grenze veranstalte; derartige Ausflüge seien undenkbar und ungesetzlich. Der Krieg sei eine innerstaatliche Angelegenheit, sagte er, und die Dinge stünden gut; wenn ich wirklich helfen wolle, möge ich wieder nach Hause gehen.

Ich verbrachte ein paar Wochen in der Stadt, ohne diese Mauer der Ausflüchte durchbrechen zu können, und machte mir schließlich klar, dass ich es auf eigene Faust würde versuchen müssen. Betrachtete man die Pyrenäen im Süden durch die klare Winterluft, so wirkten sie mit der Zeit immer kleiner und weniger abweisend. Ich bestieg also Anfang Dezember einen Bus nach Ceret in den Vorbergen, wo ich meine letzte behagliche Nacht in einem Gasthof verbrachte. Am nächsten Morgen verließ ich beim ersten Morgengrauen das schlafende Dorf und trat meinen Marsch auf dem Gebirgspfad an.

Hinter mir sanken, als ich höher stieg, die sanften Hänge der Vorgebirge nach Perpignan und ans Meer hinunter, während vor mir der steil aufragende Klotz der Pyrénées Orientales mit den von der Sonne beleuchteten Gipfeln den Himmel erfüllte. Ich hatte etwa acht Stunden Tageslicht vor mir, kannte aber meinen Weg nicht genau und wusste nur, dass er hinauf, hinüber und nach Süden führen musste. Dass es Winter war, schien das Einzige zu sein, was zu meinen Gunsten sprach, dennoch war ich froh über das helle klare Wetter.

Der Pfad stieg steil zwischen Felsen an, die Eiskrusten wie Diamanten trugen, und schon bald fand ich das Gehen mühsam. Für einen solchen Weg war ich idiotisch ausgerüstet. Ich hatte nichts mitgenommen, das mir hätte nützen können, aber eine Menge Zeug, das unnütz war — keine Karten, keinen Kompass, kein Zelt und keine Plane, stattdessen einen Rucksack voll Bücher und Manuskripte, meine Geige, eine Klappkamera und einen Kochtopf. Ich weiß wirklich nicht, warum ich das alles mitschleppte — außer, dass es eben alles war, was ich besaß auf dieser Welt.

Den langen klaren Vormittag hindurch kämpfte ich mich den Bergpfad hinauf, immer den eisigen Winden von Norden ausgesetzt. Der prachtvolle Gipfel des Canigou stand drüben zu meiner Rechten, er schwamm wie ein Eisberg in dem strahlenden Himmel, und lange Zeit konnte ich ihn, da ich keinen Kompass hatte, als Richtpunkt benutzen. Gegen Mittag war ich auf etwa tausend Meter Höhe, aber der Ziegenpfad wurde immer mehr zur Folter, sodass ich beschloss, ihn ganz zu verlassen und geradeaus bergauf zu steigen, den Canigou immer zur Rechten.

Der Weg war tückisch und anstrengend, und oft kam ich nur mühsam auf den Knien voran und musste mich an Felsen und Büscheln gefrorenen Grases festklammern. Um die Mitte des Nachmittags schwitzte ich in der Kälte, als ich über die zerklüfteten Hänge glitt und kroch. Aber ich war jetzt hoch oben, und ein Prickeln lief mir über den Nacken, als ich ganz Frankreich hinter mir versinken sah. Ich war achtzig Meter über der Meeresoberfläche geboren und aufgewachsen und an so schwindelerregende Höhen nicht gewöhnt.

Plötzlich vollzog sich ein unheilvoller Wandel in der Atmosphäre, die Kälte wurde beißend und das Licht seltsam grell und bleich. Als ich hinunterblickte, sah ich, dass die Vorberge verschwunden waren; an ihrer Stelle lag eine Hülle quirlender Dampf. Der strahlende Gipfel des Canigou fing an wie ein Leuchtturm aufzublitzen und zu verlöschen, da er immer wieder von den vorbeirasenden Wolken verdeckt wurde. Dann steigerte sich der Wind übergangslos zu einem dünnen Wimmern, und ich spürte den ersten scharfen Biss des Schnees.

Eben noch hatte ich in funkelndem Sonnenschein einen Berg bestiegen; im nächsten war die ganze sichtbare Welt verschwunden, ich wurde auf die Knie geworfen und gegen eine Felsklippe gepresst, den Kopf geduckt im treibenden Brausen. Schneeböen fegten rings um mich her, stachen mich in die Augenlider und durchbohrten meine Kleider wie pulverisiertes Glas. Der Sturm brach herein und fing an, das Gebirge in wahnsinniger und erbarmungsloser Tollheit zu striegeln.

Eine Weile rollte ich mich ein und wurde einfach zu einer Kugel voll Überlebenswillen; ich schmiegte mich ohne zu denken in den Windschutz eines Felsens. Meine Knie berührten das Kinn, ich ließ den Sturm über mich hinwegbrausen; dann fragte ich mich allmählich, was ich hier eigentlich zu suchen hatte. Nach all der Prahlerei in den sommerlichen Breiten der Heimat und in jenem chanelduftenden Bett — was tat ich hier in Frankreich, ans Antlitz eines Berges geheftet, allein in einem winterlichen Schneesturm? Auf der falschen Seite der Grenze liegen und erfrieren, das war nicht der richtige Weg in den Krieg. Es hatte keinen Sinn zu bleiben, wo ich war, also begann ich mich vorwärts zu bewegen, indem ich langsam auf Händen und Knien kroch. Entfernung, Richtung, Bewegung und Gleichgewicht — das alles verschwamm im Schneetreiben; vielleicht bin ich einen halben Kilometer vorwärtsgekommen, vielleicht auch nur ein paar Meter, es war unmöglich, das festzustellen. Ich kann mich nur noch daran erinnern, wie hell der Boden war, und dass mich Wellen eines fast kindlichen Vergnügens überschwemmten — die köstliche Wärme des bevorstehenden Erfrierens.

Dann stieß ich durch einen jener ganz außergewöhnlichen Glückszufälle, die ich nun schon als selbstverständlich hinnahm, auf eine kleine steinerne Schutzhütte. Sie war halb zerfallen, und es war nichts weiter darin als Stroh, aber sie hat mir vielleicht das Leben gerettet. Kaum hatte ich mich darin verkrochen, hörte ich, wie der Schneesturm an Stärke zunahm; er steigerte sich zu einem Pfeifen von Unterschallgeschwindigkeit, und ich lag ein paar Stunden bewegungslos, tief im Stroh vergraben, und taute langsam und schmerzvoll auf.

Später wurde es dunkel, und die Qualen ließen allmählich

nach, während ich mir ein schummeriges Dunstzelt um mich baute. Das Brausen des Windes wurde zu einem stetigen Winseln, das einschläfernd wirkte wie ein elektrischer Motor. Ein süßes Wohlbehagen umfing mich; mir war, als fühlte ich, wie der federleichte Schnee sich draußen in tiefen, gewichtlosen Wehen anhäufte; eine mollige Weichheit, unsichtbar und beruhigend, ein Polster über den nackten Steinen des Berges. Ich war jetzt ohnehin erschöpft, von der Kälte zu betäubt, als dass ich mich hätte bewegen, ja auch nur den Versuch machen können, Feuer anzufachen; ich lag also da, atmete den feuchten warmen Duft des Strohs ein und schlief sofort ein.

Am nächsten Morgen war der Sturm vorbei, und die Sonne stand wieder strahlend am Himmel. Ich trat aus der dunklen Hütte und fand den Berg verwandelt vor — Bäume, Felsen und Büsche waren dick mit Schnee überzogen und strömten einen sauberen, frischen Duft aus, wie Stärke. Das französische Dorf unter mir war nicht mehr zu sehen, aber der Hang über mir schwang sich in einer weichen, hellen Kurve empor, stieg ein paar hundert Meter an und endete dann an einer scharfen blauen Himmelskante.

Ich ließ die behagliche Höhle hinter mir, in der ich die Nacht verbracht hatte, und kletterte mit wackeligen Knien etwa eine Stunde empor, Schneewehen durchpflügend, über verborgene Felsblöcke stolpernd und in meinen durchweichten Schuhen umherrutschend. Es war eine lange kalte Mühsal, und ich hatte nichts zu essen, aber ich konnte von Glück reden, dass ich überhaupt auf den Beinen war. Dann plötzlich hörte die Steigung auf; der Abhang wurde flach und hatte ein Ende, der Himmel stürzte über mich herein, ich hatte den Sattel erreicht. Die eisigen Gipfel der Pyrenäen erstreckten sich nach Osten und Westen, sie blitzten in der Sonne wie

Glassplitter auf einer Mauer, während vor mir, zum Süden hin, das lag, was zu sehen ich gekommen war — Kette um Kette kleiner stufengleicher Hügel, die sich in die Unendlichkeit Spaniens hinausdehnten …

Doch noch war ich nicht über das Gebirge; noch ein weiterer Sattel musste überschritten werden, und vor ihm lag ein tiefes Tal. Ich sah einen dunklen gefrorenen Fluss, der sich ein paar hundert Meter unter mir dahinschlängelte. Ich musste eben einfach hinunter und wieder hinauf.

Die Überquerung der kilometerbreiten Schlucht kostete mich den Rest des Tages — eine lotrechte, weglose Wanderung. Gepeitscht von Schneeschauern und schneidenden Windstößen, glitt, rutschte und stolperte ich vorwärts, und erblickte kein lebendes Wesen außer einem Jungen und einem Schäferhund, die beide flüchteten, als sie mich kommen sahen. Gegen Abend war ich, ganz durchfroren und mit Raureif auf den Wimpern, den zweiten Abhang etwa zur Hälfte hochgestiegen, als ich auf eine kleine Gebirgsstraße traf, die erste seit zwei Tagen, die sich verlassen unter den Bäumen dahinwand. Ich setzte mich hin und starrte sie eine Weile an, aber sie sagte mir gar nichts; sie hätte überall auf der Erde sein können — eben ein nichtssagender kleiner Karrenweg, halb Schlamm, halb Steine, so anonym wie ein Bauerngesicht.

Aber nun brach die Dunkelheit herein, und ich war schwach vor Hunger. Eine weitere Nacht im Gebirge zu verbringen, wollte ich nicht. So dachte ich, es sei besser, der Straße nachzugehen und zu sehen, wohin sie mich führte, selbst wenn das ein Zusammentreffen mit den Grenzposten bedeuten sollte. Der Weg schlängelte sich einen Kilometer durch ein Kieferndickicht aufwärts und mündete plötzlich in eine kleine Lichtung. Ich sah Dächer, eine Kirche und dörfliche Lichter. Dann roch ich heiße Butter, und wusste, dass ich noch in Frankreich war.

Abgesehen von einem an den Füßen gefesselten Pferd und ein paar knurrenden Hunden war die Dorfstraße leer. Die niedrigen Holzhäuser, kunstlos mit Farn gedeckt, machten einen verkommenen, sibirischen Eindruck, doch ein Stück weiter die Straße entlang sah ich die Lichter eines Cafés warm durch angelaufene Fenster schimmern. Ich stieß die Tür auf und betrat einen lärmenden Raum voll kleiner Männer in Lammfellmänteln. Sobald sie mich sahen, erstarrten sie, als hätte ich Schneewind hereingelassen, und ihre Unterhaltung verstummte mit einem Schlag.

Was war das für ein ruppiges Tier, das da auf den Schanktisch zuschlurfte, mit einer Decke und einem zerdrückten Hut bekleidet, das da aus der Nacht auftauchte wie ein Wintergeist, Haar und Augenbrauen weiß von Reif? Niemand rührte sich oder sagte ein Wort, nur die alte Frau hinter dem Schanktisch sprang schnell weg, als ich auf sie zutrat, und an ihre Stelle rückte sofort ein dickbäuchiger Mann, der Flaschen aufzubauen begann. Ich fragte, ob ich etwas zu essen haben könne, und er gab die Frage an das Zimmer weiter, um dann, nach einer Pause, auf einen leeren Tisch zu zeigen. Ich ließ mich auf den Stuhl fallen, und gleich darauf brachte er mir eine Suppe, die wie eine Mischung aus Teer und Zwiebeln schmeckte. Während ich aß, beobachteten mich die Männer — Reihen kleiner heller Gesichter, die bis an die Ohren in ihren fellgefütterten Kragen steckten. Manche schoben leise ihre Dominosteine hin und her, andere blinzelten einander geheimnisvoll zu, und alle schienen darauf zu

warten, dass etwas passierte. Schließlich löste sich eine drei-
köpfige Abordnung von den übrigen, kam herüber und setzte
sich zu mir an den Tisch. Sie sprachen leise und vertraulich,
und einer von ihnen bot mir eine Zigarette an. Ich müsse ja
nicht antworten, aber sie wüssten doch lieber Bescheid, was
ich hier eigentlich vorhätte? Ich käme von Perpignan, nicht
wahr? Man habe mich dort kürzlich mehrmals gesehen, auch
unten in Ceret, vor zwei Tagen. Ich dürfe ihnen nicht übel-
nehmen, wenn sie neugierig seien.

Es war ein seltsames Trio, aber sie schienen recht harmlos.
Einer sah aus wie ein verschlafener Clown; der andere hatte
einen Bart wie Karl Marx, überaus buschig und weiß; der dritte war mager wie ein verwitterter Pfosten. Ich erzählte ihnen,
ich sei auf dem Wege nach Süden. Ich hätte Freunde dort,
sagte ich, zu denen wollte ich, und weiter gar nichts. Sie stellten mir noch ein paar Fragen, dann lächelte der fette Clown.
»Na, nachdem Sie schon einmal bis hierher gekommen sind
…«, sagte er. Er ließ Schnaps kommen und goss mir ein Glas
ein. »Trinken Sie das, Mann. Sie werden es brauchen.«

Ich hatte Glück gehabt. Es hätte ja leicht sein können, dass
ich in die andere Richtung gegangen und schmachvoll nach
Perpignan zurückgekehrt wäre. Aber anscheinend war ich bei
genau den Männern gelandet, die mir helfen konnten: einer
gemütlichen Runde von Grenzanarchisten. Ich weiß nicht,
warum sie sich dazu entschlossen hatten, mir zu trauen, oder
warum sie glaubten, dass ich die Mühe wert sei, aber offensichtlich hatten sie ihre Entscheidung getroffen. Die Männer
steckten die Köpfe zusammen und besprachen sich kurz,
dann sah der Magere auf seine Uhr und nickte. »Wir brauchen eine Stunde«, sagte er; »sobald Sie also fertig sind. Es ist
besser, wir machen uns auf den Weg, ehe der Mond aufgeht.«

Er erhob sich und wand sich einen Schal um seinen langen dünnen Hals, als umwickelte er eine Wasserpfeife. Die anderen bemühten sich um mein Gepäck, und ich bekam auch noch etwas Schnaps für unterwegs. Der Wirt weigerte sich, Geld für die Suppe anzunehmen. Dann sagte der Magere: »Los«, und stieß die Tür auf, wobei ein Schwall Pulverschnee hereinstäubte, und wir verließen das Café unter dem Gemurmel wohlwollender Abschiedsworte, während die Fäuste zum Gruß hochflogen.

Sobald wir auf der Straße waren, warf mein Gefährte einen raschen Blick zum Himmel, machte seine Zigarette aus und schlug den Kragen hoch. »Halten Sie sich an mich und reden Sie nicht«, murmelte er kurz angebunden und schoss los, eine schmale Gasse hinauf. Ich eilte hinter ihm her, und wir ließen, auf einem steilen und rauen Pfad aufwärtssteigend, das Dorf schnell hinter uns. Der Mann sauste vor mir her, machte kleine Sprünge wie eine Ziege und huschte gelenkig von Fels zu Fels. Ich konnte seine hohe hagere Gestalt vor den verschleierten Sternen springen sehen. Er machte sich nicht ein einziges Mal die Mühe festzustellen, ob ich noch hinter ihm war.

Keine Kunst für ihn, dachte ich: Er war mit diesen Bergen vertraut, während ich nur sehr viel niedrigere Hügel gewohnt war. Seine Beine waren lang, und meine waren kurz — und außerdem trug ich zwanzig Pfund Gepäck. Ich tat mein Bestes, um neben ihm zu bleiben, aber er war zu schnell, und bald blieb ich immer weiter hinter ihm zurück. Ich wollte rufen: »Warten Sie!«, aber das schien mir nicht so ganz richtig. Stattdessen erlaubte ich mir, sorglos vor mich hinzupfeifen.

Das brachte ihn schließlich zum Stehenbleiben. Ich fand ihn auf einem Felsen hocken, wo er ungeduldig darauf wartete, dass ich den Anschluss wiederfand. »Hör auf zu pfeifen«, fauchte er. »Heb dir das für drüben auf. Jetzt ist keine Zeit für Faxen.« Immerhin war ich dankbar für die Pause und die Unterhaltung. Ich fragte ihn, ob er das oft mache. Ich müsse wohl verrückt sein, sagte er; das sei das allerletzte Mal, und es tue ihm wahrhaftig jetzt schon leid.

Er fing wieder an hochzusteigen, während ich hinter ihm herkeuchte und mir der Schweiß an Armen und Beinen herunterlief. Der Wind fegte spröde Schübe trockenen Schnees heran, die mir ins Gesicht schlugen, als würde jemand mit Reiskörnern werfen. Ich fühlte mich in einen Wettstreit hineingezogen, der meine Kräfte überstieg; in eine Sache, die ich hatte haben wollen, von der ich aber jetzt nicht wusste, ob ich sie würde durchstehen können. Mein Gefährte beachtete mich nicht, er stieß mich rücksichtsloser voran denn je, als wolle er mich auf die Probe stellen. Diese letzte halbe Stunde war wahrscheinlich die schlimmste, die ich je erlebt hatte, unvorbereitet wie ich war; mit schlechtem Schuhwerk, in unzulänglicher Kleidung und mit Krimskrams behangen, schleppte ich mich diese vereisten Hänge hinauf.

Ich muss dem Zusammenbruch nahe gewesen sein, doch glücklicherweise entging ich ihm, denn plötzlich erreichten wir das Ende der Steigung. Wir befanden uns in einem schmalen Pass, von Felswänden flankiert, die metallisch und blau im Sternenlicht standen. Mir war, als spürte ich eine Veränderung in der Luft, ein seltsames Ablassen des Druckes vor mir, wie wenn ein großes Hindernis fortgeräumt worden wäre. Da war auch ein zarter Geruch nach Holzkohle, Holzrauch und Maultieren, und ein unbestimmbarer Pfeffergeruch. Mein Führer zog mich in den Schatten und bedeutete mir zu schweigen, während er den Hals vorstreckte und schnüffelte. Wir hockten lauschend im Dunkeln. Wir hörten den Wind, stürzendes Wasser und ein Geräusch wie einen Gewehrschuss in der Ferne.

»Hier verlasse ich Sie«, sagte der Franzose. Er schien jetzt ein wenig heiterer zu sein. »Die Grenze verläuft zwischen diesen Felsen. Wenn Sie diesen Weg noch einen halben Kilometer weitergehen, kommen Sie an einen kleinen Bauernhof. Klopfen Sie an die Tür, und dann sind Sie unter Freunden.«

Plötzlich erschien alles zu einfach — nach Wochen des Pläneschmiedens und der Zweifel, und nach diesen letzten beiden erschöpfenden Tagen — nur eine Lücke zwischen den Felsen und ein paar hundert Meter vor mir die winzige Grenze zwischen Frieden und Krieg.

»Bewegen Sie sich langsam und leise. Es können ein paar Posten in der Nähe sein, aber in einer solchen Nacht sind sie wohl kaum sehr munter. Wenn man Sie bemerkt, werfen Sie alles weg und laufen wie der Teufel. Nun also viel Glück, mehr kann ich nicht tun.«

Aber nichts stellte sich mir entgegen. Ich ging einfach auf die Felsen zu und schlüpfte zwischen ihnen hindurch wie auf einem abendlichen Spaziergang. Ein schmaler Pfad führte über Geröll abwärts. Nach einem halben Kilometer war ich dann, wie der Franzose gesagt hatte, bei einem kleinen Bauernhof und klopfte an die Tür. Sie wurde von einem jungen Mann mit einem Gewehr geöffnet, der eine Laterne vor mein Gesicht hielt. Ich sah, dass er die Armbinde der Republikaner trug.

»Ich möchte mich euch anschließen«, sagte ich.

»Gehen Sie vor«, antwortete er.

Ich war wieder in Spanien, und ein Kriegswinter lag vor mir.

Die zwei größten Märsche der britischen Literatur des 20. Jahrhunderts fanden in einem Abstand von einigen Monaten ihren Anfang. An einem verschneiten Wintermorgen im Dezember 1933 machte sich Patrick Leigh Fermor zu Fuß auf den Weg entlang der vereisten Straße nach Osten von Hoek van Holland nach Rotterdam. Er war achtzehn Jahre alt, hatte einen Eschenholzstock in der Hand und das *Oxford Book of English Verse* in seinem Rucksack. Und an einem sonnigen Sommermorgen im Juni 1934 machte sich Laurie Lee zu Fuß auf den Weg entlang der staubigen Straße nach Osten von Slad, seinem Heimatdorf in Gloucestershire, nach London. Er war neunzehn Jahre alt, hatte einen Haselstock in der Hand und eine in eine Decke gewickelte Violine unter dem Arm.

Leigh Fermor sollte über einen Zeitraum von dreizehn Monaten von Holland nach Konstantinopel marschieren und unterwegs ein Mitteleuropa am Rande der Katastrophe durchqueren. Einige Jahrzehnte später veröffentlichte er mit *Die Zeit der Gaben* (1977) und *Zwischen Wäldern und Wasser* (1985) zwei Bücher, die von seinen Wanderungen durch diese Schattengebiete erzählten. Beide Werke sind mittlerweile Klassiker und werden für ihre Bilder einer seither zerschlagenen Welt und ihre opulente Sprache gefeiert.

Lee sollte zuerst nach London marschieren, um dann auf dem Weg in den Süden ein Land am Rande des Bürgerkrieges zu durchqueren. Einige Jahrzehnte später veröffentlichte er mit *An einem hellen Morgen ging ich fort* (1969) ein Buch, das mittlerweile ein Klassiker ist und für seine Bilder einer seither zerschlagenen Welt und seine opulente Sprache gefeiert wird.

Erst später war Lee bewusst geworden, an welch günstigem Zeitpunkt der Geschichte er teilhatte: »Ich war«, entsann er sich, »ein junger Mann, der in den letzten Jahren des Friedens zufällig am Leben war, und hatte daher wahrscheinlich mehr Glück als alle nachfolgenden Generationen. Europa zumindest stand für mich weit offen, es gab dort nur lockere Grenzen, wenig Fragen und so gut wie keine Reisenden.«

Gewiss erscheint heutzutage die Leichtigkeit verwunderlich, mit der die beiden Schriftsteller Grenzen überquerten, und dieser problemlose Übergang, gepaart mit ihrer offenherzigen Unschuld, verleiht ihren Reisen viel Magie. Im Zuge ihrer Märsche genossen sowohl Lee als auch Leigh Fermor Saufgelage von epischen Ausmaßen, wilde Feste, Begegnungen mit namhaften Personen, die Freundlichkeit von Fremden und sexuelle Abenteuer mit einer Reihe von jungen bereitwilligen Frauen (deren euphemistische Nacherzählungen manchmal an Humbert Humberts versteckte Schlüpfrigkeiten erinnern). Beim Lesen wird diese außergewöhnliche Aufregung über die unbegrenzten Möglichkeiten, die einen Eckpfeiler der Jugend darstellen, wieder lebendig. Mit Siebenmeilenstiefeln durchquert man riesige Gebiete und trägt dabei kaum Blasen davon. Lee meldet sich zu Wort, noch zu Beginn seines Abenteuers:

»Als ich am nächsten Tag wieder auf die Straße nach London kam, dachte ich aber nur noch an den Weg, der vor mir lag. Ich schritt stetig dahin, mühelos ging ich Stunde um Stunde wie in einem schwingenden, schwerelosen Traum. Ich war in jenem Alter, das weder Strapaze noch Müdigkeit kennt; der Körper verbrennt magische Kraftstoffe und gleitet durch die warme Luft, etwa kniehoch über dem Boden, seinem Gespür mühelos folgend. Selbst Erschöpfung hatte, wenn sie sich bemerkbar machte, noch etwas Sinnliches, Wollüstiges, und der Schlaf war sanft und tief wie Öl.«

Sein Schreiben ist »üppig« und doch präzise, und als solches bezeichnend für Lees Stil, in dem kunstvolle Metaphern nicht als Dekoration dienen, sondern vielmehr als Mittel, um komplexe Erfahrung so genau wie möglich wiederzugeben. Lee geht weniger, als er schwebt, gleitet, emporgehoben durch übernatürliche Ausdauer, und in der Nachahmung dieses Gefühls tragen seine Sätze, in der Luft hängend durch ihre Kommata, den Leser entlang des »Weges« und weiter ins Ungewisse.

Während die Stärke von *Des Sommers ganze Fülle* in Lees Traum vom Verweilen liegt, liegt jene von *An einem hellen Morgen* in seinem Traum vom Abschied. Wenn ich doch nur ewig an einem Ort leben und ihn so gut kennenlernen könnte, denkt man bei der Lektüre des ersten Bandes von Lees Memoiren. Wenn ich doch nur meine Haustür öffnen, das Haus verlassen und einfach weitergehen könnte, denkt man bei der Lektüre des zweiten. Doch man muss nicht viele Seiten gelesen haben, um herauszufinden, dass solche Fantasien störungsanfällig sind. Lees erste Nacht außer Haus ist ein »Jammer«: Er schläft auf einem Acker ein, wird von heftigem Regen durchnässt, erwacht neben zwei Kühen, die ihm ihren Atem ins Gesicht blasen, und nimmt alsdann Zuflucht in einem feuchten Graben. Mit diesem armseligen Feldlager beginnt sein Traum vom Leben auf Achse zu bröckeln.

Tatsächlich sind die englischen Kapitel von *An einem hellen Morgen* ein wichtiges Dokument der Vagabundenkultur der Zwischenkriegsjahre. Wenige Tage nach seinem Aufbruch ist Lee bereits in der Lage, das Fußvolk, das ihm begegnet, einzuordnen: Mal kreuzen ein paar Freizeitwanderer seinen Weg, mal langjährige Berufslandstreicher (die »Bruderschaft«, die er daran erkennt, dass sie »Tee am Straßenrand kochten, sich nicht abhetzen und stets ihre Füße inspizierten«), und dann wiederum gibt es eine dritte Art von Leuten, die »in einer finsteren Prozession Richtung Norden stapften«, diese »Heerschar Arbeitsloser, die damals ziellos in ganz England umherstreifte«. Diese Männer

»marschierten dahin wie Schlafwandler, blieben für sich und sprachen nur selten miteinander. Hier im Landesinneren waren sie zahlreicher als an der Küste — vielleicht hatte die Polizei dafür gesorgt. Sie waren wie ein geschlagenes Heer, das aus einem Krieg heimzieht; die Wangen eingesunken und die Augen vor Müdigkeit erloschen. Manche hatten Beutel mit Werkzeugen oder brüchige Pappkoffer bei sich, andere trugen Anzüge, die nur noch Schatten ihrer selbst waren; manche zogen, wenn sie Rast machten, sorgsam ihre Schuhe aus und polierten sie planlos mit einer Handvoll Gras. Unter ihnen waren Tischler, Büroangestellte und Ingenieure aus den Midlands, viele waren schon seit Monaten unterwegs, waren landauf und landab gezogen durch ein Labyrinth achselzuckender Abweisungen, die Tretmühle der Mittdreißiger Jahre …«.

Es ist ein trauriger, brillianter Absatz, mitfühlend in seiner Aufmerksamkeit – vor allem das »planlose« Schuheputzen der Männer, die einmal Berufe ausübten, in denen der Glanz ihrer Schuhe von Bedeutung war – und respektvoll gegenüber diesen Truppen gebrochener, in der Landschaft umherwandernder Männer, die aber in Lees kopflastigen Berichten vom Leben auf der Straße aus der Reihe tanzen.

Denn es gibt, grob gesagt, zwei verflochtene Verläufe des britischen Langstreckenmarsches. Einer bezieht sich auf den mutwilligen Wanderer: jene wie Lee und Leigh Fermor, die sich auf den Weg machten, um der Romantik der offenen Straße zu frönen und häufig im Anschluss darüber zu schreiben. Der andere ist der Schattenverlauf – schwieriger zu erkennen, weil seine Teilnehmer wenige Spuren hinterließen –, der Verlauf jener, denen keine Wahl blieb, außer zu marschieren, und die ihr Leben kaum im Griff behalten konnten, während sie den Weg entlangtappten. Die Zahl der Unzufriedenen auf Großbritanniens Straßen schnellte in den Jahren vor Lees Abschied von Slad in die Höhe. Viele der Männer, die den Ersten Weltkrieg überlebt hatten, fanden bei ihrer Heimkehr keine feste Arbeit und keine Wohnung. Das Leben zu Fuß war die einzig bleibende Alternative, und in den zwei Jahrzehnten nach 1918 stiegen Rauchschwaden aus dem Gestrüpp und Dickicht auf, während sich Englands Wälder mit den gebeutelten Kriegsopfern füllten – Männer, die im Freien schliefen und ein raues Leben führten, sich von Tag zu Tag bettelten und jede sich bietende Gelegenheit für Arbeit annahmen. Ihre Zahl stieg weiter, als die Wirtschaftskrise der 1930er-Jahre Millionen in ganz Europa und Amerika arbeitslos machte.

Gelegentlich trafen diese beiden Welten der Marschierenden aufeinander. Ein Landstreicher lief einst dem naturalistischen Schriftsteller W. H. Hudson über den Weg und rügte ihn, als er ihn dabei beobachtete, wie er eine Hecke bewunderte: »Ein Künstler schaut sich solche Dinge mit Freude an, und so was ist für all diejenigen nett, die etwas nur aus Freude am Schönen tun. Wenn aber jemand zwanzig, dreißig Meilen am Tag mit einem leeren Magen zurücklegt und Arbeit sucht, die er nicht findet, wird er die Dinge ein bisschen anders sehen.« In den 1970er-Jahren veröffentlichte ein Landstreicher, der nur unter dem Namen »Toby« bekannt war, die Memoiren seiner Jahre auf den Straßen Westenglands. Er beschrieb darin, wie er während der 1930er fast jedes Jahr unterwegs auf den Komponisten Edward Elgar traf, der regelmäßig die Schienen entlangschlenderte, die an seinem Haus in Malvern vorbeiführten. Und Lee selbst verliebt sich in einen dieser Männer der Straße, den geschwätzigen, geheimnisvollen Alf – ein »Landstreicher durch und durch« und ein Veteran der Bruderschaft –, der aus der Trickkiste seiner Zunft plaudert und in Hinblick auf Lees Gehabe höhnt, er sei eine Art »T. E. Lawrence, der eine Odyssee der Selbstgeißelung unternimmt«.

Lee wird üblicherweise für seine blauäugige Sicht des Englischseins kritisiert, aber sein Schreiben – zumindest in den ersten Kapiteln von *An einem hellen Morgen* – trieft vor Ernüchterung und Finsternis. Diese Finsternis verdichtet sich noch, als er nach sechsmonatiger Beschäftigung als Hilfsarbeiter in London beschließt, England zu verlassen und in ein fremdes Land zu gehen, in dem er »neugeboren ankommen« kann, ohne Vorkenntnisse und Vorurteile. Er wählt Spanien als Ziel – das Land, das seine Erwachsenenjahre bestimmen sollte. Die Wahl erfolgt mehr oder weniger willkürlich, aus dem einzigen Grund, dass er »Würden Sie mir bitte ein Glas Wasser geben?« auf Spanisch sagen kann.

Es sollte eine wichtige Phrase werden, denn Lee bricht Anfang Juni, zu Beginn des fürchterlichen iberischen Sommers, zu seinem großen Marsch auf. Der Durst wird zum wesentlichsten Bestandteil seiner Reise: Er hält ihn in Bewegung (»Ich lief immer weiter, weil es keinen Schatten gab, in dem ich mich hätte verkriechen können, und weil es die einzige Möglichkeit war, die Luft um mich herum in Bewegung zu bringen.«), stellt den Kontakt zu Einheimischen her und ist Anlass für viele der einprägsamsten Stellen des Buches. Heftige Hitze (»Jener Löwe mit Messingklauen, der die nachmittäglichen Gefilde ableckt, bereit, jeden zu verschlingen, der nicht klug genug ist, sich zu verstecken«) und Sonnenlicht (»Die Sonne schlug von oben, von der Seite und von unten zu, während der Weizen sich wie eine feste Kupferdecke über das Gelände dahinzog«) werden brillant beschrieben und Lees Versuch, das offene Gelände nördlich von Valladolid zu überqueren, bewirkt, dass sein ausgetrocknetes Gehirn sich selbst mit »Phantasiebildern von Wasser« berieselt, die »aufstiegen und mich in kühle, feuchte Blätter hüllten«:

»oder sie pressten mir die Vorstellung von Gurkenschalen vor meine stechenden Augen und füllten mir den Mund mit triefendem Moos. Ich trank nun schon Monsune und Winternebel, die ersten dicken Tropfen des Gewitters, lag nackt auf Tiefseeschwämmen und rieb meine Lippen an Fischschuppen.«

Kurz darauf erreicht er eine baufällige »Taverne am Straßenrand«. Ihm wird Eis gegeben, an dem er lutscht, während die Einheimischen Vermutungen über seine Nationalität und darüber anstellen, warum er sich in der Mittagshitze im Freien aufgehalten hat: »Wenn der Engländer ist, dann ist er der erste Engländer, den ich zu Fuß gehen sehe«, meint einer.

»Die laufen doch überall rum«, ein anderer. »Die Berge rauf und wieder runter. Immer rund um die Pole.«

Der namenlose Einheimische hatte unrecht. Engländer – oder zumindest Briten und Iren – sind schon von jeher in Spanien umhermarschiert und tun es bis heute: hingezogen zur Landschaft wegen des Überflusses an kreuz und quer verlaufenden Pfaden und Wegen, der Reputation der Pilgerreise nach Santiago de Compostela und der pikaresken Tradition des Wanderns auf der Suche nach dem Abenteuer, die durch Don Quijote zu Ruhm gekommen war. Als Lee nach Spanien kam, hatte George Borrow das Land bereits in den 1830er-Jahren zu Pferde und zu Fuß durchquert, Richard Ford sein einflussreiches *Handbook for Travellers in Spain* (1845) veröffentlicht, war der Hispanologe und Fußgänger Gerald Brenan 1910 in die Alpujarras-Region in Granada gezogen, hatte V. S. Pritchett seinen Reisebericht *Marching Spain* (1928) veröffentlicht und Walter Starkie fleißig straßenmusizierend als selbsternannter »Don Gypsy« den Norden des Landes durchquert. Nach Lee folgten unter anderem Jan Morris, Michael Jacobs, Chris Andrews, Jason Webster – und der bemerkenswerte Wanderkünstler Hamish Fulton, der in einer chronischen Athletikaktion mittlerweile über ein dutzend Mal durch Spanien marschiert ist und im Zuge derer tausende Meilen zurückgelegt und mehrere Paar Stiefel durchwetzt hat.

Auch ich bin so ein »englischer Wanderer«, den es nach Spanien gezogen hat, und zwar unter anderem, weil ich Lees Buch gelesen hatte. Eines Herbsttages begann ich, von Madrid weg auf und über die Guadarrama-Bergkette zu marschieren, runter in die alte ummauerte Stadt Segovia und weiter über die kastilischen Campos. Dabei versuchte ich, einen der glücklichsten und bezauberndsten Abschnitte von Lees Reise in umgekehrter Reihenfolge zu wiederholen. Er verließ erleichtert die düstere »verschlossene Stadt« Valladolid, die ihn in ihrer Armut und Aggressivität schockiert hatte, marschierte einige Tage lang südwärts und ernährte sich »von Feigen und Weizenähren«. »Noch nie in meinem Leben hatte ich mich so reich an Zeit gefühlt«, notierte er freudig, »so frei von der Notwendigkeit, mich zu bewegen oder tätig zu sein«. Er erreichte Segovia und erholte sich dort, bevor er mit der Erklimmung und Überquerung der Sierra de Guadarrama begann.

Wie Lee brauchte ich zwei Tage für die Überquerung der Guadarrama und wie er erklomm ich »auf einer prächtigen Straße aus Granitblöcken eine Höhe von über zweitausend Meter.«: die Calzada Roman, die zwischen 69 und 79 n. Ch. von Kaiser Vespasian erbaut wurde. Wie er badete ich in den blauen Strömen, die von den hohen Gipfeln herunterfallen, deren Wasser »eiskalt, grausam und belebend« war. Ich schlief im Freien in den großen Pinienwäldern, die die oberen Guadarrama ummanteln, und erlebte dort wie Lee ein Glücksgefühl, das ich nicht so schnell vergessen werde: »Ich trank in vollen Zügen die köstliche trockene Luft, genoss schnuppernd die Pechkiefern — und vielleicht war ich nie wieder so lebendig und so allein.« Lee evoziert solche Momente, in denen Geist und Landschaft zu »einem Zeitpunkt« verschmelzen, in hervorragender Weise. Hervorragend ist ebenfalls das, was er »den stehen gebliebenen Moment des zwanglosen Details, den unsortierten Müll des Jetzt« nennt. Seine Prosa ist voll von diesem »Müll« – kleinere Phänomene von großer, bewegender Kraft. So zum Beispiel die »tiefen, zerfurchten Stimmen« der Scheiderinnen, die im

Hintergrund einer Taverne murmelten, wo er eine Mahlzeit zu sich nahm: »ihre Nadeln flitzten wie silberne Fischchen«. Oder die Mädchen am Flussufer, die ihre Tätigkeit unterbrechen, um den vorbeigehenden Lee mit ihren »leeren glänzenden Pupillen wie Kieselsteine im Wasser« anzuschauen; oder der Geruch von »Harz und Honig«, der in der Guadarrama in der Luft lag.

Er sammelte diese Details auf seinen Märschen, die er nicht sammeln hätte können, wäre er diesen Arten von Begegnungen und Wahrnehmungen gegenüber, die eine Reise zu Fuß möglich macht, nicht aufgeschlossen gewesen. Das Marschieren, bemerkt Lee sehr früh, schärft das Bewusstsein: Es zwingt dich, eine Landschaft »langsam« zu »beschreiten«, »ihre veschiedenen Erdböden zu riechen«. Der Autofahrer andererseits »durchbraust sie auf Rinnsteinhöhe und sieht dabei noch weniger als ein Hund im Straßengraben«. Lee war, wie Leigh Fermor auch, fest davon überzeugt, dass das Marschieren nicht nur als Fortbewegungsmittel diente, sondern auch als Mittel zur Erkenntnis – und dieses unvergessliche Buch ist der Wahrheitsbeweis dieser Überzeugung.

Robert Macfarlane (geb. 15. August 1976 in Halam, Nottinghamshire, England) ist ein englischer Autor.

Umschlaggestaltung: Jörg Vogeltanz, www.vogeltanz.at
Druck und Bindung: Interpress, Budapest
© 1969 by Laurie Lee
© dt. Ausgabe, Milena Verlag 2016
A–1080 Wien, Wickenburggasse 21/1-2
ALLE RECHTE VORBEHALTEN
www.milena-verlag.at
ISBN 978-3-90295-073-4

Weitere Titel der Klassiker-Reihe und
unser Gesamtverzeichnis finden Sie auf
www.milena-verlag.at